乐高传奇

[丹] 延斯·安德森 著
李浩晴 徐彬 译

THE
LEGO STORY

JENS
ANDERSEN

浙江教育出版社·杭州

你可能会说我在做梦,
但我不是唯一的一个。
我希望有一天你会加入我们,
到那时世界就会合一。

——*Imagine*,约翰·列侬

前言

亲爱的读者，据统计，全球每年有八百万到九十万儿童被父母亲带到世界各地旅行。也许你是其中之一，或许你也将自己放在一天，然而，也许你以前从未想过人们为什么这样做，甚至从来没有人跟你解释过。其实以人类学或者以教育学的方式来谈起此事是说以来话长的一件事，是重要的事，也具体地谈起了旅游对人类的意义。

这本书讲述的是一个跨国公司以及一个儿童教育旅游的故事，九十年来，这个家族一直致力于发展旅游业，此外，这个家族还认为，旅游是一种能让你我以及他们的孩子们获得更好的"亲子之乐"。

自20世纪30年代以来，作为一家在九门市备受民众欢迎的跨国公司，经济发展社会和文化的革展，并开始探讨上了旅游的发展潮流和体验。在这段时间内，发生在该家族的故事、且业和其他几个北欧国家相关。在这段时间内，在样多地被人们所认识，甚至成为一家大型跨国集团。开始进驻，在该集团的角色和其家族的行动，随着民众变化，也出现了新的变化方式。旅游贸易是一种在蓬勃的国际活动，到了今天，它也可能是最有生命力的。当然是一种紧密联系着我们的东西。

我是在2019年秋季接到鉴写一些关于出版的历史事，这不是一本传统的图画书，而是一种文化事，同时是面向青少年、老年和游客爱好者 (Kinh

Kristiansen)家族的传记，讲述了这个家族三代人的故事。他们的故事始于一个多天气的午后——世界上最大的玩具生产基地诞生于此，也是世界上最受欢迎的品牌之一。如今，第四代人即将接掌乐高。

为了写作本书，我在比隆（Billund）采访了乐高公司的长孙，乐高总裁凯尔·柯克·克里斯第森（Kjeld Kirk Kristiansen）在一年半的时间里每月进行一场访谈。克里斯第森在1947年出生于丹麦之后这里便繁忙了起来。他在刚满五十岁的时候明确选定了乐高的演进方向。

在本书中，我尽量将他为乐高所涉，这样称呼，看他本人的意愿。不过如此，连乐高其东方奋斗的著名商界精英——这个称号其实不太适合他。人们虽然这么称呼他，但是他的所作所为以及工作方式都与此相去甚远——也许是他谦让。对于乐高现在来说，无论是员工还是孩子们，对于他们来说，都没有他们所感情所在，而是他们的生活方式。

说到名字，多年来，这个家族的姓氏却让人有名意生出一连串的误解。家族中间多次发生争议，是"柯克"（Kirk），但赛片一想"克里斯第森"究竟应该是字母"K"打头的Kristiansen还是应该以字母"Ch"打头的Christiansen呢？

根据老的教堂笔记以及婚登注册书，应该是以"K"打头。但大到什么时候，1916年，乐高的创始人奥莱·柯克·克里斯第森（Ole Kirk Christiansen）来到比隆名为下米，而来有六个孩子，那时他选择用"Christiansen"来拼写他的姓氏。从那时起其到他去世，一直都是这样拼写的。只是偶尔有几个例外，比如说，他着在比隆附近的植林地教区之墓碑，墓碑上的名字却是之拼写的。

后来，奥莱的儿子哥特弗雷德（Godtfred）排写家族姓氏的时候也出用"Ch"打头。20世纪40年代，他成立了公司明的一名老板，有着自己的经验，那时他开始使用其母姓的GKC来作为签名。这个缩写既体现了他一手,甚至成立了他在公司的员工、居民俱乐部、市民和体闲者中的赞誉。

群接著名的JL子——克里斯汀——也正是本书中著墨最多的人物,并在极长的篇幅里用整个记录上的排版,所以他的名字一直作 Kjeld Kirk Kristiansen。

本书中频繁使用"名人JL人",即便重复个家族成员的称谓。所以读者在日后书中,将会发现他的孙子、儿子,有时也称作克里斯汀森家族(Christiansen)。然而他的儿子和孙子都是用其名字,分别是且持特弟弟都曾和克里斯汀。

此外,经及乐高集团我看他们的公司,比如科尔克比(KIRKBI),我来用了大写形式,这是为了让乐高公司显得更独特。

然而,乐高度与乐高公司有关联其他公司的原目,可能不值不愿意我在某一点上偏离公司内部的正字法规则;我基本上力求在乐高子的后面加上属格形容词®,而是按规范清晰表现他们。这也像是为了便于阅读。

就像要承担的人猛不无小可以同二十四种不同的方式组合在一起一样,在提及乐高的故事时,也有许多稳定可以选择。我选择了一个感觉的视角,在正文中没有添加多余文献的引用表注释。

然而,我觉得有必要在这里指感谢一下先后们愿意配合我持,我:
托纳(Jette Orduna),科索娃理事会秘书,弗洛伊格·弗鲁博格(Tine Froberg Mortensen),朋岩·克里斯汀森家族集团成员,尔是有限公司的尼尔斯·B.克里斯汀森(Niels B. Christiansen),约特·雅博·克劳德森·乌拉·都比克尔作家公司的乌拉·兰德斯(Ulla Lundhus)和罗伦·托鲁普·索伦森(Søren Thorup Sørensen),以及丹麦集团传和斯出的所长情长·亨内瓦特(Kim Hundevadt)和乌拉·默尔伟(Ulla Mervild)。也要感谢卡罗琳·怀特(Caroline Waight)如鲜的英文翻译,以及母语致凯·迪克曼（Elizabeth DeNoma）的编辑洞察力和文字功力。

最后，要特别感谢心理感谢我母亲，因为是她给了我这个机会，让我得以深入了解丹麦历史上的一个重要的故事。在丹麦语中，"leg godt"的意思是"玩得好"。这两个词是乐高（LEGO）这个名字的起源。情况不说是，我继在这里继续活动，玩个不停；

玩得好！

詹斯·安德森（Jens Andersen）
2021 年 7 月

目录

01	20世纪20年代	水生草本 001
02	20世纪30年代	密林深处 027
03	20世纪40年代	咎由自取 065
04	20世纪50年代	荒林寂静 107
05	20世纪60年代	公园长椅 167

06	07	08	09	10
20世纪70年代	20世纪80年代	20世纪90年代	21世纪初	21世纪10年代
积极求变	玩耍心态	发展惯性	转折点	薪火相传
233	275	321	379	425

木匠手艺

20 世纪 20 年代

很久很久以前，在一个遥远的星系……

这是一个发生在外太空的传奇——《星球大战》(Star Wars)，在科幻迷中声名远播，故事的开端就是上面的那段话。这一传奇在读者即将看到的故事中，也将有自己的一席之地。故事开始于丹麦。

1915年秋，在丹麦偏僻遥远的乡下，住在日德兰半岛西部的一名青年木匠听说，在半岛中部的小镇比隆，有一间木工作坊亟待出售。这名青年木匠名叫奥莱·柯克。他和他的未婚妻汉森·克里斯缇·瑟伦森（Hansine Kristine Sørensen）都是在丹麦乡下的荒郊长大的，这片荒郊常年狂风肆虐。那年月，丹麦乡下物质匮乏，大多数乡民都要做些零工，贴补家用。孩提时，奥莱·柯克就开始放牛养羊，学会了如何在野外避开泥灰坑，如何躲避蝮蛇。每当天气骤变，狂风暴雨即将来袭，他就要为牛羊挖出躲避的洞穴，他挖的洞穴比当地乡民挖的都要坚固、牢稳。

成人后，奥莱·柯克成了一名技艺熟练的木匠，憧憬着自己有朝一日能够造栋房子，娶个老婆，经营起自己的生意。奥莱·柯克的几个兄弟姐妹帮他从银行借贷了一万克朗[1]，于是，1916年2月，奥莱·柯克就买下了比隆郊外的一所带有木工作坊的房子，也就是上文提到的亟待出售的木工作坊。倘若得到神的怜恤，再加上丹麦瓦德银行的借贷，似乎没有什么事是奥莱·柯克做不到的！同年4月，在他二十五岁的生日上，奥莱·柯克和他的未婚妻结婚了。次年，妻子生下了他们的长子。二人一生共育有四子。

---

1 丹麦克朗（Dansk krone）：旧时丹麦货币名称，辅币是欧尔（øRE）。——译者注

克伊尔德：我的爷爷（奥莱·柯克·克里斯蒂安森）是1891年在丹麦的布洛霍伊（Blåhøj）出生的。这个地方在比隆北边，离比隆大约有十二英里[1]远。我曾祖父一家有六男六女共十二个孩子，每个孩子的中间名都是我曾祖父自己取的，而没有使用现成的名字。不过，女孩并没有中间名，因为她们结婚后自然要改掉自己的姓，随夫家的姓。我的祖父排行老四，老大名叫兰德贝克（Randbæk），老二名叫坎普（Kamp），老三名叫邦德（Bonde）。而我祖父的名字和中间名，也就是"奥莱·柯克"，是取自日德兰半岛西部的一位受乡邻尊敬的农夫的名字，这个人是庄园议会[2]的议员。由于我的曾祖父曾为这个农夫帮工，因此十分敬重他。我的祖父奥莱·柯克六岁时就开始照看牲畜了，给好几座农场干过活儿。不过，他后来跟一个比他稍大一点的兄长一起做起了木匠学徒。学成之后，他像其他熟练木工一样，先是四处游走，找些活计，不过很快就回到家乡，帮助他的兄长在格林斯泰兹（Grindsted）修建那里的邮局。然后，到了1916年，他就在比隆安家了。

"一战"临近尾声之时，比隆这里不过百十口人，实在只是个"小"镇，位于比自己大得多的两个大城镇瓦埃勒（Vejle）和格林斯泰兹之间的铁路线上。1916年，比隆的镇上有个铁路站房（同时也做邮局使用），还有四五个比较大的农场，有几间房子是镇上留给无法再劳作的

---

1 英里：英美制长度单位，1英里≈1.6千米。——编者注
2 庄园议会：丹麦语作"Stænderforsamlingen"，英文作"Assembly of the Estates of the Realm"，四级议会。——译者注

老年人居住的。除此以外，镇上还有一所学校，一家乳业合作社，一家食品店，一座名为宣教屋（Mission House）的福音派传教聚集场所，还有一家酒吧。不过，酒吧刚刚营业便被吊销了酒类的营业执照，无法继续售卖酒水，随后就改作旅馆重新开张。镇上的房子加起来不过三十来栋，排列在铺着沙砾石子的乡村道路两旁。道路两侧有深深的沟渠，镇上的人出了门要想到马路上去，必须小心翼翼地踩着搭在沟渠上面的木板，跨过沟渠。

奥莱·柯克与妻子汉森·克里斯缇的房子坐落在穿过镇子的乡村道路的尽头，木匠作坊就在他们房子的后面。过了他家的房子，再往外，便是几片农田。除此以外，目之所及，都是一片荒野。沿着砂石铺就的乡间小路往西看过去，一丛一丛的石楠在路边艰难扎根，奋力生长。

人们说，曾有一位来自科灵港口的富人路过格莱尼教区（Grene），看到比隆的时候，禁不住慨叹这里真是个"荒凉之地"。的确，在20世纪初，比隆只是乡村小路连接不同城镇的长弧线上的一个小点。不过，"一战"过后的那些年里，出于一些与宗教相关的原因，这个小镇开始涌动出生命的活力。

柯克夫妇在比隆安顿下来的时候，恰逢丹麦历史上教会动荡时期，宗教运动在整个丹麦迅速蔓延开来。除了丹麦几大主要城市中日益发展的工会运动，内省布道会（Inner Mission）作为基督教复兴福音派的慈善组织，成了丹麦参与人口最多的社会组织。在丹麦，宣教屋在敬畏神明且勤劳质朴的乡民农夫中悄然兴盛起来。大约在1920年，有超过三十万的农民阶级和工人阶级，信奉内省布道会的原则，并分别形成了当地小型的社区群体。内省布道会不是一个教派，而是一个有许多分支的宗教网络，每个分支的信徒都在丹麦国家教会的整体框架内过着自己虔诚的基督教生活，不过当时丹麦国家教会的许多牧师都不允许内省布

1916年4月7日，在奥莱·柯克二十五岁的生日那天，他和克里斯缇结婚了。在比隆，卡伦·厄玛格（Karen Urmager）和彼得·厄玛格（Peter Urmager）夫妇是内省布道会的理事会成员。他们二人特别照顾新来的年轻信徒奥莱·柯克和克里斯缇。一段暖意洋洋的友谊悄然发生在这两家人之间。彼得离世后，卡伦也病倒了。而奥莱·柯克一家人把卡伦接到自己的家中，让她住在自己的卧房，照顾她，直到她痊愈。

道会的成员进入丹麦的教堂布经讲道。

自19世纪80年代以来,复兴基督教信仰的教会运动浪潮早已涌入了格莱尼教区。几十年间,多有不同的声音在基督教会中传经布道。在这些声音中,不乏天主教会、路德教会的牧师、虔信派教徒和莫拉维亚弟兄会(Moravian Brethren)的信徒,同时有当时虔诚的礼拜者和所谓的"格伦特维格派"(Grundtvigians)。格伦特维格派是丹麦哲学家、牧师及诗人尼古拉·福雷德里克·塞韦林·格伦特维格(Nikolai Frederik Severin Grundtvig)的追随者,坚信他关于基督教、文化、教会以及祖国的想法。

> 克伊尔德:那时候,比隆镇上的居民不外乎两派。其中一派属于内省布道会,人们多以为内省布道会的成员是那些教条的圣洁信徒,他们所有的时间都是在内省布道会中度过的;另外一派是"格伦特维格派",人们多认为格伦特维格派成员在与神的关系上更加务实。格伦特维格派成员喜欢在镇议事厅聚集。像我的祖父母一样,镇上的大多数人都参加了内省布道会。但这两派都各自认为,除非有必要,否则最好不要与另一派的人士来往。事实上,这种情况一直持续到20世纪50年代,当时我已经上学了,我和我的两个妹妹都晓得如何分辨谁是内省布道会成员、谁是格伦特维格派成员。我的爷爷奶奶都是非常虔诚的教徒。但从我爷爷的故事中可以清楚地看出,他同样也是一个快乐且热爱世俗生活的人,性格极为单纯。他对自己的信仰开诚布公,直言不讳。在涉及公司运营的信件中,他喜欢加上类似"神的旨意"这样的话。虽然从未见过他直接劝说他人信仰宗教,但是无人能撼动他的信仰。直到去世的那一

天,他都坚信,如果没有上天的帮助,他就永远想不起来要发明乐高玩具,也不会创建乐高公司。

奥莱·柯克新开张的木工作坊给客户的发票上方赫然印有"比隆木材加工商店"的字样。一提起奥莱·柯克,比隆镇上的人们大多都赞不绝口,说他技艺精湛、心怀壮志,且信念坚定。不过,奥莱·柯克的生意并不像他和妻子想象中的那么有利可图。虽然这桩生意一开始的确极具前景,但经营了几年之后仍然利润平平。丹麦在"一战"中是中立国,采取中立的外交政策。比隆和其他地区的乡民农夫皆受益于此。他们向交战国家出售谷物和肉类等农产品,并通过采掘泥煤来赚取额外收入。

换句话说,这些乡民农夫手头有了必要的资金进行修复重建,并扩大生意。因此,从1916年到1918年,在比隆,勤奋的年轻木匠奥莱·柯克有大量的木工活儿可做。然而,1918年战争一结束,随之而来的国际金融危机也影响了丹麦,当地的农夫突然发现钱不那么好赚了。对比隆及其周边地区的乡民来说,他们还要改良当地贫瘠的沙质土壤。

不过,技艺精湛的好木匠总是十分紧缺的——奥莱·柯克对此很有信心。因此,他雇用了一名刚出师的木匠和一名学徒。要是遇到更大的建筑工程,他也临时雇用当地工匠。他是一位和蔼可亲的老板,对手下的人干活儿要求也认真负责,所以在当地素有口碑。

这位老板经常挂在嘴边戏谑他人的口头禅是"你脑子进水了吧"。在奥莱·柯克的作坊里干活儿,如果你是个懒货,就不可能做得长久;如果你愿意不断努力,真正投入到工作中去,那么你就会受到奥莱·柯克一家很好的照顾。手下的人如果犯了错误，奥莱·柯克也很少训斥、责骂他们。他总是说："人总归都是吃一堑，长一智！"

多年来，在奥莱·柯克雇用的众多工匠之中，与奥莱·柯克和他的家人关系最近的工匠叫维果·约根森（Viggo Jørgensen），人们管他叫"细木工维果"。1917年，维果在比隆木材加工店当学徒，在那里一待就是八年。这八年的学徒生涯深深地影响着这个年轻人，不仅塑造了他崇高的道德标准，也决定了他对待他人以及生活的态度。

维果在瓦埃勒附近的内省布道会孤儿院长大，他像奥莱·柯克的四个儿子一样，通过柯克的言传身教认识到，生命不仅仅是一份礼物，也是一种责任。人之为人，就有义务充分利用我们被赋予为"人"的一切。维果一生中从未忘记这一点，他在后来所作的手写回忆录中也一再强调这一点。这本回忆录讲述了他与克里斯蒂安森一家相处的岁月，他最终把这本回忆录分享给了他老板奥莱·柯克的儿子们。

1917年春，十四岁的维果从瓦埃勒镇乘火车来到比隆，小手提箱里装的几乎就是他所有的家当，而口袋里则装着他全部的财产——一克朗八十二欧尔（折合美元约二十五美分）。奥莱·柯克在车站接到了这个小伙子，然后推着自行车，一起步行回家。奥莱·柯克的家住在镇上的乳品合作社对面。当地有太多人从合作社经理和他妻子那里赊购商品，弄得这个小店的账目一团糟。奥莱·柯克把自行车放在房子后面的小院子里，接着就领着这个害羞的男孩看了给他准备的住处，那是木工作坊上面的屋顶阁楼。

奥莱·柯克跟他说："维果，这是你的房间。你一个人睡阁楼，害不害怕？"

维果勇敢地回答道："不，不害怕！"不过，对这个来自孤儿院的男孩来说，突然拥有了自己的房间，房间里还有自己的床铺、桌子和椅子,这可是一种崭新的经历,令他很是不知所措。回到楼下的堂屋,维果遇到了老板的妻子克里斯缇。克里斯缇仔细地打量了他一番。

"奥莱,这孩子太瘦了。"

老板奥莱·柯克答道:"瘦是瘦了点,但不是什么大问题。"

很快,维果便习惯了这里的生活,人也感觉自在了起来。他不再是布雷德巴孤儿院(Bredballe Orphanage)里五六十个没爹没妈的孩子中的一个了。如今,他有了家。在这个家中,三餐始末都要献上虔诚的祷告,感谢神的赐予。如果有客人来吃饭,克里斯蒂安森一家就会唱圣歌。而维果作为大家庭中的一员,也能和客人一起上桌吃饭。在平常的日子里,吃饭的时候,维果和其他工人一样有自己固定的座位。有时,餐桌周围能坐六七个工人,老板则坐在餐桌的主位。饭前,奥莱·柯克经常大声朗读《莫拉维亚弟兄会信徒的虔诚日历》(*Moravian Brethren's Devotional Calendar*)中的诗文,最后再从赞美诗集中挑上一两句他特别喜欢的赞美诗来念诵。

按照丹麦20世纪早期的习俗,维果当学徒的最初四年时间是没有薪水的,但老板会为他提供食宿。另外,奥莱·柯克允许他在木工作坊里捡拾小片的木材刨花,卖给镇上的人当引火柴,一袋十欧尔,作为他的日常花销。当镇上的人家有时晚上要去宣教屋或是平日里去朋友家喝咖啡,此时就需要雇人照看孩子,这就成了维果另一个赚钱的渠道。在学会熟练使用木工工具之后,奥莱·柯克允许维果在下班后使用木工作坊。维果就利用这些时间制作凳子、帽架、小书架、玩具屋家具和其他小玩具来练习手艺,并将这些物件在镇上出售。

奥莱·柯克对维果说:"维果,一定要记好用了哪些材料!另外,卖的价格也要合适。"对维果来说,定价这一点在格莱尼教区可能不太容易,因为那里很少有现金流通,以物易物是司空见惯的事。就算是修

20世纪10年代的明信片。这是从西边向比隆镇看过去的景象，石楠花爬上了石子路。左边的白色建筑是奥莱·柯克于1916年购买的房子和木工作坊。
格莱尼教区地方志档案馆供图。

理窗户或更换旧的门部件这类活儿，乡民们也会问奥莱·柯克，他们是否可以以实物支付报酬，或者木工店是否可以给他们打折。

奥莱·柯克在1919年到1921年承包建设斯科亚德贝格教堂（Skjoldbjerg Church）的时候，相关款项甚至都是实物支付的。奥莱·柯克当时已经是那里受人欢迎的木匠大师，他曾受雇建造、装修格莱尼教区教堂的长廊，要求留出足够的空间，能够安下一架巨大的管风琴，增加一些座位。斯科亚德贝格教堂位于比隆以南，教堂旁边的路一直通向沃巴瑟（Vorbasse）。斯科亚德贝格教堂的装修工作是奥莱·柯克成为木匠之后接手的最大的项目。他负责教堂修建过程中所有重要的木工工作，诸如教堂的大门（上面装饰有锻铁配件）、教堂内的靠背长凳，以及布道台

比隆火车站于1914年建成,由于当时泥炭、泥灰和肥料贸易大力发展,这座火车站成为瓦埃勒和格林斯泰兹两个城镇之间最繁忙的火车站之一。1917年的一天,维果·约根森(右)从比隆火车站下车来到比隆。在他的回忆录里,维果如此写道:"我无法忘记两个贵人,就是克里斯蒂安森先生和他的妻子。他们照顾了一个无家可归的男孩,给他专业的木工培训,教会他生活的礼仪。"
格莱尼教区地方志档案馆供图。

和祭坛装饰品,等等。一位来自比隆城外的木雕师负责制作主耶稣十二门徒的雕像,而维果则负责将十二门徒的雕像安在祭坛上的小壁龛之中。一位镀金工人在旁监工,等维果完工后,由他负责给主耶稣十二门徒的雕像贴上一层金箔。

斯科亚德贝格教堂建成之后，奥莱·柯克却一直没有收到剩余的款项。但他却心满意足，因为他知道——就像他后来说的那样——"这是一项伟大而崇高的事业"。

实际上，在修建斯科亚德贝格教堂时，为雇工支付的酬劳过低，而市镇当局却免受其责。这一事实表明，奥莱·柯克虽然对他的手艺一丝不苟，但是对于账目的处理方面却并不在行。20世纪20年代前几年，维果多次发现奥莱·柯克陷入严重的财政困境。每当生意真的受到威胁的时候，每当神不顾奥莱·柯克的祈祷，久久未能眷顾他的时候，维果就会在老板的派遣下骑上他的自行车，前往格林斯泰兹的银行借贷。

往返格林斯泰兹的路程有十八英里，都是碎石铺的小道，每次出城都是逆西风而行。学徒维果从银行借到钱，用信封包好，揣在口袋里。他回到木工作坊后，老板就会用这笔钱打发上门催债的债主。

每次出门，奥莱·柯克都会严肃地跟维果说："维果，但愿你的车别瘪了胎。如果你三点还没到银行，债主们就会从咱们的手里夺走木工作坊和整座房子。"但每次说罢，奥莱·柯克脸上都会露出顽皮的笑容。

维果后来在回忆录里写道："我的老板克里斯蒂安森先生一直都乐观豁达，这些小事对他来说根本不算什么。"

在内省布道会创始人维尔姆·贝克（Vilhelm Beck）的眼中，奥莱·柯克是这样的一位信徒："像奥莱·柯克的这类信徒，对未来充满希望，对信仰的态度也更加自由。"不过，私底下，奥莱·柯克也很爱玩闹，时不时开个玩笑。有时，他的幽默感可能是相当标新立异的。例如，在新年前夕，他喜欢往人们的双腿之间扔鞭炮；又如，晚年时，他曾经让他的孙子扮演小狗，并将其锁进了汽车的后备厢。

> 克伊尔德：记忆中，我祖父这个人非常快乐，喜欢笑，性情温和。他经常和镇上以及厂子里的人开玩笑。有一次，他把我锁在他汽车的后备厢里。因为他突发奇想，想知道对于他的小狗来说，待在汽车的后备厢是什么样的感觉；因为他跟我祖母开车出去的时候，经常把他们的小狗关在后备厢里。可是，对我来说，被锁在后备厢里一点都不好玩。因为刚把我关进去，恰好有人过来和他说话，结果他全然把我忘了，所以我在里面待了很长一段时间，直到有人听到我敲车厢盖的声音，才设法把我弄了出来。

在奥莱·柯克的一生中，幽默和无伤大雅的玩笑就像他无私的宗教信仰一样，是他性格的某一方面的真实反映。也许正是这种轻松愉快的态度，加上深深的信仰，解释了他为何在面对债务、逾期贷款甚至破产申请时仍能镇定自若。通常情况下，即使奥莱·柯克的生意并不景气，他最终还是与他的债主和众多债权人派来的律师建立了愉快、友好的关系。有一次，法院的法警来了，结果离开比隆的时候，并没有完成此行担负的公务，却给自己的家人买回了一大堆漂亮的木制品。

1921年11月，维果结束了他的学徒生涯，但在日德兰半岛西部的这一地区并没有多少全职工作可做。奥莱·柯克问道："维果，你接下来想干什么？你有什么地方可去吗？"但是维果并无可去之处。

"好吧，那我给你想个法子，你或采纳，或不采纳，不管怎样，我

013

们都要一直做好朋友啊!"

老板奥莱·柯克开出了如下条件:他给维果提供食宿,每周给他十克朗。条件是他留下来帮忙做更大的木工活儿。要是上帝眷顾,这些木工活儿也许很快就会到来。

"你可别因为我和你一样缺钱,而以为我只是想要廉价的劳动力。我只是觉得,你好不容易学到了手艺,我想让你能有所施展。维果,你有技术,就差活儿了!"

维果自然同意了这一提议。维果已经在比隆和奥莱·柯克一起干了四年活儿,他知道木工工人的生活是什么样的。没有什么大型工程时,工人一般在木工作坊里做些小物件。作坊的一个房间里装满了各样机

1923年,比隆木材加工商店的生意非常好,奥莱·柯克在机械工作间的上面建了一个阁楼。右边厢房的窗户后面是另一个工作间,里面有计划工作台、工具柜、胶水加热器,楼上还有熟练工人住的房间。

器：带锯、钻机、刨床和刨槽机，所有机器都由长长的传动带连接到屋顶下的大轮轴上。另一个房间里，满是刨花和锯屑，还有几个长凳和用来加热胶水的炉子。他们在这里用加工好的木板制成门、窗框、厨房家具和配件、棺材、马车厢，以及年轻夫妇家中要用的衣柜和抽屉柜。

维果开始专心干一些细木工工作，但仅仅几个星期之内，附近的一个农场就有了更大的项目。这个项目一开始，奥莱·柯克就确保维果能得到熟练工应得的全部报酬——每小时一克朗十八欧尔。

克伊尔德：我爷爷是一名木匠大师，也是制造商，这么多年来，激励他不停地进取的不仅仅是对完美和质量的追求，还有为人处世之道，也就是说，他知道怎么跟员工保持良好的关系。这是一种社会责任感，这种责任感是他对自己员工出色工作的尊重。他要求每样商品的质量都达到最高标准。

谁都不能投机取巧。我爸爸年轻的时候就因为这个被我爷爷骂过一顿。那是20世纪30年代发生的一件事，那时候，我爷爷已经开始制作木制玩具了。一天，我爸爸送出了一批木制的鸭子玩具，这批玩具的完工速度比平时快得多。他认为，当他把他的新发现告诉我爷爷时，会受到表扬——木制鸭子玩具只需要涂两层清漆，而不是像通常那样涂三层。他这么做为公司节省了时间和金钱，不是吗？结果呢，我爷爷盯着我的父亲，让他把所有的货物从车站取回来，给这批木制鸭子玩具再好好地上一层清漆。对我爷爷来说，产品的质量以及消费者的满意程度，意味着一切。

没过多久，奥莱·柯克和克里斯缇家要养活的人就更多了。继 1917 年的约翰内斯（Johannes）出世之后，奥莱·柯克的次子卡尔·乔治·柯克·克里斯蒂安森（Karl Georg Kirk Christiansen）在 1919 年出生；1920 年，奥莱·柯克的三子哥特弗雷德·柯克·克里斯蒂安森（Godtfred Kirk Christiansen）出生（克伊尔德的父亲）；最后，1926 年，四兄弟里最小的格哈特·柯克·克里斯蒂安森（Gerhardt Kirk Christiansen）出生。1923 年，奥莱·柯克决定在作坊的顶部再加一层，在阁楼上加上一间，并且把底层的一间房出租出去。只要有进项，奥莱·柯克什么办法都想了。

1924 年 4 月底的一个星期天，克里斯蒂安森一家正在午休，外面突然传来了喊叫声。"着火了！"木工作坊笼罩在一片火海之中，火势迅速蔓延到主屋。几个小时后，整栋房子都被烧成了平地。

后来人们才发现，五岁的卡尔·乔治和四岁的哥特弗雷德（后来乐高意气风发的总经理，也就是奥莱·柯克的接班人，乐高的董事会主席），偷偷溜进了工作间玩耍，为邻居家的几个女孩做一些玩具屋里的小家具。因为兄弟俩太冷了，所以他们在工作台上找到火柴，试图点燃炉子。结果炉火里的余烬散落，点燃了木屑。两个男孩试图用棍子把火扑灭，但这只能使火焰跳得更高。很快，大火熊熊燃起，一个在楼上睡觉的学徒闻到了烟味。他冲下楼，发现工作间的门被孩子们锁上了，只好破门而入。

好在没有人烧伤，大家从大火中抢救出来一些家具和工具，但是机器都被烧毁了。虽然维果家当不多，但是仍受到了很大损失。维果热衷于读书和写作，大火不仅吞没了他的衣服和木屐，还烧毁了他的藏书，

20世纪20年代初夏季的一个星期日,在花园中,一对快乐的父母带着他们的孩子。照片左侧是奥莱·柯克背着二儿子卡尔·乔治,中间是女佣和奥莱·柯克的长子约翰内斯,右侧是克里斯缇和三子哥特弗雷德。

其中包括几本奥莱·柯克帮他装订的书。

　　看到自己的事业突然化为废墟,奥莱·柯克简直不敢相信这是真的,但当地的乡民都伸出了援手。克里斯蒂安森一家很快被安置在合作社公寓楼上的阁楼里,就在火灾现场的对面。这样他们至少有了一个住处,奥莱·柯克也可以继续工作。他和其他许多商人正忙着在比隆的城镇中心新建一座奶业合作社,也就是今天"乐高之家"的所在地。

　　对整个比隆地区来说,新的奶业合作社都是至关重要的建筑。奥莱·柯克坚持不懈地工作着,努力不去想他个人的不幸,而去想他未来的房子,好取代被烧毁的那座。在这段时间,奥莱·柯克一直致力于奶业合作社的建设。他曾多次和建筑师攀谈,这位建筑师来自比隆东部的

017

照片摄于1924年。克里斯缇和奥莱·柯克中间有三个孩子,从左往右依次是哥特弗雷德、卡尔·乔治和约翰内斯。四子格哈特直到1926年才出世。

港口城镇腓特烈西亚(Fredericia)。像他的许多20世纪20年代的同行一样,这名建筑师加入了"最佳建筑实践"运动。这一运动倡导一种专注于简单材料和良好工艺的建筑风格,通常包含一些富有诗情画意的细节。

在奥莱·柯克的央求下,建筑师耶斯佩尔·叶斯帕森(Jesper Jespersen)为他设计了一栋毗邻木工作坊的新房子。最终,奥莱·柯克建成了一栋又大又漂亮的房子,但同时也欠下了一大笔债务。用奥莱·柯克自己的话来说,这些债务"在接下来的多年之中一直让我寝食难安"。许多教区居民斜着眼打量着这位木匠大师的新家,目光中流露出疑虑。在当地,即使是家里有个相当大的农场,主人在扩建的时候,通常也会从牛棚开始建起,然后再建谷仓,最后,如果还剩下钱,就去建农舍。奥莱·柯克反其道而行之。他一干就干了票大的!这座房子的户型设计极具前瞻性,很有远见,包括几间客厅、几间卧室、一间厨房和几间工作间。从本质上说,这个大屋子包含了所有的供人活动、生活和工作的空间,组合成了一个多功能的整体。

到了1924年夏天,房子的雏形已现。同年8月给建筑师的一封信中,奥莱·柯克先是说明白了几件关于主屋和工作间门窗的事情,然后,他问叶斯帕森,能否帮他说说情,让奶业合作社的管理层提前支付一笔工钱,作为他正给他们做的工程的预付款。"我们手头有点紧。"建筑师转达了他的请求,并附上了一张便条,要求他们尽快给奥莱·柯克寄去两千克朗。

就这样,比隆这位长期资不抵债的木匠大师最终建起了格莱尼教区最雅致且现代感十足的别墅,后面还有一个工作间和一个庭院。奥莱·柯克的一个儿子后来回忆说:"那可真算得上是一栋豪宅,我父亲一如既往地'贪多嚼不烂'。"

在这幢富丽堂皇的砖房的一端,有一扇巨大的窗户,可以对街道上的情况一览无余,这扇窗户里面是一个店铺。奥莱·柯克可以像其他有头有脸的商人、匠人一样在那里展示他的商品。为了凸显砖房的工艺——"这本身就会吸引很多新客户"(奥莱·柯克这么说)——匠人们浇筑了一段水泥路面(这是全比隆当时唯一的一条水泥路面),并在前门两侧安置了两只用水泥做成的威武的狮子。两只水泥狮子刚安置就位,砖房投入使用,人们便开始称这栋房子为"狮屋"。

> 克伊尔德:从某种意义上说,这房子是我爷爷自己设计的。建筑师仅仅是照章办事。我爷爷很清楚这栋房子应该是什么样子的。当然了,这栋房子实在是太大了。你想想,我爷爷

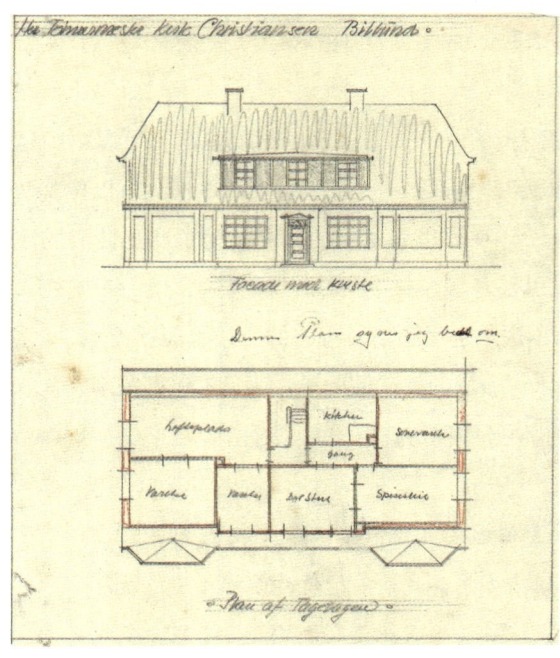

建筑师耶斯佩尔·叶斯帕森于 1924 年设计了奥莱·柯克的新房子,他遵循了"最佳建筑实践"的理念:砌体的运用,使用优质、坚固的材料,造型简单美观。良好的比例与实用、现代化的装潢相匹配,重点放在入口区域,因为这是宾客的第一印象。还有什么能比门口的两只水泥狮子更庄严宏伟、更具装饰意义呢?素描图由腓特烈西亚地方志档案馆提供。

奶奶两个人，加上他们的四个孩子，外加所有的木匠工人，都塞不满这栋房子。他们雇的木工都寄居在此，人数有时多有时少。但我爷爷这一辈子建造的工程一向如此。他所建造的工程总是很宏大，对于这种追求"大"的特质，我爷爷跟我父亲有过好几次激烈的讨论。因为这座房子，包括主屋，一开始用起来显得太大了，所以他们把二楼租了出去。而在底层，除了临街的展示区，还有一间办公室；房子的另一半有一间客厅、一间卧室和一间厨房。直到今天，这栋建筑恰好还在比隆的中心，在"乐高之家"的对角线上。这栋建筑不仅是对奥莱·柯克及其成就的纪念，也是对当代丹麦建筑实践的纪念。

乐高诞生的前几十年一直饱受意外事故的困扰。1926年8月的一天，也就是克里斯蒂安森一家搬进狮屋一年后，闪电击中了新建的工作间，工作间起火了，里面的机器、家具、配件以及大量的半成品都付之一炬。火灾造成的损失约为四万五千克朗。奥莱·柯克不得不再次从零开始，重整旗鼓。

第二年，也就是1927年11月，不幸再次降临。不得不说，这次事故是人为造成的，不过奥莱·柯克并未告知保险公司这一点。在当地的一个农场里，一项庞大的建筑工程正悄然进行。奥莱·柯克兴高采烈地与其他工匠和商人聊天，他以一种诙谐的口吻嘟瑟地说道，他可以用身体的特殊部位轻松地让乡民正在用的新型汽油发电机停下来。自然，他周围的人都说，得亲眼见证以后才能相信他的话。

结果，事实果然如此。然而没人能确切地辨明，在奥莱·柯克把背靠在传动带上的那一刻，是什么让机器倾斜了。不管怎样，他的这次遭遇可以说是一生中最糟糕的境遇。他一头栽倒在地，头骨骨折。几天后，当地报纸报道说："兰格医生急匆匆地开车前往事故现场，车子发出刺耳的鸣声，他的车上挂着一面白旗，后面跟着一辆救护车。伤员很快在医院接受了治疗。他的伤势极为严重，需要留院观察。"

不过，这个"伤员"恢复得比较快，而且在保险公司理赔四千五百克朗后，他的情况甚至得到了进一步好转。这一大笔意外之财让痴迷于技术的奥莱·柯克买了一台晶体管收音机。可是，买了收音机之后，他又开始梦想能有一辆所谓的"现代汽车"。在比隆，那种汽车只有一辆，车主是镇上的铁匠。到了1928年秋，奥莱·柯克又开始雄心勃勃，蠢蠢欲动，他不顾自己仍然债务缠身，张罗着投资购买了一辆二手福特T型车。

> 克伊尔德：我爷爷总是好买新鲜玩意儿。不过，这不是为了炫耀，而是因为，对于所有的新技术，我爷爷总是充满好奇，想尝试尝试。他也是比隆第一个买电视的人，那时是20世纪50年代。我清楚地记得当时的情景，因为对孩子和大人来说，买电视都是一件大事。有了电视，我们一帮孩子便坐在爷爷奶奶的旧式客厅里，守在电视机前看——天知道有多少人！爷爷有一个特点：只要他发现了某件事物背后的理性，或者只要他预感到某件事物十分可行，他肯定会大胆地尝试。

但比隆某些圈子里的人开始怀疑奥莱·柯克是否缺少对神的敬畏。首先，他建了一座超出自己财力的房子；后来，他又买了一台收音机；最后甚至买了一辆汽车。虽然如此，不过，木匠奥莱·柯克并不是唯一一个突然有钱之后便大手大脚地去挥霍的人。正如丹麦有句谚语所说的那样，"农民富则全民富"。1928年到1929年，丹麦农民遇到了难得

一个年轻人斜靠在奥莱·柯克的一辆牌子为 HGF 的福特汽车上,"HGF"是图中福特汽车丹麦语称呼 Høj Gammel Ford 的缩写,指带有踏板齿轮的老款高版福特。这辆车是奥莱·柯克分期付款购买的,这使奥莱·柯克成为比隆第二个购买汽车的人。

的大丰收年景。而在接下来的一段时间里,比隆及其周边地区迎来了砖石建筑、木工和绘画的大繁荣时期。

克里斯缇有时觉得奥莱·柯克对他人太过热心了。比如,他突然开始把他的全部精力——最重要的是,把他最好的木材——都投入到为牧师弗罗克亚尔·詹森(Frøkjær Jensen)制作一件漂亮的大型雪橇的工作当中。克里斯缇问道:"奥莱,你从中能得到什么呢?"

奥莱·柯克根本不指望得到酬金,他说:"如果我能让牧师高兴,那我在神那里就应该有价值可言。"

大家也能想到，很多人开始委托他建房子、造谷仓。这意味着他比以往任何时候都要忙，尽管他可以开着那辆福特车去见客户，但他依旧很忙。他的福特T型车没有变速箱，而是用三个踏板代替。那辆车花费了他一千四百克朗，是分期付款购买的。

在那段时间，未来看起来充满希望。但是，1929年10月，美国华尔街崩盘，导致数十亿美元的财富瞬间蒸发。这一冲击迅速蔓延到欧洲。丹麦最大的贸易伙伴德国和英国受到了严重影响，粮食、黄油和猪肉价格暴跌。肆虐的农业危机不仅影响到农民，还影响到商人，导致建设工程数目急剧下滑，并引发了大规模失业、罢工和骚乱。农村地区的破产数量激增，许多农场主和手艺人被迫停工。不久，经济危机的大网收得更紧了，波及了比隆木材加工商店。

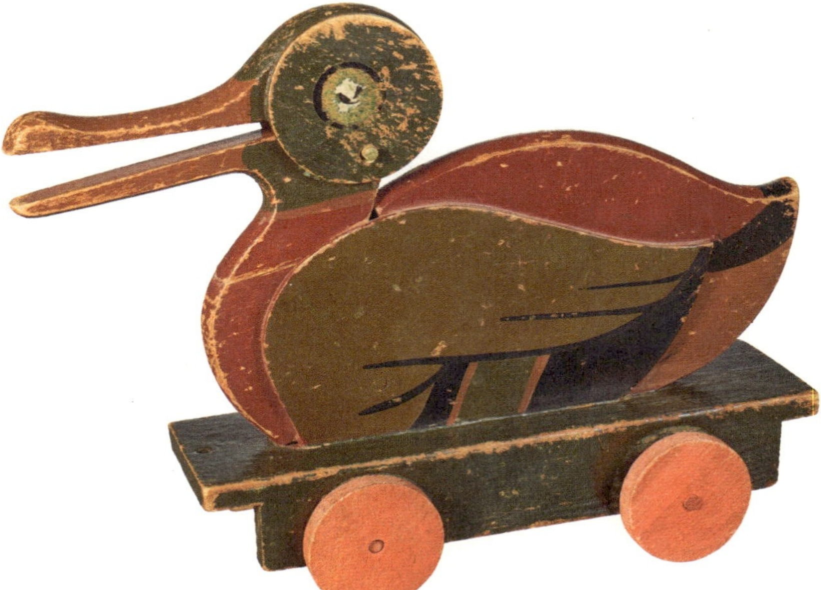

02

坚定信念

20 世纪 30 年代

在1931年秋天的一个清晨，怀着沉重的心情，一名男子开着他的福特T型车出城了。漫长的一天在等着他呢！木匠大师奥莱·柯克打算把本地区乡民所欠的债务尽量追回来，至少设法让某些债务人给他打白条、签期票。这是农村人缺钱时互帮互助的一种常见方式。

讨债从来都不是奥莱·柯克的强项。遇到有账单到期，他通常都会把它交给十岁的儿子哥特弗雷德，让他去收账，因为他很少空手而归，这一点跟他父亲讨债时的情形截然不同。但是今天与往日不同，奥莱·柯克此时面临破产的威胁。他需要挺身而出，保护他的狮屋和木工作坊免受法律制裁。

那天他最后拜访的一个人是詹斯·里斯·詹森（Jens Riis Jensen），这位债务人有一座农场，就在格林斯泰兹的马路边上。很久以前，他请奥莱给他建一个干草仓，欠下了债，后来还了一部分，如今还欠奥莱三十五克朗。看见奥莱高大的福特T型车驶入了院子，里斯出来迎接。奥莱·柯克打开车门，但没有下车。

他冲着里斯说："里斯，欠我的那三十五克朗你能还上吗？我今天已经找了十五家了，他们都欠我的债，可是谁也没有钱还，他们也不敢再写期票了。"听罢，农场主里斯绝望地摇了摇头。

"对不起，克里斯蒂安森先生。上次我把出栏的猪送到屠宰场，结果得到的钱比买猪崽的价钱还少。我名下现在连一个克朗都没有。不过，如果你愿意的话，可以带些奶酪回家。"

奥莱·柯克回答道："我就知道会是这样！但是，里斯，你能不能签一张期票，这样我明天好歹能挨过去？"

里斯答道："嗯，问题是，我不知道什么时候才能还你钱，因为谷仓剩下一些地方还要建，也需要用钱……"

奥莱·柯克听了说道："里斯，到时候，你可以打电话给我。你也

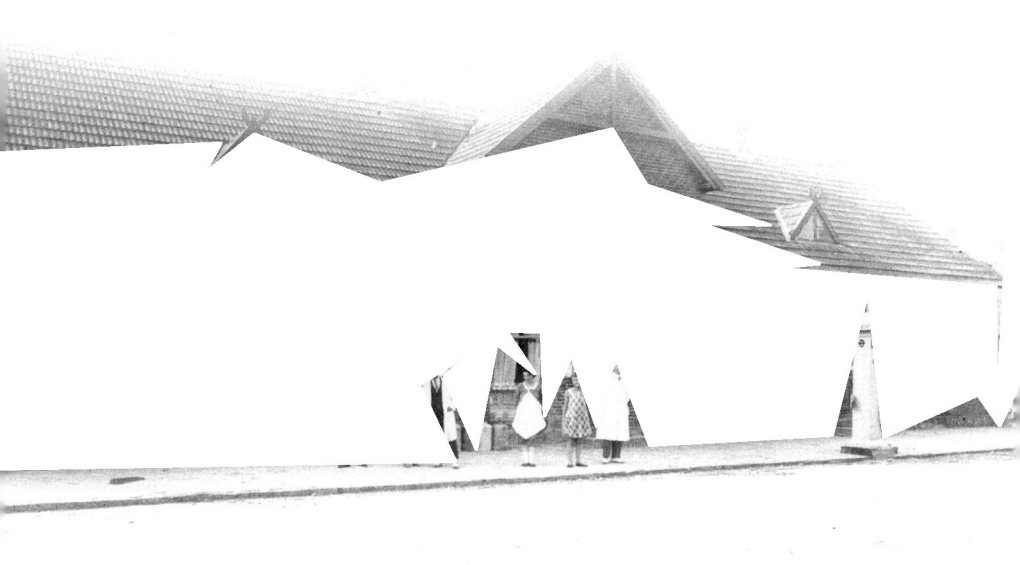

20世纪30年代,比隆的乳业合作社购置了一台电动咖啡研磨机,并购置了一个安放在路边的汽油加油泵。汉斯·尼尔森(Hans Nielsen)是合作社的经理,他和街对面的克里斯蒂安森一家关系不错,来往密切。他很乐意接受奥莱·柯克手下员工的无担保支票。只有当他知道奥莱·柯克的账户里有了余额之时,他才会把支票寄给银行。在比隆这个小镇上,人们尽力互帮互助。
格莱尼教区地方志档案馆供图。

许可以从我这儿再借些钱!"农场主笑了,找出笔,签了张期票。

奥莱·柯克感激地说道:"你是我今天一路奔波后第一个签期票的,也是唯一一个签期票的。但现在我认识到,我们至少还能再挺一天。"

在20世纪30年代早期,不论是詹斯·里斯,还是任何其他的丹麦农夫,生产的东西都很难卖出合理的价钱。人们没有足够的钱修理任何东西,也没有钱更换门窗。后来有一天,奥莱·柯克发现,他再也赊购不到木材了。那一次,他家附近的一个农场遭了大火,农场主请他为自己重建谷仓和房子。奥莱·柯克像往常一样,从位于科灵的约翰内斯格伦堡木材厂(Johannes Grønborg's Lumberyard)订购木材。因为有大量的商人破产，格伦堡对于准备赊购的订单，哪怕是很小的订单，都深感担忧，于是向银行寻求建议。格伦堡如是询问银行：比隆的克里斯蒂安森信用如何？

格伦堡立即得到了答复。"我们并不建议您批准信贷。即使是对方准备贷的金额已经投保，也不批准信贷。因为你所提到的木匠克里斯蒂安森先生的处境非常不好，他随时可能破产。"

奥莱·柯克的处境的确极为危险。尽管如此，在1932年年初，他还是抱有乐观的态度，这也许是他相信神会在生活的各个方面帮助他的缘故。1928年，小克努德（Little Knud）开始跟随奥莱·柯克学徒。和维果一样，他住在工作间上方的阁楼里。工作间条件艰苦，每逢冬季，工作间脸盆里的水都会上冻。1931年，他在比隆为老板奥莱·柯克当年最后一个房屋建筑项目忙碌，当时与他一起工作的还有另外一个帮工。当时，小克努德和维果两人正在帮助木匠作坊生产各种各样的木制物件。克里斯蒂安森一家希望在圣诞节期间出售这些木制商品——踏梯、凳子、圣诞树底座和几辆玩具车，于是拿出这些物品向他的四个孩子征求意见。

制作这些小物件给奥莱·柯克带来了极大的乐趣，对他来说很是容易。虽然这些产品并不像热卖的抢手货那样畅销，但是他对儿童产品极为用心和关注，就像他对大人用的产品一样投入，因此制作这些物件对他来说大有好处。20世纪20年代，在几个儿子的童年时期，奥莱·柯克偶尔会从地板上捡起木头块，用小刀或锯子把它们削成小马、小牛或房子的形状，又或者将木块制成象征速度与激情的现代奇迹：汽车、火车或飞机。

    克伊尔德：我爷爷是一个体贴的好父亲。在抚育培养男孩方面，他有自己的想法和原则。在他空闲时——基本上只有在周日他才会有空——他会陪孩子们一起玩。他总是认为周日是一个小假期，是一个与家人共度时光的好机会。他给他们雕刻和制作小玩具，而且，他会给孩子机会，让他们在玩具上印上自己特有的印记。1932年，当他真正开始生产玩具时，他年龄较小的两个孩子（我的父亲和格哈特叔叔）尝试在玩具上印上特有的印记。这么做好不好呢？玩具商的设想是不是足够好呢？20世纪50年代，在某种程度上，我父亲找到我，跟我一起做了跟如前所述一模一样的事情。当时，他突然出现在地下室的游戏室里，看我这次做了些什么，并且仔细观察一个孩子会用新型塑料积木做些什么——这是乐高最新重点开发的产品。

1932年初春的一天，狮屋外响起了敲门声。门外来客是詹斯·V. 奥尔森（Jens V. Olesen），一位来自腓特烈西亚的木材商人，人们也管他叫"木头奥尔森"（Wood Olesen）。詹斯·V. 奥尔森带了一个同事随他一同前来。这两个人询问，他们是否可以进来看看克里斯蒂安森先生在工作间里都做些什么。这是因为当时建筑业生意惨淡，木工作坊也一个又一个地关门歇业。两位来宾称赞奥莱·柯克所制物件的质量着实令人满意，高超的技艺令他制作的梯子、凳子、挤奶凳和熨衣板与其他作坊的产品相比十分不同。当二人看到奥莱·柯克制作的所有漂亮玩具车时，他们展现出了很高的热情。这些玩具车中的几辆已经涂上了华丽、闪亮的颜色。奥尔森当场订购了一大批奥莱·柯克的货物，与他约在当年8

月份交货。他可以很容易地在全国各地的商店店主和合作社经理那里找到市场与商机,因为这些店主和经理需要为一个又一个的小家庭准备圣诞节礼物而囤货。奥尔森认为,这几年可能是一段艰难的时期,但孩子们不应该为此付出代价。

奥莱·柯克邀请二人喝咖啡。他们一边喝咖啡,奥尔森一边谈论起"丹麦制造组织"(Danish Work,丹麦语作"Dansk Arbejde")。这是一个鼓励丹麦人购买丹麦制造的商品的组织,并且,这一组织还帮助手工艺人建立一种新型的生产方式。奥尔森预测,木制商品——尤其是玩具——在未来几年将特别受追捧。他还表示,丹麦制造组织为腓特烈西亚的年度贸易博览会(Købestævnet)上的新晋制造商提供免费展位,制造商们可以在那里展示他们的产品,与供应商和批发商建立新的联系。同时,他们也许能够获得大量的订单。

奥莱·柯克对此事闻所未闻。但他后来提到,当时他和妻子克里斯缇"愿意接受这种宣传方式"。两个木材商人走后,奥莱·柯克问道:"也许该走这条路,是吗?只要有一些熨衣板、踏梯、木车和其他玩具的存货,我们就可以尝试一下。"

这次会面被证明是奥莱·柯克·克里斯蒂安森工作生涯中的一个转折点。他决定改进自己的生产方式,把全部精力都投入到实用的木制产品和木制玩具上。为了给自己的工作间雇用帮工,也为了印制一份价目表,他向几个兄弟借了钱。不过这笔钱他此后十多年都没还清。

并不是家里的每个人都理解他的决定——事实远非如此。比隆的其他乡民也有同样的想法,他们并未对奥莱·柯克那堆乱七八糟的东西寄予厚望。一个成年人竟然喜好摆弄玩具,这简直荒唐可笑!因为奥莱·柯克的勤奋态度和高超技艺,所以这些乡民一直挺尊敬他。但现在他们都对他摇头。有些人甚至直截了当地对他说:"克里斯蒂安森先生,

Trævarer.		
Trappestiger, ferniserede .... pr. Trin		0,75
Wienertrappestiger, Asketræstrin —		0,75
Strygebrædter, fritstaaende 2" 6" ... pr. Stk.		3,00
do. do. 2" 12" ...		3,50
Taburetter med svejfede Ben, umalet pr. Stk.		2,50
do. malet blaa eller rød		3,00
Juletræsfødder, grønne, 26×5 ... pr. Stk.		0,20
— 31×5		0,30
— 40×7		0,45
— 52×8		0,65

Dessin Nr.	Legetøj, fin lakmalet.	PRIS pr. Dus.	pr. Stk.
101	Rutebil, 6 Hjul, Tvillinghjul	42,00	3,60
102	do. 4 do.	32,50	2,80
103	do. 4 do.	26,50	2,30
104	Lastvogn med Førerhus, Tvillinghjul	28,00	2,40
104a	Paahængsvogn til samme	7,75	0,68
105	Lastvogn med Førerhus	23,00	2,00
105a	Paahængsvogn til samme	7,00	0,60
106	Lastvogn med Førerhus	17,00	1,50
107	Brandbil med Brandstige	26,00	2,20
108	Brandbil, Mandskabsvogn med Slange	26,00	2,20
109	Kranvogn med Kran	26,00	2,20
110	Sportsbil	22,00	1,85
111	Racerbil	22,00	1,85
112	Lokomotiv med Tender, 6 Hjul	27,00	2,30
112a	Personvogne til en Togstamme	14,00	1,20
112b	Pakvogne	10,00	0,85
112c	Fragtvogne, aabne	9,00	0,75
112d	do.	8,40	0,70
113	Vejtromle	21,00	1,80
114	Sporvogn	29,00	2,50
115	Flyvemaskine	21,00	1,80
116	Hjulfærge	38,00	3,30
117	Legevogn, lakmalet, lille	18,00	1,60
118	do. do. stor	22,00	1,90
119	Lokomotiver, smaa	2,80	0,24
120	Banevogne, smaa	2,10	0,18
121	Sparebøsse for 10-Ører	3,90	0,33
122	do. 25-Ører	6,00	0,50

奥莱·柯克的第一份产品价目表，包括各种木制产品，如梯子、凳子、熨衣板和圣诞树底座，等等。另一整页上密密麻麻地记满了各种玩具的价格。克里斯蒂安森木制品玩具厂正在成形。

033

你非常优秀,不应该把时间浪费在这种事情上。你为什么不找点更有用的事做呢?"

> 克伊尔德:在最初的几年里,我爷爷觉得不只是镇上的乡民和当地教区的乡民瞧不起他做木制玩具,他的亲兄弟也瞧不起他。他们认为他这么做完全是胡来,我爷爷的生意也没有立即腾飞。在我爷爷晚年所接受的一些采访中,他有时会说自己是一个败家子。但是,我认为我们需要考虑到时代背景,当时木工生意不好。在这个背景下,他不得不另辟蹊径,生产主妇需要的家用产品以及供小孩子游戏用的玩具。那时候人们还不理解这件事的意义。

与此同时,奥莱·柯克努力为奥尔森的订单赶工。对于克里斯蒂安森木制品及玩具厂来说,木制玩具的产量逐渐占了半壁江山。1932年夏,在工作间后面的家庭花园中拍摄的照片使这家工厂的产品被永久记录了下来。木制汽车、木制有轨电车、木制飞机和其他许多木制玩具被陈列在熨衣板和梯子上。在陈列台的后方站着的是奥莱·柯克的助手和帮工们——包括他的儿子约翰内斯、哈拉尔德·邦加德(Harald Bundgaard)、小克努德、尼尔斯·克里斯滕森(Niels Christensen,人称"泥瓦匠尼尔斯")和十三岁的凯伦·玛丽·杰森(Karen Marie Jessen)。他们站成一排。摄影师可能是奥莱·柯克本人,也可能是孕妇克里斯缇,她正怀着第五个孩子。

不过在这张极具历史意义的照片中,我们并未看到当时最受欢迎、最畅销的玩具——溜溜球!对奥莱·柯克来说,这是神的启示。他后来解释说:"神给了我继续做玩具的信念,带给我信念的正是那些溜

1932年初夏，克里斯缇的第五个孩子即将出生。怀孕让她的身体负担很重，她不得不使用拐杖。这张照片上的人从左到右分别是：奥莱·柯克和妻子克里斯缇，还有他们最小的儿子格哈特，以及帮工哈拉尔德·邦加德。

溜球。"

全球范围内溜溜球的热潮，既吸引了孩子们，也吸引了成年人。这个玩具让人们暂时忘记了日益恶化的经济危机。1931年年末，溜溜球传到了丹麦。在哥本哈根的技术研究所（Technological Institute）举办的"丹麦圣诞礼物展览"上，丹麦人第一次看到并可以试玩溜溜球。1931年冬到1932年春，对溜溜球的痴迷蔓延到全国各地，而像奥莱·柯克这样的木匠则享受了一段幸福的时光。丹麦当地报纸的报道助长了这一最新流行的热潮。据报纸报道，溜溜球起源于古希腊："溜溜球热潮席卷各地，不论是在有轨电车上、在自行车上，还是在工作场所、在公共办公室里，人们都爱玩溜溜球。如果邮局的营业员无暇为顾客服务，那就是他在柜台下面练习着玩溜溜球。"

对奥莱·柯克来说，对溜溜球的需求来得太突然了，在奥莱·柯克1932年的产品价目表上都没有列上溜溜球，但他抓住了这次意外的机会，开始大量生产溜溜球。对于木工作坊的工人来说，溜溜球这种小玩具制作起来又快又容易。在狮屋后面的小社区里，家家户户的成员都十分勤劳能干，他们在木工工匠制作完溜溜球之后，给这一玩具涂颜料、上清漆；然后再把棉线缠上去；最后，溜溜球被装进货箱，从比隆火车站分发给全国各地的批发商和分销商。

多亏了1932年的溜溜球热潮，克里斯蒂安森一家的工厂里有了足够的工作量，并且能够把工作分给一些幸运的工人，比如"泥瓦匠尼尔斯"这样的工人。工人每做一个溜溜球，奥莱·柯克就付他一欧尔。在效率高的日子里，尼尔斯可以一气儿做一千个溜溜球。这样加起来，尼尔斯的日薪就能达到十克朗，比他当泥瓦匠时挣得还多。尽管如此，奥莱·柯克还是尽量从他妻子和儿子那里得到帮助。

他后来解释说："我和我的妻子还有我的孩子工作得特别辛苦。渐渐地，情况开始好转。无数个日子里，我们从清晨忙到半夜，我买了一辆装有橡胶轮的手推车，这样当我深夜把包裹送到比隆火车站时，就不会惊扰到邻居们了。"

1932年夏拍摄的那张老照片中，一切都显得平静祥和，有着田园诗般的宁静。克里斯蒂安森手下的人个个都十分自豪，对老板忠心耿耿。在照片中，克里斯蒂安森的手下被他们自己制作出来的各种漂亮的木制品包围着。不知怎的，这不禁让人想起奥莱·柯克最喜欢的一首赞美诗

1932年夏，克里斯蒂安森手下光荣的员工聚集在第一批制成的木制玩具后面。从左往右数，依次是：凯伦·玛丽·杰森、詹斯·T. 小克努德（Jens T. Little Knud）、尼尔斯·马蒂森（Niels Mathiesen）、迈杰·克里斯滕森（Mejse Christensen）、哈拉尔德·邦加德和奥莱·柯克的大儿子约翰内斯。

的头几行："在险境中，没有人比神的儿女更加平安喜乐。"

然而，对于这位四十一岁的大师级工匠和前程似锦的制造商来说，还有更多的困难在等待着他。1932年8月，溜溜球的生产达到了鼎盛时期。克里斯蒂安森一家似乎头一次能够通过制造木制玩具稳赚不赔了。可就在那时，几近临盆的克里斯缇突然身患重病，住进了格林斯泰兹的医院。经检查得知，克里斯缇腹中的胎儿已经死了。此后，她似乎刚从流产中恢复过来，然后突然又病倒了，患上了静脉炎。1932年9月6日，她去世了，终年四十岁。

整件事情来得极其突然，让人一时难以接受。在接下来的一段时间里，极度悲伤的奥莱·柯克努力控制着自己的思想和情绪。奥莱·柯克的孩子们，尤其是十二岁的哥特弗雷德，亲眼见到自己的父亲服丧，永远不会忘记这般情景：

> 我记得他走进前屋，我正在那儿弹风琴，他告诉了我们母亲去世的噩耗。那是我第一次看见父亲哭。我们向神祈祷，然后我和父亲去接我的两个兄弟，他们当时正在外面工作。

妻子的死讯撼动了奥莱·柯克，他对神的信仰也动摇了。他退出了宣教屋的理事会。在接下来的十年里，他只做宣教屋的一名普通成员。直到1944年，奥莱·柯克·克里斯蒂安森的签名才出现在宣教屋理事会的会议记录上。

> *克伊尔德*：即使是临到事情看起来最为黑暗、最不可能成就的时候，我爷爷也决不轻言放弃。这是他的性格特点。他一定有某种不同寻常的内在动力。无论如何，他总能说服自己，相信事情会好起来的。遇到难事就放弃，这可不是他的性格。我父亲身上也有这样的特征，而且我也有。这是一种代代相传的"执拗"，这种执拗与信仰有关。但这不一定是宗教意义上的执拗。这种劲头更像是一种更广泛、更普遍的信仰——对未来以及对自己所负责之物的信仰。由此产生的想法和感觉是："这样的事我能应付得了！"

后来，当奥莱·柯克年事已高，担任乐高的董事会主席时，人们请他解释一下乐高如何应对金融危机，以及1931年到1933年经济危机期间他是如何应对自己的个人问题的。总的来说，他的回答是："每每遇到困难，我都必须不断祈祷，祈祷自己能接到订单，祈祷自己能生产出产品，祈祷自己能赚到钱。"

奥莱·柯克：一天晚上，我坐在那里，阴郁地沉思着我所经历的所有挫折。我的债主们派律师来追我，我的家人和朋友责备我，说："你所做的有什么用处呢？"我该怎么办？那感觉就好像，神的帮助距离我是如此遥远，仿佛永远无法及时到达我身边。然后一些奇妙的事情发生了，那是一些我永远不会忘记的事情。我仿佛看见了在一家巨大的工厂里，人们熙熙攘攘地进进出出。在这家工厂里，都是原材料运进，成品运出。画面如此清晰，以至于我再也不会怀疑，相信自己总有一天会实现自己的目标：梦中我所看见的工厂，今日已经成真。在当时那么绝望的情况下，我竟然能获得如此的信念与信心，真是有意思。我十分确定，是神给了我们这样的幻象。就是那位我从小就相信的天父。

奥莱·柯克刚刚重组了公司。突然之间，他发现自己要独自承担起管理家庭的责任，还要抚养四个年龄在六岁到十五岁的儿子。他的四个儿子都处于丧母之痛中。六岁的格哈特还太小，不能给他父亲多少实际的帮助，而十三岁的卡尔·乔治不久就要开始他的木工学徒生涯了。在狮屋住着的，还有十二岁的哥特弗雷德。哥特弗雷德幼年时十分虚弱，以至于奥莱·柯克和克里斯缇一度觉得这个儿子很可能活不到成年。

如今，在他和他的兄长约翰内斯不上学的时候，两个小伙子就在工作间里帮忙。哥特弗雷德手艺很好，对数字也很在行。而他的兄长约翰内斯则从小就有癫痫，终生未愈。尽管如此，约翰内斯还是始终面带微笑。

除了这些悲伤和痛苦以外，奥尔森的玩具大订单也面临着许多的问题。奥尔森本来应在8月份取走这些玩具，但是他没有如约前来。此时，这些玩具仍然放置在架子上，积着灰尘。奥莱·柯克原以为奥尔森的订单是万无一失的，但后来奥尔森破产的消息传到了奥莱·柯克耳朵里。像往常一样，当他需要来自另一个世界的帮助时，奥莱·柯克就会双膝跪下，把他的烦恼陈明在神面前，神会为他指明一条出路。第二天他起得很早，给旧福特T型车里装满了此时已经没人来收的货，他叫孩子们照顾好彼此，然后动身出发，从一家商店到另一家商店，从一家合作社到另一家合作社，去推销他的玩具产品。

他此行并不怎么成功。虽然他最终设法把大部分玩具产品从手头卖出了，但奥莱·柯克不得不承认，他不是干推销的料。他发现，自己很难做到每到一个地方就自卖自夸，因为在他看来，产品的质量好不好，只要看货品就行了。然而，在埃斯比约（Esbjerg）小镇，他的这一想法遭到了迎头痛击。

奥莱·柯克：店里有位女士对我的产品进行了猛烈的抨击，我不敢进行适当的反驳。在恶意攻击之后，她却说，如果能再打七折的话，她会买一些。最后，在离开那家商店时，我非常高兴。

在其他地方，奥莱·柯克只能勉强接受物物交换。因此，他带着葡萄干、木薯粉和二十公斤带壳的杏仁回到比隆的家中。这就意味着狮屋里的小家庭——此时已经有了一个管家——在圣诞节时可能会比周围的家庭过得稍好一些。狮屋的邻居中有许多人买不起肉或甜点，只能解决基本的温饱，依靠吃土豆、卷心菜过日子，仰赖教区委员会发放的少量救济金度日。

溜溜球的热潮几乎还没开始就戛然而止了。到了1933年秋，靠卖溜溜球越来越难以维持收支平衡，尽管当年的营业额略有增长。奥莱·柯克被积压下来的大量溜溜球困住了，处理不掉。奥莱·柯克于1933年11月4日在《日德兰邮报》(*Jyllands-Posten*)上刊登了一则广告：

> 出售玩具轮或彩绘溜溜球。立即交货。一次购一千件，价格更优惠。
>
> 比隆木制品玩具厂
> 奥莱·柯克·克里斯蒂安森
> 比隆

奥莱·柯克在溜溜球热潮中下了很大的赌注，以致在1933年，奥莱·柯克手里积压了大量的溜溜球产品。

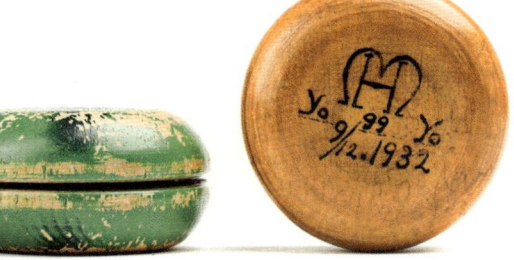

当奥莱·柯克在失去克里斯缇的悲痛中挣扎的时候，经济问题在奥莱·柯克面前堆积起来。克里斯缇是他们家十五年来的关键人物，她生前不但需要抚养他们的四个儿子，还承担了所有的家务劳动。与此同时，奥莱·柯克被旧债缠身，尤其是在20世纪20年代，他出于好心签署了一份担保合同，这份合同是为一个地方建设项目而做的担保。

> 奥莱·柯克：我们这些商人经常做担保，通常情况下，这么做没有任何风险，几乎就是走个过场。但当时的情况是，其他担保人都在苦苦挣扎，所以他们想把整件事都推到我身上。一开始我并没有真正意识到，我的财产会受到威胁。但是后来，那些当初把我引诱到薄冰上，并以最友好的语气向我保证不会有任何风险的人，却开始没收我的股票。在我开始意识到这一切时都要崩溃了。

1933年夏末，奥莱·柯克濒临绝境，几乎马上就要放弃，不得不宣布破产。就在这个阶段，弗莱明·弗里斯·叶斯帕森（Flemming Friis Jespersen）来到了奥莱·柯克的家门口。叶斯帕森是来自瓦埃勒的一名律师，他在附近出差时，决定去拜访一名当地的木匠，那名木匠并没有回复他的提醒信函，或者说是"传票"，并因此被判未按时出庭的罪状。叶斯帕森认为，他们或许可以找到一个解决方案，让债权人和债务人都满意。许多年后，在一封写给哥特弗雷德的信中，叶斯帕森回忆了他第一次见到奥莱·柯克时，所看到的这个内心充满了深深的忧惧，心志幻灭的人——

> 叶斯帕森：在一座非常大的房子后面，一个几乎空无一

人的工作间里,我见到了一个从一开始就给我留下了深刻的印象,十分令人同情的人。

奥莱·柯克向我解释道:"说实话,我已经放弃了,去年我建了两栋房子,一栋是为一名客户建的,另一栋是为了出售而建的,结果那名客户却付不起钱,另一所也没人买。现在,我不得不把这两栋房子都拍卖掉,我自己的房子可能很快也会落得同样的下场。我到处欠着债,我的妻子死了,剩下四个孩子要靠我养活。我该怎么办?我还是现在就放弃吧。"

叶斯帕森告诉他,什么都不做是最愚蠢的行为,因为这样一来,每一笔小小的索赔都会因复利而成倍增长,等他清醒过来时,债务已经翻了一番。他建议资不抵债的木匠奥莱·柯克立即列出他的债权人,并写下他们的要求。然后叶斯帕森会用这个列满债权人的清单,为狮屋提交一封赔偿保证书,这不仅会给债权人一些保证,而且(在一段时间内)会给奥莱·柯克一些喘息的空间来巩固他的小生意——并让他找到一名新管家。

虽然克里斯缇去世后的一年中,能干、勤劳的尼娜一直在照顾家庭,但是,1933年10月1日,她突然辞去了这份工作。在提到这位虔诚的年轻女子时,奥莱·柯克写道:"她渴望做天国的工作。"并解释说,"她不仅每天为十二个人做饭和打扫卫生,而且会演奏风琴,并且会边弹边唱。他到哪里去找一个新的尼娜呢?"

很少有人知道乐高公司的第一个所有者是一位女性。1933年10月的一天，苏菲·约根森（Sofie Jørgensen）来到哈斯莱乌（Haslev）的南西兰小镇（South Zealand town）去拜访一位朋友。厨房里的椅子上放着一份报纸。若非这份报纸，情况也许就不会是这样的了。三十七岁的苏菲刚从较大的城镇奥胡斯（Aarhus）回到家乡，希望能在当地道达尔公司找到一份工作，打算应聘该公司在当地的经理一职。这是一家销售肥皂、香水和其他个人卫生用品的连锁企业。

在此前的几年里，苏菲曾在奥胡斯的"问题男孩之家"工作，努力地攒钱，以便将来实现自己开店的梦想。不幸的是，那天她没有得到在哈斯莱乌的工作机会，失望的苏菲骑自行车去朋友家，想忘掉这件不如意的事情。咖啡煮好，她们摆好桌子，苏菲翻了翻放在椅子上的《基督教日报》（Kristeligt Dagblad）。当她读到就业招工的栏目时，她的目光很快落在了题为"管家"的条目上。

《基督教日报》：诚求一位真诚、虔诚的女孩，勤俭节约，能做所有的烹饪工作，并能承担家庭主妇的所有职责。截止日期：1933年11月1日。工作环境优渥，家庭地处良好社区。男主人育有两名男孩，一个十三岁，一个七岁。男主人希望管家怀有爱心，把他们抚养成人，让他们感受到家的温暖。更多信息详见奥莱·柯克·克里斯蒂安森的比隆木制品玩具厂。请把先前雇用公司的推荐信发送给我们，并注明预期薪酬。

奶业合作社经理豪格森帮助他参阅和评估了一些人对比隆木制品玩具厂招聘广告的回复，最终奥莱·柯克选择了苏菲·约根森，这是因为她的推荐信极为出色，而且她还是一名虔诚的基督徒，来自哈斯莱乌，这里是内省布道会在丹麦的关键据点。哥特弗雷德在比隆火车站接

Husbestyrerinde.
En virkelig troende Pige, som er økonomisk og dygtig til al Madlavning, og som kan varetage alle en Husmoders Pligter i et Hjem, søges til 1. November under gode Forhold. Godt Samfund. Jeg har 2 Drenge paa 12 og 7 Aar, saa en, der med Kærlighed vil være behjælpelig med deres Opdragelse og kan gøre det hjemligt for dem, vil blive foretrukken. Nærmere Oplysninger faas og Anbefalinger fra tidligere Pladser og Lønfordring sendes til 3179D
O Kirk Christiansen,
Billund Maskinsnedkeri, Billund St.

根据《基督教日报》上的一则广告，三十七岁的苏菲·约根森应征了这则招聘启事后，很快就发现自己处于一个十字路口。她在"问题男孩之家"工作了一段时间，又在作为年轻妓女"拯救之家"的内省布道会工作了一段时间，加起来有十年之久。这一次，她想尝试着碰碰运气，做一名管家。

到了新来的女管家，并把她带到狮屋，奥莱·柯克打开前门时，情不自禁地喊道："苏菲·约根森，如果我知道你的头发这么短，我就不会雇你了！"

而倘若苏菲知道这所大房子里面一团糟的情形，她可能也不会提交申请——尽管这所大房子前的道路极为宽阔，狮子雕像很是宏大。而且，如果她知道这个家庭有四个男孩子，而不是招聘启事上说的两个，恐怕就更不可能提交申请了。不过，卡尔·乔治和约翰内斯只是在他们各自的学徒生涯的间隙，偶尔回来看看。奥莱·柯克告诉苏菲，十三岁的哥特弗雷德不仅要按时上学，还要在木工作坊里帮忙干活儿。而七岁的格哈特则爬上这个陌生女人的腿,说:"你认识我妈妈吗?我妈妈可好呢!"

新来的女管家虽然头发短,但她真是个好管家,她简直是神为奥莱·柯克一家预备的天赐之物。五十年后,四兄弟在一次电视采访中一同说道:"苏菲成了我们的好妈妈。她有能力、有爱心,重新让这个家变得有条不紊。"

从一开始,苏菲和奥莱·柯克之间的关系便非常融洽。在她来到奥莱·柯克家里的七个月之后,他们结婚了。婚礼就在她位于哈斯莱乌的娘家举行。但是奥莱·柯克亡妻在日德兰半岛的家人觉得奥莱·柯克重新组建家庭的速度未免有点太快了。在1934年5月10日的结婚纪念日中,苏菲为奥莱·柯克写了一首歌,歌曲的旋律借用了B.S.英格曼(B.S. Ingemann)的《论塔夫·邦德的时代》(*På Tave Bondes Ager*)。在这首歌中,她描述了在比隆奥莱·柯克的家里,二人的爱情迅速绽放的情景:

> 她从未奢望过上平等的生活,
> 直到奥莱·柯克向她求婚。
> 他站在院子里,
> 这阳光灿烂的时刻完美无缺。

那天奥莱·柯克、苏菲·约根森二人说了些什么,在场的人谁都不知道。二人之间有一个只有他们自己分享的秘密,这便是通往二人彼此理解的道路。

在他的余生中,奥莱·柯克经常说,如果苏菲没有在1933年来到比隆,如果她不允许他使用她的积蓄,乐高就不会存在。

就是这么简单。在 1934 年 3 月，苏菲用她带来的一千克朗——相当于今天的三万七千克朗——将丈夫从另一次破产中拯救出来。再加上奥莱·柯克的兄弟们出资的几笔小额贷款，苏菲的"嫁妆"构成了即将建立的乐高公司的财务基础。用奥莱·柯克的话说："1934 年，我娶了我的女管家。她有一千克朗，我用这些钱中的一部分还清了我最急迫的债务。我的家人也尽他们所能帮助我，所以我得以逃过了严厉的惩罚。"

此后，克里斯蒂安森木制品玩具厂改名了。弗里斯·叶斯帕森曾帮助奥莱·柯克免于破产。更重要的是，他也曾建议奥莱·柯克为自己的玩具厂取一个顾客能记住的名字。1936 年，奥莱·柯克前往腓特烈西亚参加一场大型贸易会。因为他意识到，贸易会上的所有大型公司都是极为新颖和独特的，所以他召集了八名员工，并宣布拿出两瓶苹果酒作为奖励，看谁能为公司想出一个好名字。

也许是老板奥莱·柯克自家酿的酸溜溜的果酒并未起到任何激励的作用，被评选出的两个最好的建议——LEGIO 和 LEGO——都是奥莱·柯克自己想出来的。哥特弗雷德后来解释说，第一个取名的建议与"大批玩具"（英文作"legions of toys"，是"玩具军团"之义）有关。"我父亲认为，如果玩具制造生意想要起步，就必须进行大规模生产。"另一个取名的建议"乐高"（LEGO）是丹麦词语"leg godt"的缩写，即"玩得好"的意思。这个名字更符合"时代精神"，而当时的奥莱·柯克远未意识到这一点。不管怎样，最终第二个建议胜出，因为"LEGO"一词的发音听起来不错，而且大人和小孩都能念出来。好几年之后，当比隆的乐高玩具公司开始向全世界出口塑料积木时，他们才发现"LEGO"在拉丁语中是"我收集"的意思。

克伊尔德：乐高公司的名字还有另外一个故事。这个故事说白了就是，驱使我爷爷制作玩具的不仅仅是生活所迫和家庭贫困。在建筑行业的工作枯竭之后，他开始制造实用的家庭用品，但很快就转向制作木制玩具。首先，他是一个爱玩的人，他总是喜欢和孩子们在一起，并认为："孩子们应该玩得开心，我可以通过给孩子们制造好玩具让孩子们感到开心。"我想，这个想法对他起了很大的作用，尤其是在公司刚起步的困难时期。这就是为什么他很容易就想到了"LEGO"这个名字。但他喜欢这么说："我现在所做的工作至少和普通的细木工工作一样重要。"

在20世纪30年代到40年代早期，奥莱·柯克和苏菲的婚姻以及牢固的家庭纽带形成了"乐高工厂"的基石，"乐高工厂"（LEGO Factory）这一名字被印在公司信纸的信头，既新颖独特，又庄重优雅。1935年春天，奥莱·柯克和苏菲有了他们的第一个孩子，也是他们唯一的孩子——他们的女儿乌拉（Ulla）。她在比隆小镇上长大，那里人人互相认识，人们互相帮助。越来越多的当地人在狮屋后面尘土飞扬、喧嚣嘈杂的玩具工厂里谋生，那里弥漫着木材和清漆的气味。到1935年年底，他们的营业额几乎比前一年翻了一番，达到了一万七千二百克朗。1936年，营业额又翻了一番，工厂里的工作间看起来越来越像神曾在幻象中给奥莱·柯克展示的大工厂。

然而，由于公司创始人奥莱·柯克的旧债问题，以及他孜孜不倦投资新技术，乐高这家小公司仍然受到流动资金问题的困扰。1937年，在德国的一个贸易博览会上，奥莱·柯克目不转睛地盯着一台德国品牌埃尔兹与海斯（ELZE & Hess）的刨槽机看来看去。这是一款可以在木头

1936年是奥莱·柯克最后一次参加在腓特烈西亚举行的贸易会。多年来，这个贸易会对他的小公司至关重要。比隆木制品玩具厂在企业名录上展示了他们的新名字"乐高"，公司的电报地址当然就是"Lego"。格莱尼教区地方志档案馆供图。

上进行精细切割的设备，可以为乐高流行的带轮子的木制动物添加合适的圆角。但是，这台机器太贵了，需要四千克朗。两个月后，他通过哥本哈根的一家供应商订购了一台刨槽机。在那一刻，奥莱·柯克简直是孤注一掷，要么全有，要么全无。

几年后，当他们的会计约翰森（Johansen）坐在乐高的办公室里填写员工薪资支票时，电话铃响了。来电的是瓦埃勒银行。

"约翰森，这种情况不能再继续下去了。若是公司无力支付，就不能再开支票了！"

之前，会计约翰森也曾听过这种说辞，因此他不予理会，还辩称银行有很多钱，而乐高几乎没有多少钱。当电话另一端冰冷的声音回答说这个决定是来自银行高层时，约翰森觉得应该通知奥莱·柯克。

他发现老板奥莱·柯克正跪在花园里种花，而老板听了汇报之后唯一的反应是，约翰森应该在需要的时候继续开支票。"我还有更大的问题呢！"

奥莱·柯克的财务状况一片混乱，花钱大手大脚，背负繁重旧债。正因如此，公司在 1935 年到 1944 年是注册在"苏菲·柯克·克里斯蒂安森"名下。如果奥莱·柯克本人被迫宣布破产，债主无法没收苏菲的财产。这一安排同样也意味着，从法律上讲，直到 1944 年，也就是直到乐高成为一家有限公司之前，所有的收入和资产都属于苏菲。

就是这样，这家比隆木制品玩具厂正在缓慢而稳定地发展。

1936 年夏天，乐高公司于腓特烈西亚的贸易博览会上首次向世界展示了新名字和商标。贸易会大获成功，包括丹麦的克里斯蒂安十世（King Christian X，又称"基士扬十世"）在内的八万二千人参观了该贸易博览会。该贸易博览会展馆是一座有城墙环绕、宏伟壮丽的建筑。

奥莱·柯克的展位在主楼的三层，旁边有颇有声望的大公司，也有来自全国各地的小承包商和小企业家，他们都在展示着各种各样的商品，从钢琴、紧身胸衣和果酒，到洗衣粉、肉干和雪茄干燥盒，一应俱全。在过去的几年里，路过的参观者已经注意到奥莱·柯克所制作的玩具质量颇佳，并对各种玩具汽车上的细节大加赞赏。这些玩具汽车被称为比隆汽车（Billund Auto），玩具汽车轮子是用积压的溜溜球做的。1933 年，奥莱·柯克制作的溜溜球积压了一大堆，于是他把它们锯开，改换了用途，做成了汽车轮子。这些玩具汽车轮子做工精细，十分逼真，最后的工序是由十三岁的凯伦·杰森负责完成的。

> 凯伦·杰森：每个轮子我都要经手三次。首先，要把轮子涂上底色并烘干；其次，把轮子涂成灰色，再晾干；最后，要非常精确地沿着边缘，在中间涂上一层亮红色。每制作三个轮子我就能得到一欧尔，每周我能涂制九百个轮子，折合三个克朗。我还记得每到周六晚上我把挣到的钱交给妈妈时，她是多么高兴。

在 20 世纪 30 年代，乐高的大部分员工都是没有任何行业学徒经历的年轻人，还有来自比隆和其他地区的女孩、家庭主妇和寡妇，奥莱·柯克对这些员工的身世都了如指掌。这些员工大多数来自受农业危机重创的家庭，他们需要在圣诞节高峰期在家做点零工来贴补家用，而那时，乐高的工厂总是特别忙。

理查德·克里斯蒂安森（Richard Christiansen）正在操作 1937 年奥莱·柯克花了好大一笔钱买的刨槽机。事实证明，这是一项明智的投资，因为可以拉动的动物玩具越来越受欢迎——不仅是经典的玩具灰鸭，还有玩具猫和玩具鸡。这些玩具都安装在轮子上，玩具主人的小手可以拉着玩具走。

20世纪30年代后半期，丹麦的各家公司面临的主要挑战是营运资金问题，既需要为员工支付工资，又需要支付原材料和投资机械的费用。在20世纪30年代结束时，木材行业的流动性仍然是一个问题，供应商统统都不愿意提供信贷。即便如此，乐高还是成为一家声名远播到日德兰半岛之外地区的公司，年营业额接近四万克朗。1939年，奥莱·柯克向菲英岛（Funen）上的达文德锯木厂（Davinde Sawmill）下了一笔大订单，并被要求从银行那里证明他自己公司的信誉。而瓦埃勒银行向锯木厂发送了评估。

> 瓦埃勒银行：乐高公司的所有者是柯克·克里斯蒂安森夫人，而她的丈夫是该组织的实际负责人。在我们的印象中，他们受人尊敬，精力充沛，并且生活非常节俭。我们相信，他们所建立的企业很有可能是盈利的。克里斯蒂安森先生给我们看了该公司1938年的资产负债表，显示有少量的营业利润。因此我们的评估是，给予该公司合理数量上的信贷是并无多大风险的。

此时的乐高公司全速发展。1939年，乐高公司的营业额达到了五万克朗，这多亏了乐高专为男孩和女孩设计的玩具，玩具种类齐全，包括受欢迎的手拉动物玩具，其中有能用嘴啄食的半机械鸭玩具、高速红色火车、娃娃推车，以及能在沙滩上玩的玩具、各种玩具汽车。

奥莱·柯克已经将业务拓展到了丹麦国境之外。有几次，他前往德国的莱比锡博览会（Leipzig Fair），寻找灵感和点子，回来后如法炮制并投入生产。在玩具业，抄袭现象非常普遍，"专利法"在那时还是一个陌生的概念。奥莱·柯克还考虑过出口他的产品。1938年1月，他写信给丹麦外交部，探讨"在斯堪的纳维亚国家和英国销售木制玩具的可能性"。外交部的答复包含了几个进口商的地址、其所在国家的关税信息，以及一份问卷，要求乐高的所有者更详细地描述他的公司及其产品。

几十年来，欧洲玩具市场一直被德国主导，这个邻国的面积比丹麦大很多。对于德国生产的木制玩具和机械玩具，注重质量的奥莱·柯克称之为"纽伦堡的锡制垃圾"。一言以蔽之，他对德国的玩具行业不以为然，认为乐高在工艺方面比对手强多了。

与该行业其他公司的负责人不同，奥莱·柯克拒绝使用廉价的原材料，比如蓝变木材，也就是被蓝变真菌染色的木材，如果木材完全浸泡在油漆中，就可以盖住并隐藏这种颜色。乐高的木制玩具完全采用无节材（没有节子的木材），在生产的所有阶段，团队都优先考虑需要技能的严格工序，每一个部件都要经过额外的最后加工工序和质量控制检查工序。

乐高木制玩具的原材料是质量最好的山毛榉木。而且，直到原木运到比隆以后，才会对原料进行切割。待山毛榉木晾干、风干后，再用蒸汽处理，最后用烤箱烘干。从1932年早期开始，乐高的核心产品就是优质、坚固、耐用的木制玩具。奥莱·柯克相信，质量本身就是卖点。正如他在莱比锡博览会上看到的一家德国泰迪熊公司的标语中所说的那样："对孩子来说，只有最好的才足够好。"

20世纪20年代和30年代，关于儿童和游戏的理念越来越先进，席卷了整个欧洲。这些思想理念在很多层面都是德国著名学前教育家弗里德里希·福禄贝尔（Friedrich Fröbel）较早学前教育理论的延续。1837

年，福禄贝尔创建了一所学前教育机构，并于1840年正式命名为"幼儿园"，成为世界上第一所幼儿园。他还为儿童设计玩具，并办了一份期刊，其座右铭为："加油！一切为了儿童！"

瑞典作家爱伦·凯（Ellen Key）于1900年出版了个人著作《儿童的世纪》（The Century of the Child）。该书探讨了类似的主题，并被翻译成十七种语言。在此前的育儿文献中，从未出现过她所提出的观念。她探讨了理想的养育方式，呼吁父母与孩子之间要饱含爱意，并认为人类最重要的"原材料"永远是经由我们而降生到这个世界上的孩子们。

在西格蒙德·弗洛伊德（Sigmund Freud）晚年关于游戏功能的文章《超越唯乐原则》（Beyond the Pleasure Principle）中，童年也是一个富有争论性的话题。这位精神分析学家声称，儿童玩游戏主要是因为游戏与快乐有关。同样是在20世纪20年代，瑞士心理学家让·皮亚杰（Jean Piaget）在各种科学文章中描述了儿童如何通过玩耍来探索世界。皮亚杰认为，玩耍有助于儿童理解因果关系。

在两次世界大战之间，许多心理学家、教育家、作家和哲学家都在研究童年和游戏的普遍意义，包括意大利幼儿教育家玛丽亚·蒙台梭利（Maria Montessori）、美国人类学家玛格丽特·米德（Margaret Mead）、英国教育家A.S.尼尔（A.S. Neill）、英国哲学家伯特兰·罗素（Bertrand Russell）、荷兰语言学家和历史学家约翰·赫伊津哈（Johan Huizinga）。1936年，赫伊津哈出版了《游戏的人》（Homo ludens，英文 Man at Play）一书，该书的中心思想是"人类所有文化都是在游戏中产生和发展的"。

在斯堪的纳维亚，在20世纪30年代及随后的几十年，一种关于童年和儿童的独特观点悄然发展，这种观点具体表现在玩具和文学作品中。1932年，奥莱·柯克重整木工生意，艺术家和工匠凯·波约森（Kay Bojesen）在哥本哈根的一个大型展览上，展示了自己设计的华丽木制玩具，吸引了国际的目光。此前一年，在奥斯比（Osby）的伊瓦兄弟（Ivarsson brothers）子承父业，继承了父亲在瑞典的玩具事业，并开始在他们五颜六色的木制玩具上印上他们公司的名字——"布里奥玩具公司（BRIO）"。他们制作木制玩具已经有二十年了。伊瓦兄弟意识到玩耍的重要性，并希望给孩子们带来最好的体验。

在20世纪40年代和50年代早期，斯堪的纳维亚地区出版了几本具有里程碑意义的儿童书。在世界文学中，成人作家第一次敢于把儿童和各种天真烂漫的人物形象作为儿童读物的第一人称叙述者，让孩子们听到更为自然的声音。这些突破性的变化在各国艺术家的作品中表现得十分明显，其中极具代表性的艺术家有：瑞典作家阿斯特丽德·林格伦（Astrid Lindgren）、丹麦插画家埃贡·马蒂森（Egon Mathiesen）、挪威画家托比扬·埃格纳（Thorbjørn Egner）和芬兰作家兼画家朵贝·杨松（Tove Jansson）。就像伊瓦兄弟、波约森和奥莱·柯克制作的玩具一样，这些成人作家、成人画家为儿童创作的艺术作品有助于增进父母对儿童世界以及游戏的本质的理解。

在斯堪的纳维亚青年文化繁荣期间，在对儿童、游戏和玩具的相应关注之中，乐高继续扩大其生产规模。与此同时，奥莱·柯克逐渐发展转型成为玩具制造商。起初，他几乎没有意识到这种巨大的变化，尽管他所生产的玩具构成了这一变化的关键组成部分。像"功能主义"（functionalism）和"进步主义教育"（progressive education）这样的词汇和概念，对奥莱·柯克来说可能是陌生的。但是在20世纪30年代后半期，他多次去国外参加展览和贸易展览会，这使他收获了新知，拓展了视野。并非偶然的是，奥莱·柯克收藏了一份报纸的长文，这是丹麦的一家报纸上刊登的，内容是关于人们对儿童游戏和玩具日益增长的兴趣，特别是科学家对儿童游戏和玩具的关注。

*报纸评论：*教育家反思了这一兴趣对父母养育方式的价值；医生考虑了这一兴趣对孩子健康的利弊；化学家考虑了玩具所使用颜料的组成成分，这些颜料的组成成分必须是完全无毒无害的；发明家创造了新的玩具模型；工程师把对玩具的想法变成现实；商人开始琢磨玩具最有利的销售策略。在过去，人们可能满足于给自己的孩子一匹雕刻的马、一些彩色剪纸，或一个布娃娃玩。而现在，孩子们变得更加挑剔，玩具已经成为一个极为重要的因素，甚至影响着丹麦的贸易平衡。

*克伊尔德：*毫无疑问，我爷爷本能地意识到，高质量的玩具是玩好游戏的基础。但我认为他在教育方面或游戏与学习之间的联系上还缺乏思考，而这些对如今的乐高非常重要。我父亲也没有考虑过这些问题。尽管我父亲确实使用了"孩子的创作冲动"这样的表述，但是对他来说，更重要的还是产品的体系。20世纪80年代，我为乐高公司提出了"通过玩乐高玩具进行学习"的理念。

后来，在奥莱·柯克的四个儿子长大后，他们回忆说，自从母亲去世之后，他们的父亲是他们的一个"好伙伴"。在20世纪80年代的一段时间很长的电视采访中，奥莱·柯克的四个儿子都是这样描述他的，哥特弗雷德在采访中补充道："我父亲向来十分风趣幽默。虽然有一段时间我还有很多其他事情想做，但正是在父亲的要求下，我留在家里帮他。"

哥特弗雷德比他的三个兄弟更具木工天赋，他从骨子里热爱木工。最重要的是，他善于计算，也善于与人相处。甚至在他还是个孩子的时候，他就在工作间里帮忙。他帮他父亲处理账目，骑着自行车处理必须

20 世纪 30 年代中期，乌拉出生后柯克·克里斯蒂安森一家的全家福。后排，从左往右分别是卡尔·乔治、约翰内斯、哥特弗雷德。前排，从左往右分别是苏菲、格哈特、乌拉、奥莱·柯克。

支付的账单和必须签署的期票。作为奖励，当他长成一名少年时，奥莱·柯克允许他驾驶自己的福特 T 型车。不过，用他表妹达格尼·霍尔姆（Dagny Holm）的话说，自己的表兄哥特弗雷德开车有时不要命。

达格尼·霍尔姆是乐高集团模型制作部门的负责人，也是一名艺术家，她为乐高乐园中的各种城镇和童话人物设计模型，于 20 世纪 60 年代走红，是乐高公司的幕后人物。

20 世纪 30 年代初，达格尼住在丹麦的斯凯恩（Skjern），她的父亲在那里开了一家自行车店。达格尼一家每逢周日总会拜访住在比隆的奥莱·柯克一家。从比隆回斯凯恩时，哥特弗雷德偶尔会开车送达格尼一家。

"有一次,他开车撞上了斯凯恩市中心的一根电线杆。后来电力公司打电话给我们说:'下次,比隆的那些小流氓来拜访你们的时候,请提前打电话给我们,这样大家伙儿就不会因为交通堵塞而耽误回家了。'你瞧,正是由于他开车撞上了电线杆,整个城镇陷入了黑暗之中!"达格尼这样解释道。

她还回忆道,这四兄弟真是他们父亲的缩影,不论相貌还是性格,简直一模一样,尤其是在玩恶作剧、戏弄他人的时候。达格尼十八岁时,在去西兰岛的问题少年收容所工作之前,曾在比隆住过一段时间。

她的表兄们决定好好为她送行。所以有天晚上,他们试图把一头活生生的猪崽放进表妹的房间里。不过,那天晚上达格尼及时关上了半开的窗户,她的表兄们没能得逞。但是,她的表兄们第二天晚上又来了,并且这一次,他们成功把猪崽放进了表妹的房间里。第三天早上,当达格尼起床拉开窗帘时,她大吃一惊。在她的窗外,有一个摇晃的人形,原来是一个脖子上挂着绞索的稻草人。

先是达格尼,后是哥特弗雷德的兄弟们,他们接二连三地离开比隆,去找一份工作或学习一门手艺。哥特弗雷德的大多数校友也是这样。十五岁时,哥特弗雷德期待着在瑟伦森汽车公司(Sørensen's Auto)开始他的学徒生涯,但这个梦想一直未能实现。一天晚上,奥莱·柯克坐在他儿子哥特弗雷德的床边,解释说他的工厂离不开他,因为他头脑精明、技术高超,并且足智多谋。

> 克伊尔德:家族的厂子成了我父亲命中注定的归宿。我父亲只在比隆上过小学和中学,此外没有接受过任何真正的教育。那时候,他是每隔一天才上一天课,而且从七年级开始就不再上了。之后,我父亲和我爷爷一起在工作间工作,他帮着

我爷爷开发玩具、生产玩具、管理账簿,并且来往于银行。我爷爷并不能算是财力雄厚,赚钱的责任很早就落在了我父亲的肩上。我父亲从中学到了很多。

至于哥特弗雷德接受过的高等教育,也不过是每周有几个晚上在格林斯泰兹的技术学校所上的课。白天,他便在工作间里帮忙。到这时为止,工作间里已经在生产五十多种不同的玩具。除了各种各样的玩具汽车以外,还有带轮子的玩具动物、玩具婴儿车、玩具熨衣板、玩具熨斗、玩具滑翔机、带梯子的玩具消防车,以及一种他们称之为"柯克沙滩游戏"(The Sand Game)的玩具——这种玩具由长木块组成,可以组装成一条轨道,让玩具车在沙坑中或海滩上绕着一堆沙子滑下来。

20世纪30年代,也是丹麦人越来越喜欢户外活动的时期。丹麦人每逢周日便会和家人一起去森林或海滩游玩。在比隆,乐高公司顺应了这一趋势。比如,开发"柯克沙滩游戏"这款玩具便是乐高顺应这一趋势的绝佳范例。这款玩具装在盒子里出售,盒子上印着韵律优美的短诗:"阳光、沙滩和树林,无论你去哪里,'柯克沙滩游戏'都是孩子们最好的玩伴。"盒子里装的不仅有木制品,还有一面颇具丹麦特色的旗帜,上面印有"柯克的球道"字样。这款玩具可以放在孩子玩耍的沙堆上。对于父母来说,下面的相关信息十分具有吸引力:"乐高玩具益于开发您孩子的天赋。"

在1936年至1940年,奥莱·柯克和哥特弗雷德的关系越发亲近,他们之间的交流不仅是灵感创作的源泉,也使乐高公司能不断地开拓进取。二人的关系奠定了乐高公司在20世纪40年代大获成功的基础,在这十年中,乐高公司玩具销量剧增。父子之间的合作几乎是毫无摩擦。奥莱·柯克专注于产品质量和员工福利,而哥特弗雷德专注于开发设

20世纪30年代中期,"柯克赛道"(Kirk's Ball Track)横空出世。这款玩具的玩法颇富教育意义,能够充分发挥孩子的想象力。照片为奶业合作社后面的沙坑里,乌拉发挥了自己的想象力,和她的朋友库尔特(Kurt,奶业合作社经理豪格森的儿子)一起玩这款玩具。
图片系私人收藏。

计,同时需要做到玩具实用并简便易懂,还要具有益智性。

在奥莱·柯克的心目中,早已选择了哥特弗雷德作为公司的继承者,当他自己无力经营时,哥特弗雷德会接管公司。对于奥莱·柯克的儿子哥特弗雷德来说,在哈斯莱乌著名的内省布道会职业学校学习是一项投资,这不仅激励了哥特弗雷德,也最终证明了这段学习时光对乐高公司的运营大有裨益。但这次冒险经历并不是很成功。哥特弗雷德在哈斯莱乌感到很不自在。他想念家乡,画了无数个汽车模型图纸,并在完成后的第一时间把这些模型的图纸寄给他在比隆的父亲。

哥特弗雷德：亲爱的伙伴们！亲爱的爸爸！随信附上几张图纸！你们看看这些图纸是否可用。如果你们喜欢的话，我可以画更多的玩具汽车图纸。我喜欢有挡泥板的汽车，而且挡泥板也比板条便宜，但如果我们能在几辆不同的玩具汽车上使用相同尺寸的挡泥板，那将是最好的。

在职业学校里，哥特弗雷德感到自己并不受欢迎，被同学们排斥，因为他不能像其他人一样成为一个"真正的"商人，而只是一个为孩子们装配玩具的人。他后来说："人们不把玩具当回事儿。我父亲刚开始制作玩具的时候，可能也遭到过类似的不屑与轻视。"

20世纪30年代的这十年里，尽管汽车还远未普及，但汽车已成为人们最为喜爱的交通工具——家庭汽车虽远未普及，但玩具汽车早已普及了——你随时可以买一辆高质量的乐高玩具汽车。这些玩具汽车的外形最初非常简单，有棱有角。但在20世纪30年代末，乐高开发出的玩具汽车线条柔和，具有流线型的外形。也就是在这十年的末期，哥特弗雷德在哈斯莱乌的技术学校里设计出了玩具汽车的新模型，并把设计图纸寄给在比隆乐高工厂的父亲。

为了打发在职业学校的时间,哥特弗雷德致力于设计玩具汽车。他坐在教室的后排,为那些样子老旧、形态笨重的木制汽车赋予柔和的造型。他的灵感来自福特和雪佛兰等汽车品牌。至于他周围那些未来要成为细木工、瓦匠、木匠和铁匠的学生,则在练习他们的绘图技术,他们的注意力一直集中在黑板前的老师身上。

与此同时,奥莱·柯克对哥特弗雷德的继续教育有一个更大、更宏伟的计划。他正忙着为哥特弗雷德安排在德国一家木材公司的为期一年的实习机会。这样一来,哥特弗雷德从哈斯莱乌一毕业,就可以去那里实习。但是,1940年4月9日,德国占领了丹麦,于是,奥莱·柯克的计划突然中断了。哥特弗雷德不得不待在比隆的家里,在工厂里帮忙,他有了一个新头衔——工头。

在1940年,新的十年到来的前夜,世界各地开始硝烟弥漫,战火连天。这场世界战争历时弥久,破坏广泛。然而,令人意想不到的是,战争却给像乐高这样的公司提供了一些新机会。

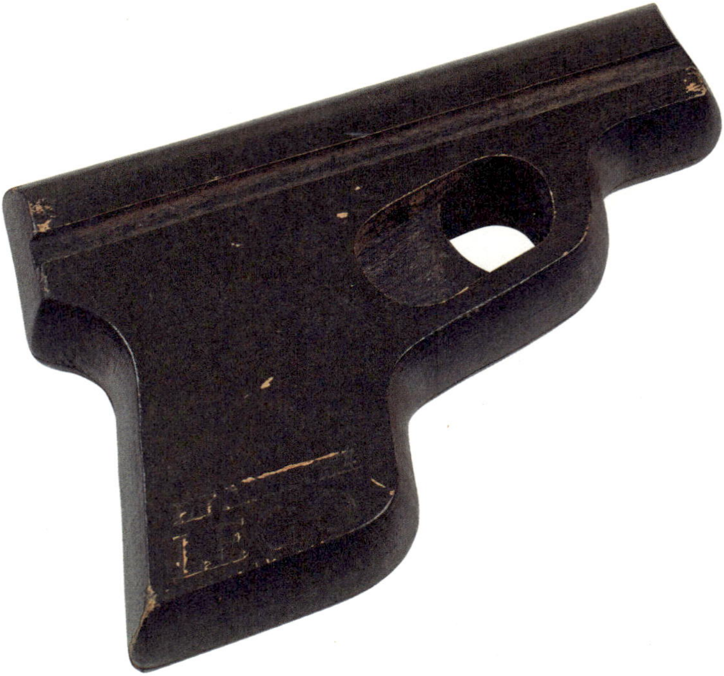

03

战争年代

20 世纪 40 年代

1941年12月，来自日德兰半岛西部的青年工匠伯恩哈德·邦德·克里斯蒂安森（Bernhard Bonde Christiansen）来到乐高，开始了他在乐高第一天的工作。他的工作是照看奥莱·柯克投资的那台昂贵的刨槽机。这台刨槽机是用来雕刻各种带轮子的动物玩具的。那个时代的孩子都喜欢拖着带轮子的玩具走来走去。他的起薪是每周三十五克朗，外加食宿。伯恩哈德三餐都在狮屋吃。而他的床和一小块储物空间在工作间上方的房间里，他和另外三名员工共用这个房间。

乐高形形色色的员工都有，这一点一开始让他感到惊讶，尤其是公司里有一些较大的男孩，还有些年龄较大的妇女。那时，乐高公司一共有十八名员工。据伯恩哈德·邦德所知，他是唯一一个完成了学徒生涯的人。但是，乐高公司气氛很好，有很强的团队精神。每天，伯恩哈德·邦德穿着他的卡其色工作服走来走去，和"小伙子们"——他这样称呼这些年轻人——聊天，和那些给玩具上漆以及包装玩具的姑娘开玩笑。

每周的工作时间是四十九小时。当时，世界正处于战争状态，丹麦被德国占领。所以在这一特定时期，员工们每天下午会早些下班，并在次日黎明时分前来工作。这样做可以节省电力，因为电是限量供应的。在乐高，工作日正常是从早上七点开始的，伯恩哈德上午有半小时休息时间，中午有一小时休息时间，这段时间用来吃午餐，大家是在狮屋吃，都是热饭；下午有半小时休息时间，可以喝杯咖啡。大家伙儿每天一直工作到下午五点半，最后会花不到五分钟的时间收拾东西下班。虽然这么说，但在打烊后，所有员工都有义务打扫卫生。

对伯恩哈德·邦德来说，一天中最值得期待的是中午那顿热腾腾的午餐，还有下午的咖啡，这两次餐点都是在狮屋享用的。曾经有一段短暂的时间，他觉得自己就像这个大家庭中的一员。餐桌的一头堆满了菜肴，这些菜都是苏菲和女帮佣做的。穿着破旧的工作服的奥莱·柯克也坐在这一头。他每逢餐前必定要祷告："我们在天上的父，感谢您所赐予我们的一切。阿门！"除了男主人和女主人，坐在桌子周围的还有他们的女儿乌拉，儿子哥特弗雷德和约翰内斯，要是赶上格哈特和卡尔·乔治回家探亲，还会有这哥俩。此外还有工厂里其他吃住都在狮屋的工人，如伯恩哈德·邦德。

吃饭之前，如果奥莱·柯克在打电话，或者在心爱的花园里陷入沉思，他会让大家伙儿等他来到桌前再开饭。等待开饭的时候，大家伙儿饿着肚子枯坐在桌边，这时候，围坐在桌子周围的人就会一起合唱起来，歌词是这个大家庭里精神头总是十分昂扬的儿子们写的，唱歌的时候，大家的音量会渐次升高。歌词是：

> 我们在等老板，
> 我们在等老板……
> 我们快饿死了！

1942年3月一个寒冷的夜晚，伯恩哈德·邦德被房间里另外一个工人叫醒了。这名工人把伯恩哈德摇醒，告诉他说，自己听到楼下有奇怪的声音。伯恩哈德立刻坐了起来，闻到了烟味。他冲下楼梯，一把推开工作间的门，发现那里的干木料已经烧着了。伯恩哈德冲过堆满积雪的院子，一边猛敲后门和狮屋的窗户，一边大喊："工作间着火了！工作间着火了！"

很快就从外面听到了屋里传来说话声和喊叫声，但是因为夜里停电了，大家伙儿都摸着黑，啥也看不见。

就像奥莱·柯克后来描述的那样，经过最初的慌乱之后，所有人似乎都依照自己的本能运作起来。那天夜里，暴风雪摧毁了比隆大部分的电话线和电线，只有一条电话线还畅通。卡尔·乔治在电话局工作的女朋友辛恩（Sine，就是他后来的妻子）设法打通电话，通知了格林斯泰兹消防局。此时，着火的消息早已传到了当地人耳朵里，不论是成年男性，还是年龄较大的男孩子，都迅速带着水桶和其他消防设备，赶到火灾现场，来到了狮屋外面。奥莱·柯克试图拿着灭火器冲进工作间，但是由于火势猛烈，房间内温度过高，热得连机器都在熔化，所以他不得不退了回来。苏菲用毯子把乌拉裹起来，把她抱到奶业合作社。她和奶业合作社经理的女儿坐在窗前，看着对面烟雾弥漫，火光在暗夜里闪耀。那一幕她永生难忘。

多亏了当时的风向，也多亏了消防队及时赶到，只有厂房被烧成了平地，狮屋和比隆的其他几户人家以及农场都化险为夷。火灭了之后，消防队员、镇上来帮忙的人，还有工厂的工人，帮着奥莱·柯克和他的三个儿子尽力挽救能挽救的财物，其中就包括哥特弗雷德的发电机。据伯恩哈德·邦德回忆说，其后那台发电机一开动，总是发出"哔哔——哔哔——"的声音。

卡尔·乔治当时正住在菲尔斯考（Filskov）的叔叔家，他在帮这位叔叔盖房子。但是他的女朋友，就是在电话局工作的辛恩，第一时间给他打了电话。在当时当地，开车或搭车都是不可能的。所以卡尔·乔治决定在雪地里步行六英里回家。他借了一双厚袜子裹在鞋子外面，方便他在湿滑的地面上行走。就这样，卡尔·乔治在雪地里跌跌撞撞，穿过荒原和沼泽，半走半跑地回到了比隆的家。好在天气严寒，荒原和沼泽地冻硬了，还能找到落脚之处。

他还是来迟了，救火的场面都过去了，只看到了冒烟的废墟：煤烟熏黑的残垣断壁，烧焦的工作台残迹，熔化了的机器残骸和工具残骸。

此次火灾损失总计七万到八万克朗,此外,还有原本正在生产或计划生产的订单所能带来的预期收入。然而,他们家仅仅投保了六万克朗。第二天,奥莱·柯克感到一种莫名的恐惧和沮丧,这是自克里斯缇死后他从未有过的感受。在苏菲进入他的生活后,奥莱·柯克第一次怀疑神对他的安排。

奥莱·柯克:大家都知道,赶上了逆境,就要想办法克服。经过逆境的锻炼,人们才得以完善自己。这是我第三次看到自己的公司在火灾中化为灰烬。这一次真的是一个巨大的打击。绝望中,我只能回卧室祈祷。然后我经历了一件不同寻常的事:我对神的祈祷全然变成了对神的感谢,而我也得到了神的赐福。我得到了无形的帮助。我所面临的困难仿佛被神从我身边带走了。

就像之前的很多次经历一样,乐高的创始人奥莱·柯克向神寻求帮助,积蓄力量。在灾难发生的几天后,他再次以积极乐观的态度看待自己的生活和事业。奥莱·柯克正处在一个十字路口:此时此刻,他应该离开比隆,去丹麦其他地方扎根吗?

火灾发生的几天后,沉着而坚决的奥莱·柯克寄出了几封重要的信件,其中一封是给乐高在哥本哈根的销售代表阿克塞尔·巴福德(Axel barford),告知他这个不幸的情况,并告诉他,乐高目前暂时不能接受新的订单了。这封信的结束语是:

公司未来的计划还没有确定。但是,假设公司找到了合适的地方,便打算接管另一家工厂,可能是一个目前没有开工的工厂，在某城镇附近的中心位置，而不是在城镇之内。如果你听到任何对我公司有帮助的消息，我公司将非常乐意收到你的来信。

另一封更加简明正式的信件则寄往《日德兰邮报》和丹麦保守派日报《贝林时报》(Berlingske Tidende)。其中有一则广告，于1942年3月28日，即火灾发生后的第七天，刊登在这两家报纸上：

诚寻厂房。最好具备木工机械。占地七千平方英尺[1]，办公住宿地点最好靠近国有铁路。最好地处中心位置。急买急租。需六套公寓及一些房间。

比隆乐高工厂

这则广告吸引了来自各个城镇的各大店主和房东，他们主要是日德兰半岛的居民，总共有三十多封来信。奥莱·柯克、苏菲和哥特弗雷德参观了来信中提及的待售厂房。奥莱·柯克立即回绝了位于哥本哈根和奥胡斯的一些待售厂房的来信。这是出于奥莱·柯克的核心观念——他把这个观念传给了自己的儿子和孙子——工业应该散布在丹麦各地，而不是集中在几座丹麦的主要城市及其周围。这一家人不仅参观了日德兰半岛的待售厂房，还去了其他地区的几个有趣的地方，此外他们还去了菲英岛。这一趟，他们穿过了当时正在施工建设的小贝尔特桥（Little Belt Bridge）。在该桥上，汽车与丹麦国家铁路公司的红色高速列车Litra MS并驾齐驱。乐高公司后来把这个列车制成了玩具，成了20世纪40

---

[1] 平方英尺：英制面积单位，1平方英尺≈0.09平方米。——编者注

火灾过后的第二天，奥莱·柯克的工厂只剩下烧焦熏黑的墙壁、机器和家具。在这个命运攸关的时刻，奥莱·柯克召集他的员工和他们的家人在废墟前合影留念。他坐在前排，乌拉坐在他的前面。站在最左边的是哥特弗雷德和他的未婚妻伊迪丝。

奥莱·柯克把所有未受损的玩具收集起来，定价出售。这使奥莱·柯克有能力偿还他的兄弟姐妹和内省布道会的朋友们过去资助他的借款。

年代乐高产品名录中最受欢迎的玩具列车之一。

在丹麦西部游历了很长一段距离后,奥莱·柯克确定了自己想要的东西,并确定了自己认为正确的东西:"我们看得越多,就越喜欢比隆。"

> 克伊尔德:我父亲确实参与了爷爷的搬迁计划,后来他自己也考虑做出同样的选择。有一次,有人建议把海曾斯泰兹(Hedensted)作为乐高集团的新址,可能因为这里更靠近市中心的主干道——我父亲是这样想的。但是,就像我爷爷在1942年做的那样,我父亲得出的结论是:比隆是我们的根,也是我们应该长期驻守的地方。在比隆,乐高公司的员工愿意为乐高赴汤蹈火。而且,我们的亲戚家人也都在比隆。我认为这一决定对乐高来说意义重大。当时我的爷爷和家人决定留在比隆,从头开始重建工厂。我一直对比隆这个小镇和这个地区怀有同样强烈的崇敬之情,这就是比隆仍是乐高总部的原因。

奥莱·柯克贷了一笔新款项。并且,按照当时的标准和现实情况,奥莱·柯克设计了一家规模宏大的现代化工厂。工程于1942年夏末开始,在次年新年之前完工。工程由当地泥瓦匠大师索伦·克里斯滕森(Søren Christensen)掌舵。索伦从20世纪20年代起就与奥莱·柯克共事,他们是在宣教屋的集会和教会活动中相识的。新建成的乐高工厂是一栋长长的红砖建筑,有两层楼,外加一个阁楼和地下室。建筑风格上,新建成的乐高工厂让人想起了狮屋。并且,新工厂围绕着奥莱·柯克的花园而建。这使奥莱·柯克一家和工人们在日常和休息时都能使用花园。

狮屋后面的乐高厂房于 1942 年年底完工，虽然使用了更高效的生产方式，不过大部分生产还是依靠手工完成的。当时，乐高公司有三十五到四十名员工。从在主入口外面拍的合影中可以看到，奥莱·柯克和苏菲坐在最左边，哥特弗雷德站在父亲的身后。

火灾过后，由于乐高的新厂还在建设中，奥莱·柯克就在比隆手工艺学院（Billund School of Handicrafts）中建立了一条临时生产线。这所院校是奥莱·柯克几年前帮忙创办的。哥特弗雷德得到了父亲的许可，能够在晚上用木匠师傅塔格·詹森（Tage Jensen）的工作间制作玩具模型。这样，当新厂完工并投入使用时，这些玩具模型就可以投入大规模的生产了。

建造新厂需要一笔巨额资金。部分资金来自奥莱·柯克在火灾发生后不久实行的"所有库存全部清仓大减价"的优惠活动，清仓商品是火灾过后狮屋里完好无损的玩具存货。这笔大促销回笼了很多资金。这使得奥莱·柯克能够做他多年来一直梦想去做的事情。奥莱·柯克偿还了从他兄弟姐妹和内省布道会几个亲密朋友那里借的钱。他们在20世纪30年代帮助奥莱·柯克度过了自己最糟糕的危机，并为奥莱·柯克的透支行为提供了担保。这些透支行为使乐高能投资购买机器。

包括利息在内，这些债务那时已达到九千克朗，相当于今天的二十万克朗，或三万五千美元。发现自己还有能力偿还借款，这让奥莱·柯克重燃信心，去追求他正在努力建设的事业。几个月前，奥莱·柯克刚刚经历了财务混乱和潜在的清算危机，还面临不得不搬迁公司的压力。1942年夏天的一天，奥莱·柯克平静地坐在打字机前。奥莱·柯克需要向上帝阐述，他希望上天能让他对玩具行业充满信心。

奥莱·柯克：我们现在正在为建设乐高的新仓库和车间大楼打下地基，我们非常清楚，我们无法独自完成这项工作。我们也知道神曾说："你们哪一个要盖一座楼，不先坐下算计花费，能盖成不能呢？"我们相信，我们都是按着这一点来思考计划、精确计算的。但是，我们所得出的结论是，没有神，我们什么也不能做。我们生活在战争的恐怖中。丹麦被一个强取豪夺的民族占领着,食物供应日益短缺。我们为获取必要生活用品而斗争、挣扎。那一时期乐高公司的营业额很高,战争可能是其中的原因,但这并不意味着我们希望战争继续下去。我们希望和平遍及整个世界,并祈祷:"主啊,我们把这些全权交到你的手中!"我们的目标是生产出真正品质良好、结实牢固、像模像样的作品,让人看了就打心眼里认可乐高产品的质量。

1942 年 6 月 19 日于比隆

在比隆,随处都能感受到战争的气氛。1943 年夏,乐高的所有员工,在克里斯蒂安森和他的儿子们的带领下,前往荒原,在沼泽中采集泥炭,以确保他们能够在冬季为新建成的厂房和狮屋供暖。在这个小镇上,人们都涂黑了自家的窗户,日常用品实行配给制,这都成了日常生活的一部分。而在马路对面的合作社里,可供选择的商品越来越少。

此时,汽车在比隆已经变得越来越重要了。但是,现在禁止将汽车用于个人用途,也禁止上路,不过,允许医生和一些搬运工在汽车上安装一个称为"炉子"的燃气发生器,这个"炉子""必须用车辆上载着的废木料来加热"。电力供应也实行配给制,限量供应。每个家庭每天的电力供应是定好的。咖啡已经成为一种稀有的极富异国情调的饮料,就像奥莱·柯克最喜欢抽的手工捻制的雪茄一样。此时奥莱·柯克已经开始在他精心照料的肥沃花园里种植烟草。他把烟草放在阁楼上晒干,然后切碎,卷成雪茄,洒上几滴西梅提取物,最后用蛋清封上。

战争期间，燃料短缺。为了保持工厂温度，员工们必须和奥莱·柯克（最左）及哥特弗雷德（最右）一起到沼泽地里去采泥炭。

有那么一段时间，对每个人来说，唯一充足的东西便是现金了。但在这个国家的商店里，再也没有什么东西可以买了。在危机袭来，物质匮乏的时期，木制玩具总是供不应求。许多丹麦父母都竭力地想保护他们的孩子，使其免受苦难，所以他们喜欢给孩子购买木制玩具。在丹麦被德军占领的五年里，乐高公司的收入进项超过一百万克朗。

尽管1942年乐高公司蒙受火灾，但营业额也没有降低，依旧延续着迅速飙升的趋势。1940年，乐高公司的营业额是七万四千克朗，到了1945年，已经增长到三十五万七千克朗。

然而，玩具生产并非没有挑战。实际上，生产过程阻碍重重，部分原因是缺乏高质量的木材、像样的油漆、胶水和清漆，同时也是比隆城里驻扎了越来越多的德国士兵的缘故。这些德国士兵原本是被派驻到万讷尔（Vandel）的，那里计划建设一个机场，即瓦埃勒航空基地（Fliegerhorst Vejle），现在这些士兵搬到了比隆，要求当地提供住宿，并征用比隆的一些较大的建筑。

1943年的一天，一名德国军官闯入乐高的办公室，说德国国防军希望把新工厂用作兵营和仓库。哥特弗雷德只会说丹麦语，听不懂德语。尽管他很快就明白发生了什么，但他还是表现得好像听不懂的样子。他后来在一次采访中是这样解释的：

> 哥特弗雷德：德国士兵需要放置装备的空间。当然，他们有人有枪，完全可以为所欲为。但是，对于我来说，这可能是唯一一次不会说德语反而大有优势的情况。那个军官咆哮着，说的都是不完整、破碎的句子，但我们只是冷冷地对视着。然后，他突然转身离开了办公室，从那次以后，我再也没见过他。

在1943年到1944年，又来了一些驻扎在比隆的德国士兵。他们强占了市政厅、童子军的小木屋和比隆学校新建成的体育馆。这些地方到处都是穿着钉靴的德国士兵。钉靴严重磨损了新体育馆的清漆地面，让比隆镇的乡民感到无比愤慨。更高级别的德国士兵不住营房，可以分配到私人的住宅借住。在狮屋，苏菲年迈的母亲不得不和两名德国军官共住一层楼。她是从哈斯莱乌搬到比隆来的，现在跟女儿、女婿住在一起，也不会说德语。然而，她却知道如何与这两个外国人下棋。

奥莱·柯克尽量把与这两名不速之客的交流次数降到最低，表面始终保持着一种恰当的礼貌。之所以这么做，他是有充分理由的，不过他的儿子和家人对他的理由都一无所知。这是因为，他参与了地下抵抗运动。在 1944 年到 1945 年发生的这场运动中，流传着一份机密文件。在该机密文件中，"制造商克里斯蒂安森"是以丹麦地下军的城镇和小组领袖的身份出现的。这支地下组织在全国各地总共约有五万名

1943 年的一天，比隆的四名地下抵抗组织成员在他们组织领袖的房子外交谈。从左往右依次是：裁缝弗兰森（Frandsen）、搬运工阿尔弗雷德·克里斯蒂安森（Alfred Christiansen）、乐高员工托尔瓦尔德·克里斯滕森（Thorvald Christensen），以及销售助理贡纳·桑德（Gunnar Sand）。右侧图片显示的是奥莱·柯克作为比隆镇"守望者"组织领袖的身份证明。
图片由格莱尼教区地方志档案馆提供。

男女成员。他还被列为比隆镇"守望者"（Watchmen）的领导人。1944年9月，丹麦警察被占领丹麦的德国军队解散。此后，"守望者"组织负责维护当地的法律和秩序。身居这个职位，当局发给了奥莱·柯克几支BSA步枪。1945年5月，丹麦解放期间，这几支步枪派上了用场。当时，他和其他在比隆的"守望者"组织成员被派去保护许多德国难民——超过三十万名来自德国的难民和东欧国家的平民乘坐拥挤的船只，越过波罗的海，逃到了丹麦。在战争的最后几个月里，有成千上万的妇女、儿童和老人乘坐专列从哥本哈根抵达日德兰半岛西部。

格林斯泰兹和布兰讷（Brande）中的活跃分子们经常破坏铁路，这是他们的一种抵抗行动，而奥莱·柯克这位乐高的创始人从未直接参与这样的行动。但他确实在抵抗运动中经常为许多极其重要的任务出力。比如，帮助完成运输和储存从英国飞机中空投的军火。在抵抗运动的机密文件中曾提到，奥莱·柯克是格林斯泰兹地区特遣警卫队的领袖。该特遣警卫队由比隆的十七名男性成员组成，包括一名铁路工人、一名农业劳动者、一名机械工人、一名园丁、一名裁缝、一名家具制造商、一名会计、一名镇委员会主席和一名玩具制造商，以及其他一些普通职员。

该特遣警卫队的任务是，取回空投在该地区的武器，并在德军到达之前清理掉降落伞和包装箱。不过实际上，战争期间，比隆从未被用作空投地点。所以，奥莱·柯克只是在关键的军火运输中扮演了中间人的角色。帮忙运送武器的时候，他把武器装在马车上，车上装满了标有"乐高"字样的盒子，让人以为里面装满了木制玩具。他多次用这种办法把马车赶到日德兰半岛西部的经销商那里。奥莱·柯克去世多年后，哥特弗雷德讲述了这段故事。

哥特弗雷德：这件事我是战后才知道的。我父亲会把手榴弹与其他东西一起放在空木箱里，平常这些空木箱都是用来盛木制玩具的。在我们当地，很多人家里都住有德国军官，我家也是这样，但是我父亲并未因此感到害怕。反正，他也没让这事影响到他。这些箱子和山毛榉木一起存放在我们的仓库里。抵抗运动期间，人们就是这样传递物资的。

1945年5月，丹麦解放后，奥莱·柯克也带着武器，在战后混乱不堪的日子里上街巡逻。

当时，丹麦警方还没有恢复工作，愤怒的民众在全国各地随意逮捕卖国者。从1945年5月4日开始，奥莱·柯克和乐高的会计阿克塞尔·斯瓦雷（Axel Svarre）以及镇委员会主席克里斯蒂安·霍斯特德（Christian Horsted）三人每天晚上都扛着一把步枪巡逻。他们这么做是要传递一个信息：在比隆，不经过审判，任何人都不会就此受到惩罚。他们还保护住在城镇大厅的德国难民，这些德国难民睡在从农场运来的一堆堆稻草上。

尽管乐高公司1942年遭遇了火灾，也面临原材料短缺的困境，但在战争中，乐高的盈利增加了。在1939年到1946年，乐高公司的玩具销量每年都有百分之三十到百分之四十的增长，另外，这一时期乐高公司员工的数量翻了两番。乐高此时是丹麦最大且享有盛誉的玩具制造商之一，仅次于丹麦玩具工厂（Dansk Legetøjsfabrik），后者自第一次世界大战以来一直通过监狱系统生产木制玩具。

在战后，如果你问一个丹麦女孩，她最想玩的玩具是什么，答案可能是乐高的玩具熨斗和玩具熨衣板，而大多数男孩对这一问题的答案则更可能是乐高的玩具汽车或玩具火车。许多父母会花钱给年幼的孩子买一个漆成红色的积木盒子"乐高积木"（LEGO Blocks），里面装满了积木，用于孩子早教。这些积木是一种抛光的木块，刷有清漆的表面用三原色印着字母和数字。这些小巧的手工制品反映了奥莱·柯克对自己生产的玩具质量毫不妥协的坚持和他对玩具行业成功的定义："最好的玩具是父母乐意购买的玩具，也是孩子们爱玩的玩具。玩玩具的时光不拘于孩子们的生日或是圣诞节。"

在 20 世纪 40 年代剩下的几年里，比隆的工厂一直保持着在战争期间的巨大增速。当时，丹麦玩具制造商仍然受益于进口禁令。乐高公司发展壮大的另一个原因是奥莱·柯克的一大决定，那就是，把公司改制，转变成一家有限公司。1944 年，"比隆乐高玩具有限公司"（The LEGO Toy Factory，Billund A/S）注册成立，股本为五万克朗。乐高公司的目标是最终实现自筹资金。这样一来，在每次购买额外机器或扩建工厂时，乐高公司就不必向外部借钱了。

这一决定终结了苏菲·柯克·克里斯蒂安森对公司近十年的所有权。奥莱·柯克的旧债此时已经还清了，他可以自称为家族董事会和股东集团的合法所有者、董事总经理和董事长了。股东成员除了他自己和苏菲，还有他的四个儿子。由于乐高处于持续增长的轨道上，1946 年，公司做出了拆分的决定，成立了一个子公司——"柯克·克里斯蒂安森有限公司"（A/S O. Kirk Kristiansen）。这一子公司将单独负责生产，而母公司仍然负责所有的销售和营销。"克里斯蒂安森"的拼写是"Kristiansen"，首字母为"K"，而不是英文中那样用"Ch"开头，因为奥莱·柯克的官方出生证明上就是这样拼写的。

重组公司并不是奥莱·柯克的主意，而是乐高公司一位富有事业心的会计师提出的建议。这名会计师了解税收相关的法律，知晓如何保护家族企业。奥莱·柯克后来在一次采访中解释了这一切，在采访中他还强调了让乐高基业长青的父权制继承路线。苏菲是董事会成员。未来，他们的女儿乌拉将继承她的份额，获得乐高股份。但毫无疑问的是，经营公司的是男性家庭成员。

奥莱·柯克：我跟几个儿子负责整体的安排。因此，我们注册了两家有限公司。一家叫乐高有限公司，专门销售乐高的产品；另一家叫柯克·克里斯蒂安森有限公司，负责制造。

战争的最后一年，克里斯蒂安森一家发生了另一个重大变化。哥特弗雷德向比隆杂货店老板的女儿、二十岁的伊迪丝·诺雷加德·克努森（Edith Nørregaard Knudsen）求婚了。哥特弗雷德年少有为，精力充沛，并雄心勃勃。而伊迪丝很有眼光，她对自己与哥特弗雷德的未来有着清晰的谋划。她想象他们未来的孩子会成为"在他父亲的木工作坊里做工的小工匠"。在接下来的几十年里，伊迪丝的想法并没有完全实现。但在1945年，伊迪丝对于乐高这家小型家庭公司的温馨想象还算比较现实，她对哥特弗雷德这位基本在家工作的丈夫形象的想象也还不算太离谱。乐高公司的规模当时还不大。在旺季时，奥莱·柯克的儿媳伊迪丝会帮公司打扫办公室，并包装木制玩具。

克伊尔德：我父母结婚的时候想买一辆车。他们想，这是组建一个新家庭的全部所需。但是我父亲自己买不起，所以他跟奶业合作社经理豪格森商量好，两人一起买了一辆1931年的雪佛兰。这辆车他俩轮着开,这周是豪格森开,下周就轮到我父亲开。多年以后,我父亲在一家二手车行又找到了当年那辆车。当时,车况已经很差了,但我父亲把车买了回来,重新修理好。他把车漆成了原来的黑色,并挂上了和之前的那辆雪佛兰汽车一样的车牌——Z8300。如今,这辆车在我收藏的所有老车中依旧闪闪发光。

1944年10月,哥特弗雷德和伊迪丝结婚了。婚礼上,杂货店老板克努森把自己私人储藏室里真正的咖啡豆拿了出来,还从奶业合作社

1944年10月29日,二十四岁的哥特弗雷德和二十岁的伊迪丝在格莱尼教区教堂举行了婚礼。她是杂货商克努德·N.克努森和他的妻子西奥多拉(左)的女儿。伴娘是伊迪丝的妹妹比尔吉特(左)和哥特弗雷德的妹妹乌拉。
图片系私人收藏。

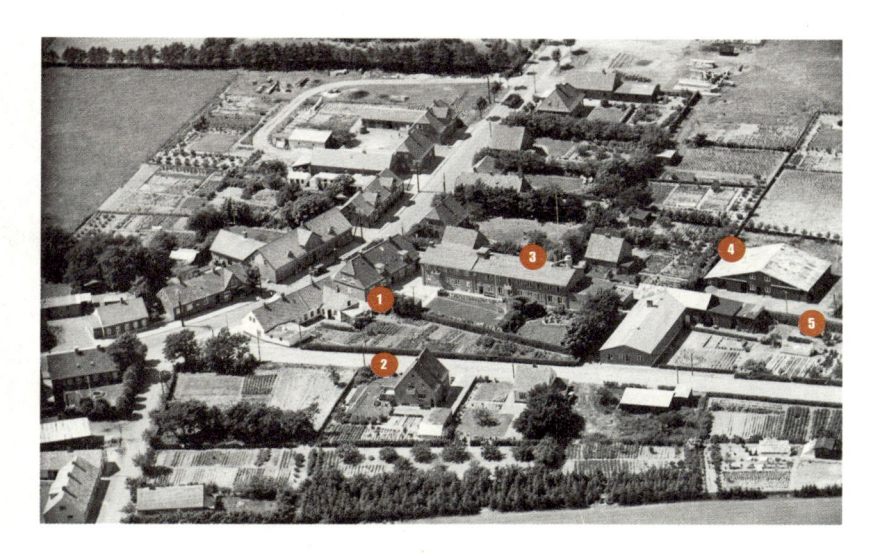

从哥特弗雷德和伊迪丝的房子（2）那里，可以看到狮屋（1）和长长的厂房（3）。最右边是存放所有木材的木仓（4），还有奥莱·柯克的菜园，里面有蜂箱和温室（5）。航拍图片：丹麦皇家图书馆供图。

董事会那里搞到了额外配给的黄油，给宾客享用。由于当时的丹麦正处于艰难时期，这对夫妇的结婚礼物很简朴，包括被褥和用来盛面粉和糖的麻袋缝制的茶巾。新郎设法为他和伊迪丝即将组建的家庭盖了一所房子。房子坐落于主街（Hovedgaden，即"主要街道"的意思）旁。这条街也在狮屋后花园和乐高工厂边上。后来，这条街被正式命名为"系统街"（Systemvej）。在 20 世纪 50 年代到 60 年代早期，这条街成为欣欣向荣的比隆镇的中心大道，乐高工厂和办公大楼也成了镇上的重要地标。从他们的红砖瓦房里，哥特弗雷德和伊迪丝可以将乐高工厂和奥莱·柯克的花园景色尽收眼底。花园仍然对着比隆北部的公寓，那里有一片一望无际的土地。在不远的未来，那里将会修建一个大型机场、一个公园和一座酒店。1943年至1944年,哥特弗雷德在建造自己的房子时,不得不创造性地将材料从森德·欧米(Sønder Omme)的砖厂运到比隆。他后来这么描述当时的情形:

> 哥特弗雷德:我借了一名搬运工的卡车。白天,这名搬运工得在万讷尔机场为德国人工作,所以,我只能在晚上借他的卡车去拉砖头。我们当时要造的房子占地六百平方英尺。房子带地下室,一楼是卧室,楼上楼下各有一个带洗手池的卫生间。我记得很多比隆人当时都说,建个房子还要两个室内卫生间,简直是太奢华了!

1945年5月,丹麦解放,第二次世界大战结束了对这个国家的创伤。不久后,哥特弗雷德把他设想中的一种产品变成了现实。他已经琢磨一年了,那就是一款木制半自动玩具手枪。这款玩具手枪与传统男孩武器玩具的设计大相径庭。那时候,男孩子爱玩的武器玩具包括木剑、弓和牛仔的枪。1945年,在丹麦,当局禁止出售玩具枪和仿制枪。但这并没有阻止哥特弗雷德这位富有创造力的乐高主管申请专利。这把玩具小木枪是一位技术天才的灵感突现。玩具小木枪结合了木材和钢等多种不同材质,加上各种弹簧装置,可以向手柄上方的弹膛里自动装载木头子弹。虽然这把玩具手枪"开火"时发出的响声并不太大,但男孩们在玩耍时非常喜欢手枪发出的那种声响。

哥特弗雷德无意煽动任何人的暴力行为,所以决定给他发明的玩具取名为"和平手枪"。乐高为了确保玩具能够对玩具的新主人有教育和平手枪和"子弹"——红色木制弹丸。左边是 1945 年木制版本的和平手枪，右边是后来用塑料做的和平手枪。1946 年，奥莱·柯克梦想着大批量生产并出口塑料和平手枪。

意义，于是在玩具包装的背面写道："所有健康的男孩都想要一把和平手枪。你，作为枪的主人，请记住枪的法则——永远不要朝玩伴开枪，不论是开玩笑，还是玩真的！"

1945 年秋，丹麦禁止出售玩具枪或仿制枪的禁令解除后，玩具手枪获得了巨大的成功，乐高公司一时间根本满足不了市场的需求。新的一年刚一开始，一位来自丹麦首都哥本哈根的销售代表便迫不及待地追了过来。这名销售代表就是阿克塞尔·巴福德。尽管知道比隆的木材严重短缺，但阿克塞尔还是向乐高公司请求供应"额外一千支和平手枪和一千包弹药"。乐高公司同时也用光了那种赋予黑色手枪真正光泽的混合清漆。

木材短缺问题促使奥莱·柯克寻找其他材料制作和平手枪。酚醛塑料，俗称胶木[1]，进入玩具行业已经很长时间了，是新一代和平手枪制作材料的首选。尽管在丹麦玩具行业尚未有人使用过塑料，但是许多人看好塑料，认为塑料是未来的神奇材料。

---

1 胶木：又称电木，以木粉为填料的酚醛塑料的俗称。——译者注

几十年来，世界各地的实验室一直在试验合成材料，如赛璐珞、酚醛塑料、聚氯乙烯、聚苯乙烯和密胺。"二战"期间，塑料工业开始真正得到人们的关注，这为1945年后的各个行业创造了新的工业机会。不幸的是，在欧洲，塑料的产量很难提上去，这是因为"二战"期间，许多机器遭到了破坏，剩下的也都损耗严重。要想购买设备或原材料，丹麦新的塑料制造商也不得不在官僚主义规章制度的"丛林中"摸索、开路。

尽管如此，在1946年到1947年，雨衣、鞋子、尼龙袜和其他塑料制品开始出现在战后的丹麦商店里。在玩具行业内部，人们普遍认为塑料会给停滞了十年之久的玩具市场注入新的活力。战争期间，每逢圣诞节，货架上都是些木制玩具，父母和孩子对这些玩具都感到厌倦了。此外，行业外的专家也毫不怀疑地认为，塑料的时代即将到来。1947年，一家丹麦报纸评论道："未来的玩具将由五颜六色的塑料制成，这是制作玩具的理想材料，因为塑料触感极佳，环保卫生，安全无害，而且基本上也玩不坏。塑料玩具改进起来也相对容易一些，因为塑料玩具是模塑的。"

正是在这个时候，五十五岁的奥莱·柯克展现出了一位真正的企业家所应具备的精神。他从不墨守成规，而是更喜欢标新立异，为了把自己的想法变成现实，他也甘冒风险。跟儿子哥特弗雷德不同，奥莱·柯克对新材料，尤其是塑料很有信心。他认为，如果他们决心大规模生产用于出口的和平手枪，塑料将是理想的材料。

1946年1月，奥莱·柯克和他的内弟机械师兼铁匠马丁·约根森（Martin Jørgensen）决心用塑料而非木头，定额生产制作一批特殊的玩具。他的计划是，在马丁位于哥本哈根比约根森路（Bjørnsonsvej）的地下室里，用胶木或塑料制作一万一千五百把和平手枪。首批玩具枪目标

苏菲的弟弟马丁·约根森，家住哥本哈根。战争结束后，他帮助奥莱·柯克建立并运营塑料生产。1945年到1946年，马丁·约根森和姐夫多次通信，信写得都很长。他们谈及当时企业家面临的挑战，以及各自生活的琐细小事。
图片系私人收藏。

是要投放到丹麦市场。但如果计划成功，他们会很快把目光投向更远的市场。正如奥莱·柯克在给马丁的信中所写的那样："我们能很容易在丹麦卖掉这批产品，但现在还不是出口的时机。"

　　两人只有一个地下室的空间，里面放着一台注塑机，几件模具，还有用于调整和抛光的小型机器及各种工具，以及重达五吨的胶木粉或塑料粉。在1946年，仅仅是搞来这些机器和原料就很不容易了。两人很快就达成了共识：更好的生产方式是使用塑料，因为使用注塑机，在一小时内就造出了一百六十支手枪枪管，而用胶木成型机只能造出十五支，而且后者还需要硬化的时间。不过还有另一方面的因素要考虑，塑料成型机的成本是胶木成型机成本的六倍。但这样的投资肯定是值得的吧？马丁·约根森在给奥莱·柯克的信中说道："有传言说，另一家玩具公司Tekno从英国订购了一种注塑制造玩具汽车的机器。乐高难道不应该大胆尝试，成为第一个使用该技术的公司吗？"他们理应大胆尝试该技术。马丁忙着订购塑料粉、购买注塑机和模具，并且设计一个能够印在和平手枪枪柄上的标志。与此同时，奥莱·柯克决定拨出乐高大半盈利，用于购置新机器和新工具。奥莱·柯克在写给他在哥本哈根的"商业伙伴"的信中说道："我们用公司的财富购置工具。这样做，我们可以将公司的财富转化为工具，这些财富不用计入股份。这样在我们遇到困难时，这些积累可以帮助我们，为我们带来转机。"

　　奥莱·柯克一开始并没有让公司的那位财务主管参与购买注塑机的决策。他知道，哥特弗雷德是不会同意这一想法的，为了购买设备，投入的可用资金会达到公司现金的极限。一涉及风险问题，父子俩的行事作风一个像白昼，一个像黑夜，截然不同。

　　克伊尔德：在那个时候，财务问题对我父亲来说是非常重要的。他觉得他是那个必须掌控大局的人。他必须待在办公室里，不仅要确保公司利润能不断累积，还要确保公司辛苦获得的利润没有被一点一点浪费。毫无疑问，当我爷爷购置了一台昂贵的注塑机时——事实上，他一度甚至打算买两台——我父亲显然很不情愿。毕竟，在1942年的火灾后，公司财务状况才刚刚稳定下来，并且才刚刚把公司改为有限责任制。

1946年5月，马丁·约根森写道，霍夫曼公司（Hoffmann & Co.）在哥本哈根的港口有一台温莎SH型三重注塑机。他们正在演示该机器的使用方法。不过，奥莱·柯克不可能及时赶到首都哥本哈根。马丁·约根森当场完成了交易，在7月底，马丁写信来确认说："到目前为止，我们买下了注塑机，也已经下了订单购置了模具。"

哥特弗雷德很有想法，但他更相信木制玩具，而不是塑料玩具。1945年，他为自己设计的"可折叠娃娃车"申请了专利，这是一种集玩具车、娃娃车和高脚椅于一身的玩具。他以女儿甘希尔德（Gunhild）为模特，试图将自己的专利卖给瑞典的布里奥玩具公司，但在1947年，该公司位于奥斯比的总裁伊瓦兄弟拒绝了他。这是一个了不起的想法，但从未正式投入生产。

这台产自英国的机器花费了奥莱·柯克三万克朗，占了乐高公司最近所积累的营业利润的一半还多。不要忘了，同时期公司还有其他的支出。再加上模具、塑料粉、抛光机、弹簧和螺丝的费用，他们总共需要投资五万克朗，才能开始生产塑料和平手枪。这相当于今天的一百万克朗，或十六万美元。由于战后的时局动荡不定、难以预测，投入这笔资金很可能会把公司拖垮。然而，奥莱·柯克却无所畏惧。他经历过、付出过，他喜欢用这样的话来描述20世纪30年代初那些极其艰难的岁月："是的，我们时不时会面临破产。好吧，虽然说是'破产'，但其实也没有什么'产'好'破'的。"那年的暑期过后，问题接二连三地出现了。霍夫曼公司通知乐高公司，注塑机要到11月才能交付，模具也将延期交付。马丁一直在四处寻找塑料粉，但丹麦商品供应理事会发布的限制令阻挠了他的计划。马丁写道，乐高公司本来可以很幸运地从一名丹麦进口商那里得到半吨塑料粉，但前提是该公司得有进口许可证，而且他们得有库存。或者，乐高公司可以自己尝试获得"进口许可"，但乐高公司必须向丹麦央行提出购买外汇的申请并获得批准。

烦琐的手续似乎完没完了，时间也快要不够用了。奥莱·柯克和马丁·约根森雄心勃勃的计划是，在圣诞节前准备好一万一千五百支塑料和平手枪。他们并没有放弃。他们的长远目标是出口玩具手枪，为此，他们开始研究一种美国产的注塑机，这台机器甚至比英国的还要贵。尽管如此，美国产的注塑机要快得多，效率更高，而且可以用于更复杂的成型过程。

1946年8月，奥莱·柯克和马丁·约根森前往瑞典首都斯德哥尔摩，目睹了美国机器的操作过程。结果证明，这台机器的运作和广告宣传中的一样，令人印象深刻。于是，奥莱·柯克这位乐高公司的所有者订购了第二台注塑机，这一次的价格是五万三千克朗，可以说价格高得令人眩晕了。乐高公司随后申请进行一笔一万一千美元的外汇交易。交易申请是马丁代表乐高写的："这台注塑机将用于出口贸易，可以大规模、低成本地生产乐高公司的专利产品。"

战后的进出口官僚制度为数不多的好处之一是，当你下单时，几乎不需要支付任何定金。这意味着，在1946年到1947年的冬天，奥莱·柯克在机器未交货的情况下，成了两台注塑机的未来所有者，并且没有为这两台机器支付一分钱。然而，还有许多其他材料费用需要支付，这些物品目前都堆积在马丁·约根森在哥本哈根比约根森路的地下室里：一台抛光机、偏心压力机、包装用的纸板、工具、螺钉和钉子，以及一台带制表机的打字机。

等待两台注塑机的日子非常难熬。看着地下室里的东西积满灰尘，奥莱·柯克对内弟地下室里临时的装配线有了更现实的看法。他们能不能用现有的设备先干起来？丹麦工作环境管理局（Danish Working Environment Authority）会批准将地下室用于生产吗？经过进一步考虑，奥莱·柯克认为唯一明智的做法是把生产线从哥本哈根迁到比隆。奥莱·柯克等不及跟商业伙伴马丁·约根森讨论这一情况，就从万讷尔的一个农民那里买下了一片德国的旧兵营，这些兵营后来被拆掉，并在比隆工厂附近重新组装起来。

此时，两个人需要好好商量一下，做个决定了。1946年11月，奥莱·柯克给马丁写信说："我知道罗马不是一天建成的。这需要一段时间，也许这样是最好的。因为与此同时，这会让事情变得井然有序。"在奥莱·柯克看来，"井然有序"意味着不仅要把塑料制品的生产线搬到比隆，还要把马丁和他的家人迁至比隆，尽管他知道他的内弟更希望保持独立。在1946年11月19日一封措辞华丽的长信中，马丁下定了决心。他拒绝了这个提议，并祝他的姐夫好运，而且还颇带预言性地写道:"愿你实现你的宏伟计划,在比隆建起一个玩具小镇,把它建成丹麦的纽伦堡。"[1]

1947年春,奥莱·柯克还在等待英国的温莎SH型注塑机。哥特弗雷德现在参与到了他父亲的计划之中,即把塑料生产带到比隆的计划。令他欣慰的是,他父亲取消了购买美国造的注塑机的订单。在内心深处,哥特弗雷德希望他的父亲也能放弃温莎注塑机,并放弃完全用塑料制造玩具的想法。哥特弗雷德这个年轻的乐高管理者对用塑料制造玩具的想法深表怀疑。他悄悄地给哥本哈根的马丁·约根森写了一封信。

> 哥特弗雷德:纵观塑料玩具的生产历史,它只是给人带来了无尽的失望和高昂的费用。塑料玩具的未来看起来不太乐观,因为当局现在已经禁止生产塑料玩具、塑料小摆设、塑料小饰品、塑料办公用品或家庭用品。出口也很困难,因为很多国家都严禁进口塑料制品。

然而,1947年初夏,在乐高的历史上发生了一件决定性的事情。霍夫曼公司的董事总经理普林茨(Printz),也就是向奥莱·柯克出售温莎注塑机的人,前来比隆访问。他刚从英国回来,带来了一个盒子,里面装满了各种颜色的砖形小塑料块,这些是他在伦敦的英国工业博览会上

---

1 纽伦堡是德国的玩具之城。——译者注

看到的。他认为,一旦温莎注塑机抵达丹麦,并在比隆安装调试好,乐高公司应该也能做出类似的东西。

奥莱·柯克被这些由英国温莎注塑机生产的塑料块迷住了。这些塑料块是空心的,顶部有凸起。有了几件这样的小玩意儿,任何孩子都可以模仿现实生活中的工匠,假装自己是泥瓦匠。他也立刻注意到了塑料这种材料的优越性。塑料甚至比木材更耐用、更卫生,而且制造起来也快捷方便。与木材不同,塑料既不需要经过置放、蒸煮、烘干、研磨、抛光、喷漆、上漆,也不需要用螺钉、钉子组装起来,再印上商标标牌。一块木头必须经过许多不同的人之手,必须经过许多工序。而塑料似乎是为简单、快速的批量生产而设计的,只需一个人操作一台机器即可。

在工厂里,几名员工注意到奥莱·柯克每天在车间里走动时,大衣口袋里总是有东西在咯咯作响。会计室的奥尔拉·约根森(Orla Jørgensen)和木工车间的伯恩哈德·邦德回忆说,克里斯蒂安森先生停下来,向他们展示了一些五颜六色的塑料小砖块,并且问他们,这样的玩具适合丹麦儿童吗?

如果奥莱·柯克当时问的是哥特弗雷德,答案就会是否定的。尽管八年后,哥特弗雷德成了乐高积木背后的主要策略师,这种塑料积木以创纪录的时间迅速征服了欧洲市场,然而直到1951年,哥特弗雷德还对塑料玩具持怀疑态度。他对一家丹麦报纸说:"塑料玩具永远不会取代坚固的优质木制玩具。"

与哥特弗雷德同样持怀疑态度的是会计奥尔拉·约根森和审计员洛伦岑(Lorentzen)。二人支持哥特弗雷德的观点,认为拿塑料这种新材料做试验,代价实在高昂。在20世纪40年代末,任意选择一天,查看一下当日的公司财务状况,一看自明:钱柜里有一百克朗,转账账户中

Kiddicraft 玩具公司在 1947 年推出了史上第一盒塑料拼插积木。这清楚地表明，这种积木已经获得了专利。这些拼插积木的底面是空的，两边开着缝，用来装门窗，饰钉上面还有一块额外凸起的小块，颜色有红色、黄色、蓝色和绿色。
参见 www.hilarypage toys.com。

有两千四百克朗，瓦埃勒银行账户中有三千三百六十四克朗。并且，乐高公司还欠瓦埃勒银行五十万克朗。后来，哥特弗雷德曾回忆起那个阶段自己经常和父亲就乐高公司的财务管理问题发生的争执。

> 哥特弗雷德：我父亲经常对我说："你只需保证我们能够卖出产品，赚到钱，我来负责公司的厂房建设，并负责购买机器。"我们就财务问题激烈地讨论过很多次。我不喜欢公司老

是处于资金短缺的境况,一到那时候,我就不得不拖着沉重的步伐,去求见瓦埃勒银行的董事总经理贡纳·霍尔姆,去借更多的钱,或者求他把贷款的还款日期再往后延一两个月。

根据洛伦岑的说法,他们父子俩的分歧最常出现在奥莱·柯克正一股脑地搞创新的时候:"他一次又一次地掏空哥特弗雷德的可用资金。这些资金是为清偿严格必要的信用债务而留下来的,当时我们的债务额是很高的。"

在20世纪80年代的一段视频中,哥特弗雷德的三个兄弟回忆说,有一天,哥特弗雷德说服他们和他一起去父亲的办公室:"咱们要阻止父亲再搞这些荒谬的塑料制品,这些塑料有可能会毁掉我们。"

卡尔·乔治也记得,温莎注塑机首次出现在工厂不久后,当时奥莱·柯克他们还在做试验,哥特弗雷德大声地对父亲喊道:"咱们根本就不应该买那台该死的注塑机,它快让咱们破产了!"

1947年12月,温莎注塑机运抵比隆。奥莱·柯克已经准备好了用木头搭建的营房,这里暂时是塑料制造部的所在。他们还在等待制作各种塑料玩具的模具到货。在圣诞节和次年新年的那几个月里,他们组装起了机器,并熟悉了机器的操作方法。这一切都是在哥特弗雷德和伊迪丝家的地下室里进行的。就在这个时期,伊迪丝正怀着第二个孩子。1947年12月27日,伊迪丝生下了一个男孩,他们给他取名克伊尔德。

> 克伊尔德:跟我姐姐甘希尔德和妹妹汉娜(Hanne)一样,我母亲是在家里生下我的。每次我母亲临盆,我父亲他们都会派人去耶灵(Jelling)找接生婆来。那个接生婆的丈夫是我父

经过近十八个月的等待，温莎注塑机于 1947 年 12 月运抵比隆。最初，这台机器组装在哥特弗雷德和伊迪丝家的地下室里。当月月末，克伊尔德出生了。

1948 年夏，小克伊尔德在祖父的怀里。
图片系私人收藏。

亲的堂兄。人们后来告诉我，我出生的时候，新进的注塑机就放在我家的地下室里。白天，说不定什么时候整栋房子里就会来一些人，闹闹嚷嚷的。我出生的头几个月里，我母亲和我整日都待在家中，家里这么喧闹让她很不高兴。但事实已经这样了。注塑机占据了优先权。一开始，机器在地下室。后来，地下室变成了我的游戏室，我在那里用乐高积木在两张大桌子上拼装玩具房子、玩具桥梁和玩具轮船。

虽然从一种材料转换到另一种材料通常需要一段时间，但在比隆乐高公司的人们彻底完成测试注塑机的任务之前，奥莱·柯克已经生产出了更小的塑料制品，比如乐高桌游"Monypoli"中使用的塑料小砖块。这是一款以交通为主题的儿童游戏。1948年夏，由乐高生产的第一款塑料玩具开始销售。这款玩具是专为婴儿设计的彩色小球，每只售价八十三欧尔。第二年，乐高公司的价目表上又出现了几款系列塑料玩具：一款玩具鱼，一款玩具水手，一些微型玩具动物，婴儿摇铃和一款塑料手枪（这款玩具手枪不再被称作"和平手枪"）。1949年秋，丹麦的玩具商店开始出售五颜六色的塑料小砖块。

直到最后一刻，人们还在争论着管这些砖块叫什么名字好。和往常一样，奥莱·柯克积极寻求大家的建议。1949年春，奥莱·柯克派他在哥本哈根的销售代表阿克塞尔·巴福德去询问他的朋友和熟人，看他们能否想出一个好名字。

巴福德是这样答复奥莱·柯克的："好几个人都在忙着想合适的名字。我希望在几天的时间内能够与您分享最终的结果。"不过，最后看来，他没有必要答复了。因为乐高公司决定把这些塑料砖块命名为"自动组装积木"（Automatic Binding Bricks）。

乐高第一块塑料积木的起源是无可争议的。哥特弗雷德多次解释说，他们的灵感来自英国的 Kiddicraft 公司。Kiddicraft 公司由希拉里·费舍尔·佩奇（Hilary Fisher Page）于 20 世纪 30 年代创立。佩奇是儿童塑料益智玩具领域的先驱人物。这种玩具在英国以"益智玩具"（Sensible Tys）的名称销售。但"二战"期间，佩奇离婚了，由于在美国长期逗留，佩奇的这种创意玩具的生产被暂时叫停。

1942 年，佩奇回到英国，继续他的工作，为不同年龄段的人开发塑料玩具。他立即为一种针对年龄较大儿童的塑料积木系统申请了专利，该系统名为"自锁积木"（Self-Locking Building Bricks）。1947 年，专利申请成功。佩奇不仅在英国申请了专利，还在法国和瑞士申请了专利。

在普林茨带给奥莱·柯克的盒子正面，印有"英国与国外专利保护"的字样。哥特弗雷德也注意到了这一信息。他在为自己的几项发明（包括和平手枪）申请专利的过程中，对丹麦的专利法有所了解。1949 年 1 月，在乐高公司开始生产积木之前，哥特弗雷德向北欧专利局（Nordic Patent Bureau）提出了申请。他想知道英国 Kiddicraft 公司的塑料砖块是否在丹麦申请了专利，结果 Kiddicraft 公司的塑料砖块并没有申请丹麦的专利。

奥莱·柯克不像他的儿子哥特弗雷德那样了解与剽窃和专利相关的法律。他是一个自学成才的玩具制造商。在 20 世纪 30 年代，他几乎是跌跌撞撞地进入这个行业的，当时人们还不太注重保护自己的原创作品。即使在战争结束后，许多玩具制造商仍然互相模仿，并复制对方的产品。奥莱·柯克告诉他的律师弗莱明·弗里斯·叶斯帕森："这就是玩具行业的现状。"这名律师讲述了多年之后与哥特弗雷德信函往来中的一件事。在信中，弗里斯·叶斯帕森描述了20世纪40年代末的一天，奥莱·柯克将来自英国的空心塑料小积木拿给他看，并询问他的意见。弗里斯·叶斯帕森回答说：这是个好主意，但英国人可能已经申请了专利。这种塑料积木是否在某种程度上受到专利法保护呢？对此，奥莱·柯克做了回答。

> 奥莱·柯克：在我们这个行业，人们不太认真对待专利这种事。如果我们都认为这种积木大有前途，那我就继续做。不管怎么说，丹麦是个小国。英国人要想发现我们在做什么，恐怕要等上好几年呢！玩具行业的寿命通常是相当短暂的。

当时，哥特弗雷德负责乐高产品的生产和销售，对公司负有更多的责任。他意识到，玩具行业正在发生转变，这种转变包括对版权法和专利法的总体态度。与父亲不同，他确信，到底是从一件专利玩具中"获得了灵感"，还是在"模仿"一件专利玩具，这两者之间会有越来越明显的界限。

几十年后的1986年，在中国香港的一场漫长的法庭诉讼中，美国泰科公司（Tyco）制造了自己的一种版本的乐高积木，侵犯了乐高在美国市场的专利，哥特弗雷德站上了证人席。在法庭上，美国人据理力争，称乐高积木最初是从英国人的发明中抄袭来的。法官要求时年六十六岁的哥特弗雷德解释，1949年第一批乐高积木是如何制造出来的。

"我们决定生产一些非常类似于英国Kiddicraft公司的组件，但在开始生产之前，我们想确保这种东西在丹麦不受专利法保护，不会禁止我们生产类似组件。"

哥特弗雷德还解释说，他们曾经请哥本哈根的一家工具公司Bodnia

为乐高的塑料小积木制作模具，分别是四个凸起的和八个凸起的模具。正如法庭记录所显示的那样：

> 哥特弗雷德：这些塑料积木看起来像我们从英国 Kiddicraft 公司得到的样本，但有三个不同之处。我们需要尖角、凸起和八毫米的模块。要知道，不同之处在于，在欧洲——除了英国——我们使用国际公制，而在英国他们使用英制。

> 克伊尔德：那时，有很多人在做不同类型的塑料积木。早在20世纪30年代，在英国 Kiddicraft 公司制作积木之前，世界各地的人们就在试验着制作顶部有嵌入的凸起的积木。制造这些积木的材料有木头、橡胶、黏土和塑料等。所以我们不能说——而且我们从来也没有说过——是我们发明了这种积木。是我的祖父一眼就看出了英国的这种积木的潜力，而我的父亲在20世纪50年代把它发展成一个更大的积木系统，然后在1958年发明了乐高的专利——"凸起管"。这意味着乐高积木能更好地相互"锁"在一起，这是别家公司以前从未做过的。在20世纪40年代，几乎没有法律保护产品的形状、外观和设计。我们今天会说，这是"开源"的，即大家可以免费获取。多年来，我父亲一直不愿意解释这个想法的起源。我想他总是情不自禁地想，现在别人对我们所做的事情，我们以前也做过。

20世纪40年代末，英国 Kiddicraft 公司的积木在英国卖得并不好。与此同时，在丹麦国内，乐高的自动拼装积木也没有在顾客中引起多大

1949年，第一批乐高公司生产的塑料积木上市了，以"自动拼装积木"的名称销售。这些拼插积木的底面是空的，两边开着缝，用来装门窗。1950年，乐高推出了更大、更高的塑料积木，这也是受到了英国Kiddicraft公司产品的启发。两岁的克伊尔德出现在乐高的玩具盒子上，这是他作为模特的首次亮相。
图片系私人收藏。

兴趣。也许是因为产品的名字不够好，也许是包装太过时——盒子上的彩色图画上有两个小孩，让人看了觉得只是一盒老式的木块。玩具销售商对这些塑料小积木没有信心，后来，公司答应他们，如果卖不出去就可以把产品退回来，他们才同意把这种玩具放在货架上。

极低的销量让哥特弗雷德感到沮丧，这加剧了他对塑料玩具的厌恶。他再次跟兄弟们商量，希望他们能跟他一起说服父亲，让他专注于乐高的知名产品，就是那种销路好的乐高产品——木制玩具！

奥莱·柯克坐在办公室里那张巨大的黑色办公桌后面，仔细听了哥特弗雷德所说的话。这里靠窗，可以俯瞰比隆的主街。

哥特弗雷德说完之后，这位父亲看着四个儿子的眼睛，慢慢地说："孩子们，你们难道没有足够的信心吗？我向上帝祈祷过，我相信这些塑料积木！"

许多年后，格哈特和卡尔·乔治将这次谈话视为乐高历史上的一个决定性时刻。当时的决定是，乐高公司会继续生产塑料积木，要再给这种产品一次机会。"'我们只需要把事情交给上帝，他会确保一切都顺利的！'这是我们的父亲当时所说的话。然后我们就悄悄溜出了办公室，讨论就此结束。"

1958 年，塑料积木。

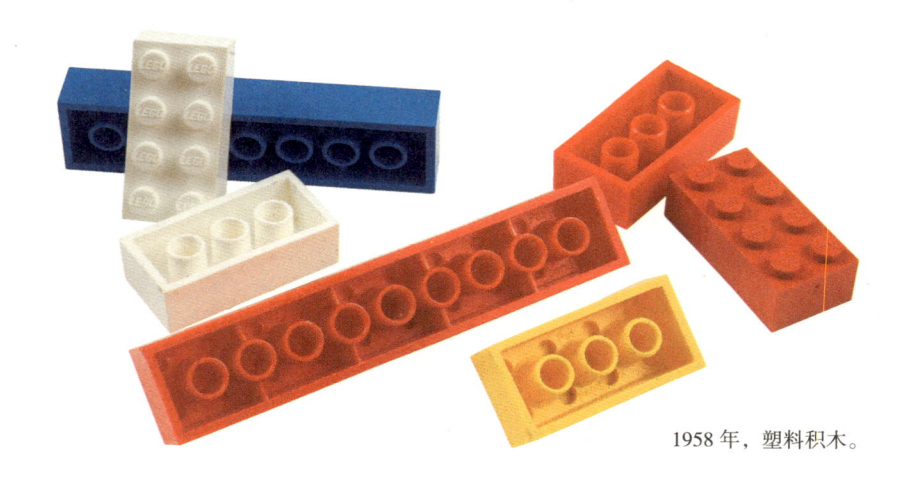

04

塑料积木

20 世纪 50 年代

这些塑料块看起来就像五颜六色的砾石，有各种各样的颜色。在使用这些塑料块之前，需要经过各种工序。先将塑料烘到特定的湿度，然后将它们放入机器顶部的槽中，在机器中，塑料被加热到二百度，变成一种液体，一点点地逐渐流入到机器之中。接下来，在大约一百个大气压的压力下，将塑料注入模具，片刻之后，将带有纯净、柔和颜色的模塑件从机器中取出。这种机器每小时可以生产一百件这样的产品……

这段文字描述的是乐高公司的初级董事总经理哥特弗雷德正带着一名记者和一名摄影师参观位于比隆的乐高工厂的见闻。那是1951年，曾经风靡一时的和平手枪当时仍在销售透明塑料版本。不过，和平手枪销量王者的地位被小巧、结合实际的弗格森拖拉机取代了，这种玩具拖拉机象征着和平与美国援助欧洲的马歇尔计划（The Marshall Plan）。哥特弗雷德说："这些玩具也可以作为一个套件，乐高每小时可以生产三十多套这样的玩具。"他还补充道，所有的废料都可以再利用。

这位记者本想了解一下这种名字怪好玩的空心塑料积木的情况，但在哥特弗雷德解释这种彩色积木的由来时，记者不小心把"英国"写成了"美国"。后来报纸登载的文章还提到，这位年轻的初级董事总经理对塑料玩具行业的未来持悲观看法，这一点记者没有听错。记者问哥特弗雷德："塑料玩具会取代木制玩具吗？"

哥特弗雷德：那是不可能的！如果人们稍稍费心地去调查一下塑料市场，就会发现在大多数情况下，当孩子们玩了一天之后，塑料就会破裂。这不是塑料的错，而是塑料结构的问题。因此，塑料很快就会失去吸引力。例如，在美国，塑料很快就过时了。我们眼见发生的是，塑料的使用已经失去控制。你可以用塑料生产方便有用的东西，但木制玩具更为坚固。

为什么是哥特弗雷德，而不是他的父亲奥莱·柯克向媒体发言呢？有这么几个原因。也许，哥特弗雷德在塑料玩具业的权力斗争中的确失败了。但在1950年夏，也就是哥特弗雷德三十岁生日那天，他被任命为乐高玩具有限公司和柯克·克里斯蒂安森有限公司的初级董事总经理。

他在一份喜悦和隆重的生日电报中得知了自己晋升的消息。电报是由父亲奥莱·柯克、母亲苏菲，以及约翰内斯、卡尔·乔治和格哈特几

乐高第一个真正成功的塑料玩具是弗格森模型拖拉机（Ferguson Model Tractor），1952年售出了七点五万件。这款玩具是欧洲现代农业产业化的象征。乐高的这款玩具拖拉机装有橡胶轮胎，前轮与方向盘相连，方向盘可以转动。就像奥莱·柯克演示的那样，这种玩具拖拉机还可以拉动各种农具。

个兄弟联合发出的。电报末了有引自《圣经》的经文:"愿耶和华赐福给你,保护你。愿耶和华使他的脸光照你,赐恩给你。愿耶和华向你仰脸,赐你平安。"[1]

后来,在回忆他生命中的那个特殊时刻的时候,哥特弗雷德说:"印象中我从来没有问过我父亲为什么要在贺电中引用《圣经》中的那段话。他希望用自己的方式给我祝福,这是很明显的。但与此同时,对我父亲来说,重要的是要强调我现在所承担的责任。"

1951年秋,奥莱·柯克患了中风。病情没有危及生命,但患病后他

儿子约翰内斯(右)和女儿乌拉,与员工一起喜悦地迎接奥莱·柯克出院回家。图片系私人收藏。

1　经文选自《圣经·民数记》。——译者注

身体虚弱。在随后的几年里,他多次长时间地旅居海外,在疗养胜地休养。20世纪50年代上半叶,越来越多的日常事务落在了哥特弗雷德的肩上。他的三个兄弟也都在公司工作。卡尔·乔治和格哈特分别担任塑料玩具部门和木制玩具部门的运营主管,而约翰内斯则负责驾驶和一些零活儿,也获得了经理的头衔。然而,在精力允许的情况下,奥莱·柯克仍然负责采购木材。

> 苏菲·约根森:奥莱·柯克真的是对木材了如指掌,他会开着家里的车,一辆漂亮的蓝色欧宝超六(OPEL Super Six),前往布勒的森林。该森林位于霍森斯附近。他来这里是为了买到整车厢质量上乘的山毛榉木材。然后,他再在比隆锯木厂切割好这些木材。时间到期应付款时,森林管理人员会打电话提醒他,并且语气总是有点尖酸,要求亲自和老板谈谈。有好几次,我都不得不到花园里去把他叫过来接电话。

即使在解决了他们在塑料制造问题上的分歧之后,父子俩还是经常在如何管理和投资的问题上产生分歧,并为此吵得不可开交。1951年春,在庆祝奥莱·柯克六十岁生日后不久,当时,两位旅行推销员巴福德和布雷克林(Breckling)告知这对父子,他们认为父子俩不应在暑期前去见所有的老顾客,因为这是不值得的。父子俩就为此大吵了一架。毕竟,大多数零售商直到8月才会最终下圣诞节的订单。

基于这一情况,总经理奥莱·柯克决定,乐高将在7月停止生产并关闭工厂几周。哥特弗雷德并不完全同意这一决定,他认为,他们应该让工厂车间不停地运转。他的理由是,不应该让源源不断到来的订单生产停下来,"如果山不向穆罕默德来,穆罕默德就必须向山去"。[1]

此时,哥特弗雷德在比隆已经颇有名气,人们都知道他态度坚决,充满活力,但为人固执,偶尔还有点自以为是。他在那辆黑色的雪佛兰里装满了乐高产品的样品——这辆车仍然是他和奶业合作社经理豪格森共用的。他还让伊迪丝打包装好了一个手提箱和一份丰盛的午餐,因为他要带上妻子开车出趟差。他们的计划是尽可能多地拜访当地的一些客户,这样他们就可以得到一些订单,并在进入秋季这一关键时期之前,让管理层了解乐高正处于市场的什么位置。一到了秋季,工厂就要全力加班为圣诞节而忙碌。

伊迪丝带着针线,但她大部分时间都在写作。他们这一趟出行成果丰硕,订单纷至沓来,哥特弗雷德立即将订单发到比隆。夫妇俩通过这次旅行成功地带来了整整六万克朗的收益,折合一万美元(相当于今天的十六万美元)。这一举措让公司能够维持生产,无须放假,解决了近百名员工的就业问题。

对于这位初级董事总经理来说,驾车行驶这么远的路,会见这么多的客户,对他自己也起到了教育的功效,让他认识到与分销商直接接触的重要性。与父亲不同的是,哥特弗雷德毫不介意在客户面前将乐高的产品捧上天,他天生是一个推销员。

从前,从狮屋后面的工厂车间里常常飘来木头、刨花和锯末的气味,比隆的五百名居民多年来已经习惯了这种气味。如今,这种气味又混杂了加热塑料的甜丝丝的芬芳。从前,工厂里木工工具和机器常常发出人们所熟悉的犹如动物嚎叫的噪声。现在,从奥莱·柯克花园尽头的

---

[1] 阿拉伯谚语,指的是穆罕默德为了用神迹证明其教诲,命令一座山来到他面前。——译者注

营房里又传来单调而有节奏的撞击声，那里是制作塑料玩具的地方。这种新材料制造的产品占据了乐高营业额的一半，乐高的年度价目表包含了超过二百五十种不同的产品。

克伊尔德：我还是个孩子的时候，就喜欢木头的气味。大约是十岁或是十二岁的时候吧，我经常溜进乐高内部所谓的"巧匠庭院"。那里有好几间铁匠、画家、木匠和电工用的工作间，是一个奇妙的世界，我会在里面四处奔跑，玩个没够。我学到了各种工具的知识，包括它们的用途，以及如何正确地使用、抓握它们。工作间里的人也会让我制作东西。

1951年夏，在日德兰半岛南部举行的一个展览会上，乐高展出了各式各样的玩具，从婴儿摇铃、沙滩球、玩具马、手拉玩具动物、经典木制玩具汽车，到塑料小积木和比隆乐高工厂的最新畅销产品，比如带有原装塑料工具的弗格森模型拖拉机，还有"柴油机"（Diesella）。这是一种木制"发动机"，可以装在自行车的后轮上，让男孩子骑车的时候发出像轻便摩托车一样的声音。行业杂志《玩具杂志》（*Legetøjs-Tidende*）在展会上热情地报道了"柴油机"这款产品。

《玩具杂志》：乐高自行车发动机能够生动地再现熟悉的"砰砰"声。孩子们还可以把自己的乐高自行车发动机注入"汽油"，发动起来。此外，这套产品中还包括一份轻便摩托车的"驾照"，我们可以充满信心地认为，这款原创玩具很快就会大受欢迎，供不应求。

在玩具展上，乐高展示了各种产品，从婴儿摇铃到能让自行车的声音听起来像轻便摩托车的"发动机"。

　　乐高展台上的玩具着实令男孩和女孩兴奋，而且这样的玩具简直是太多了。乐高公司甚至开始生产用于固定幻灯片的塑料相框，并考虑销售从英国进口的蒸汽机。当然，这一切都是为了增加营业额。乐高公司的营业额在 1951 年首次突破了一百万克朗大关。

　　哥特弗雷德意识到，他们需要更敏锐、更专注，并且对产品的优先次序做好判断。他们要确保乐高的系列玩具畅销不衰，减少对热门但昙花一现的产品的依赖，后者包括溜溜球、和平手枪和弗格森拖拉机等产品。从1952年开始，"专注"成为哥特弗雷德的关键词，这是整个公司的产品和营销理念的同义词，意味着要有一个关注的焦点。多年后，克伊尔德在一场市场营销会议的演讲中明确阐述了这一方法。

> 克伊尔德：在玩具行业，充满了昙花一现般的奇迹。我们一直追求并且打算继续发展的是"专注"的理念。这种理念是非常独特的。我们希望培养、培育这个潜在的理念。这是公司的基础，也是一个持续提供大量发展机会的潜在理念。

在这个问题上，有一件事加强了哥特弗雷德对"专注"的重视，那就是1952年奥莱·柯克的最新想法。哥特弗雷德不知道，他对公司重心的关注是不是因为他父亲的疾病，但他知道，他们既没有必要，也没有钱，把工厂扩大到他父亲想要的程度。这需要花费三十五万克朗。哥特弗雷德仍然坚信，投资不应该以公司财务为代价。

1952年夏季的一天，他对奥莱·柯克继续扩建工厂的反对突然爆发了，并最终为此事而辞职。他穿过街道，回到家里，问伊迪丝是否想去瑞典旅行。在离开比隆之前，他试图向奥莱·柯克提出一个妥协的方案。

"爸爸，咱们先执行你计划的三分之一吧！"

奥莱·柯克可不这么想。"决定在这里建什么的人是我，而你的工作是赚钱！"

哥特弗雷德看到父亲眼里含着泪水，却不会屈服。于是，他感到既失望又愤怒，转身就走，去瑞典度假散心。

一周过后，思虑再三，哥特弗雷德和伊迪丝回到比隆的家中。他还是不同意父亲的意见，他对父亲说："乐高现在依靠的是你的信念，而不是我的信念。"

哥特弗雷德后来回忆说，这个决定对乐高未来几年的发展意义极为重大。

> 哥特弗雷德：1952年，工厂的扩建是乐高历史上的一个里程碑。这迫使我在思考问题时超越了丹麦的国家边界。1953年，我首先考虑的是挪威。我记得，当我从挪威带着一份大单回来时，乐高的新大楼正在建造中。

1953年，哥特弗雷德前往德国和英国，在德、英两国的玩具行业试水，并与德、英两国的经销商和同行建立了联系。后来，他去参加德国纽伦堡的贸易博览会，一天晚上，一群丹麦工业界的人士搞了个聚会。哥特弗雷德听到几个买家说，一旦丹麦的进口限制被取消——很快就会取消了——丹麦的玩具厂可能就得关门大吉了。哥特弗雷德听后感到很沮丧。十多年来，他和他的父亲以及其他制造商，投入了大量资金和精力开发最好的玩具。许多人认为乐高玩具的质量可以与玩具业最好的品牌——德国的一些品牌——相媲美。

令哥特弗雷德感到非常愤怒的是，他认为这种评价完全有失公允。于是，哥特弗雷德萌生了一个疯狂的想法：倘若像乐高这样的公司能设计出合适的玩具——一种独特的、可以在任何地方销售的、具有持久生命力的玩具，那么这样的公司能否将防御转变为进攻，征服德国市场呢？这种情景是不是完全不可想象呢？而进入德国市场是进入欧洲其他国家和市场的主要途径。几年后，在乐高开始向挪威和瑞典出口产品后，哥特弗雷德向乐高管理层做过解释。

> 哥特弗雷德：倘若我们把一千五百万的北欧国家人口与德国的四千五百万人口相加，并且，倘若我们有能力主导市场，那么，我们不仅完全能跟德国人竞争——假设我们可以有效地找到商机，而且，我们能领先一步，那么我们也将拥有和德国人一样的出口机会。

1954年2月，当三十三岁的哥特弗雷德穿过北海，前往在英国南部城市布莱顿举行的"英国玩具和业余爱好展览会"（British Toy and Hobby Fair）时，这些无畏的、以扩张为导向的想法在他的脑海中蔓延开来。和他一起前往的还有他的私人秘书——伊迪丝的弟弟本特·N.克努森（Bent N. Knudsen）。他需要帮助哥特弗雷德翻译英语，哥特弗雷德虽然懂一点英语，但说不出来。

哥特弗雷德在海滨小镇布莱顿经历了繁忙而鼓舞人心的一个星期。在这一星期里，哥特弗雷德发现希拉里·费舍尔·佩奇的塑料自锁积木仍在销售，不过，这款产品显然没有在英国，也没有在其他国家取得多大的成功。参加完展会，在轮渡港口哈里奇（Harwich）的一艘渡轮上，哥特弗雷德在酒吧里点了一杯威士忌和一支雪茄，放松了一下。

船上还有其他参加过该展览会的丹麦人，这些丹麦人是玩具行业的专家。哥特弗雷德和一名年轻的采购主管特勒尔斯·彼得森（Troels Petersen）谈得很投机。这名采购主管是在玛格辛百货商场（Magasin du Nord）的玩具部工作。彼得森对玩具业的现状一点也不满意。另外，玩具产品不成系统，这一点也令他光火。哥特弗雷德竖起了耳朵，仔细倾听。彼得森指出的，恰恰是他已经思考了好多年的问题。解决好这个问题,不仅能让乐高的产品更具多样性,也能让公司更有目的性、更系统地生产和销售产品。

这次在渡轮上的交流让哥特弗雷德茅塞顿开。突然间,哥特弗雷德看清了自己要做的事。乐高需要专注于一个单一的想法,乐高必须围绕着一件独特而生命力持久的产品开展工作。这种产品可以发展成更广泛

伊迪丝喜欢陪三个孩子一起玩耍。他们骑自行车,玩游戏,搭乐高塔。在丹麦维兹比约(Hvidbjerg)度假小屋的草坪上,他们假装自己在公共汽车上。克伊尔德正在开车,他的母亲伊迪丝也在场陪伴他。
图片系私人收藏。

的玩具——容易玩，容易生产，容易销售。

但是这种产品应该是什么呢？哥特弗雷德又一次把乐高的所有产品放在了放大镜下逐一审视。这次，很明显，在乐高的二百六十五种不同的木制玩具和塑料玩具中，只有一种刚好符合要求——曾令奥莱·柯克着迷的彩色塑料积木。这种塑料积木仍在比隆生产，并在1952年到1953年以"乐高积木"的名称重新推向市场。

和父亲不同，哥特弗雷德以前对这些空心小积木从来没有多大信心。最初几年的销售额似乎证明了他是对的。在1953年到1954年，这种乐高积木在销售时表现得稍好一些，但销售额仍然不具有绝对的优势。问题是，乐高积木是否能够成为更宏大、更持久的产品？

当然，奥莱·柯克从未怀疑过这一点。他那些玩积木的孙辈也对此深信不疑。特别是六岁的克伊尔德，他是拼搭各种积木建筑的能手。

> 克伊尔德：从很小的时候起，我就在自己周围搭建各种各样的高塔。只要两个螺柱是重叠在一起的，我就可以搭建成弯曲的形状，把积木搭成圆形的墙。我拼搭起来的这些高塔常常很大，我可以躲进去，藏起来。后来，我在地下室的那个游戏室里用乐高积木搭建了整座城市。那个地下室就是安装乐高第一台注塑机的地方。我从不去看任何指南，只是凭自己的想象力去拼搭。我父亲显然受到了我和我的姐妹们玩积木的启发，并看到了打造一个"系统"的潜力，这是毫无疑问的。他经常对我们所拼搭的积木感兴趣，但他从不自己坐下来玩积木，即使是在我们长大了一点的时候，他也不自己玩积木。他并不认为坐下来摆弄乐高积木是件有趣的事，对此我感到很惊讶。不过另一方面，他确实喜欢到地下室来看看我又想出了

什么点子,他经常把我想出的点子展示给前来拜访我们的商业伙伴。

在哥特弗雷德的脑子里开始逐渐成形的"乐高系统",不仅仅是把五块、六块或更多块的积木组装成一座建筑,还包括收集乐高积木,扩展乐高积木所提供的可能性。想要做到这一点,就要在每逢圣诞节和生日宴会时,刺激顾客购买乐高礼品套装,并购买补充礼盒。很快,哥特弗雷德商业理念背后的整体方案变得清晰起来:孩子们拥有的积木越多,他们玩得就越多。他们玩得越多,就会更多地央求父母为自己购买套装和补充装。顾客购买的套装和补充装越多,乐高的营业额就越高。

伊迪丝和哥特弗雷德的孩子们对他发明"乐高玩乐系统"(LEGO System in Play)产生了很大影响。当然,这一影响很难确切地量化。这主要是因为,哥特弗雷德从未谈论过孩子们对自己的影响。唯一能确定的是,他为甘希尔德、克伊尔德和汉娜以及他们玩的游戏感到骄傲和自豪,以至于在1953年,他决定用自己的孩子作为模特,在圣诞前夕为乐高新系列积木礼品套装做广告。

在格林斯泰兹的汉斯·伦德(Hans Lund)拍摄的照片中,六岁的甘希尔德、五岁的克伊尔德和两岁的小汉娜正在他们的客厅里铺着瓷砖的桌子上用积木拼搭建筑。1953年至1954年,在最后一张印在乐高礼盒正面的照片中,汉娜没有出现。因为哥特弗雷德认为,乐高礼盒的主要受众目标是像甘希尔德和克伊尔德这样年龄段的男孩和女孩。

支持哥特弗雷德"乐高玩乐系统"的理念诞生于战后时期。那时,儿童的培养教育问题在丹麦和其他地方都是一个热门话题。人们展开了许多关于"健康游戏"的讨论,并探讨儿童对优质玩具的需求。该领域

两岁的汉娜在桌子边玩乐高积木，但只有甘希尔德和克伊尔德出现在乐高积木盒子的广告图片上，因为他们的年龄符合产品的目标群体的年龄段。

的专家还认为，父母应该把照顾孩子看作一件快乐的事情，而不是一种责任。

  这位努力工作的乐高初级董事总经理尽其所能，依时就势，关注国内各大日报和电台上有关教育的激烈辩论。哥特弗雷德将丹麦著名儿童心理学家和教育专家的相关报道文章和访谈记录剪下来，把这些剪报放在乐高的大剪贴簿里。在这个剪贴簿里，还有最早的有关小小的比隆玩具工厂的报道，以及有关这家工厂的伟大理念的报道。这些丹麦著名的儿童心理学家和教育专家包括詹斯·西斯高（Jens Sigsgaard）、西娅·班克·詹森（Thea Bank Jensen）和斯特恩·赫格勒（Sten Hegeler）等。

在战后的丹麦，许多成年人仍然认为玩耍是一种小孩子才做的事情，人一旦长大就不再游戏玩耍了。但在柯克·克里斯蒂安森家族里，情况从来就不是这样的。在哥特弗雷德和他的兄弟姐妹的孩提时代，奥莱·柯克和克里斯缇——以及他后来的妻子苏菲——从不认为玩耍是在浪费时间。哥特弗雷德和他的兄弟都觉得摆放在父亲木工作坊里的颜色、形状和大小各异的木块非常令人着迷。他们有时候把木块雕刻成一个动物或一辆车，有时候只是像堆积木那样逐个堆叠起来。20世纪30年代，当乌拉长大后，奥莱·柯克为她和她的朋友们在后花园树林中的一棵大树上建了一个游戏树屋。

20世纪30年代，镇上不少女性通过在家工作赚钱，她们有的为奥莱·柯克的木制玩具描画轮子，或是为玩具鸭子上漆上色，又或是把这些玩具装在篮子里销售。她们回忆说，在某个星期天的下午，奥莱·柯克有时也会敲开她们的家门，附上如下字条："不要老坐在家里。到外面来，和孩子们一起玩吧！"那时，整个比隆都会变成一个游乐场。

甚至在19世纪90年代，在奥莱·柯克自己的被艰苦生活压缩变短的童年时期，他和他的众多兄弟姐妹也会在布洛霍伊的家中玩耍和唱歌。后来，他在一次采访中解释说，当他还是个年轻的农场帮工的时候，他最喜欢的玩具是"石头牛"（hwolkow，即"空心牛"的意思）。这种玩具是找一块有洞的石头，从洞里穿上根绳子，孩子们可以拖着石头到处跑；停下来的时候，他们就像拴真的牛一样，找根柱子把这头"牛"拴上。但是时代变了，对此奥莱·柯克评价说："不可否认，我们生活的时代是属于儿童的。据估计，关心儿童的丹麦父母每年要花费五千万至一亿克朗为孩子购买玩具。我这把年纪的人，童年时只有一根生锈的钉子和一块带洞的石头可以玩，一想到这一点我就不免会叹口气，慨叹自己生得太早了。"

和他的父亲及其同时代研究儿童的专家一样，哥特弗雷德也认为，要想玩得好，需要有足够好的玩具。作为一名玩具制造商，哥特弗雷德认为，重要的是"玩具要能够适应孩子的水平"，并且，"乐高要确保有足够多的玩具可供儿童选择"。哥特弗雷德的其他类似的陈述也反映出他对当时有关教育的辩论理解是非常到位的。与此同时，他也在寻找灵感，为最终发布"乐高玩乐系统"时的宣传词苦思冥想。看看1954年乐高积木的广告，就知道他离自己的目标有多近，这是显而易见的。这则广告的标题是《你想和我一起玩乐高吗？》，接下来的文案写道：

"你想和我一起玩乐高吗？"这是1954年乐高积木的广告语。该广告展示的积木不仅是儿童玩具，还能供建筑师在建造模型时使用。

孩子只有"玩得好",长大后才会富于进取精神,积极主动。因此,给孩子能激发他们想象力和创造力的发展型玩具,重要性显而易见。乐高积木就是这样一种玩具,男孩和女孩都喜欢。其实,成年人也同样喜欢乐高积木。乐高积木是无数的托儿所、娱乐中心和幼儿园力荐的玩具。

由于奥莱·柯克健康状况不佳,他长时间待在各大度假胜地和水疗中心,所以只参与了哥特弗雷德宏伟计划的一部分。该计划旨在围绕乐高积木聚焦并巩固塑料玩具的生产。从 1955 年的早春开始,"乐高玩乐系统"这个说法在比隆的管理办公室内和工厂大楼几乎是随处可见。但是,在此之前,除了哥特弗雷德以外,没人听说过"乐高玩乐系统"这个词。

公司当年一次管理层会议的与会人员包括奥莱·柯克、他的儿子卡尔·乔治和格哈特、三名旅行推销员,以及会计奥尔拉·约根森。他们受到了哥特弗雷德的热烈欢迎。哥特弗雷德站起来庆祝这一时刻,发表了庄严的演讲,不仅为新的一年,也为一个新的开始欢呼。

哥特弗雷德:我们的总经理曾在上天的祝福下工作。我要向我们这些在乐高公司工作的人表示祝贺。首先,乐高公司让我们有机会去做任何一个思想健全的人都迫切想要去做的事情,即认真负责地去创造;其次,乐高公司使我们有机会过上美好的生活。在新的一年里,让我们继续从这个基本的人生观出发,祈求上天保佑我们的未来 —— 未来的一切都取决于这一点。

一个月后，哥特弗雷德公布了乐高公司新的重大投资细节。这个投资细节是以印在塑料垫子上的城镇规划图形式披露的。这种塑料垫可以放在桌子上或地板上。上面的口号是："用乐高积木建造乐高小镇！"在城镇规划图上标记好的区域，孩子们可以用乐高积木建造房屋，种植树木和灌木丛；孩子们还可以让装饰华丽的乐高小汽车在灰色的道路上行驶，道路上有白色的标记和人行横道。

哥特弗雷德解释说，新的乐高系统促进了自由游戏形式和个人游戏形式的发展。这一理念是让孩子们学习新事物。这是因为在交通日益拥堵的丹麦，孩子们应该知道一些交通规则和安全守则。哥特弗雷

1955年，在第一个乐高市镇计划中，孩子可以建造一座属于自己的像真的一样的城市，房子、汽车、街头标志、树木等，应有尽有。在玩具商店和百货商店中陈列的模型展示了已经建成的城镇，以给孩子们和他们的父母更多启发。

125

德将乐高系统提交给"加强道路安全委员会"（Council for Greater Road Safety），经其审查批准。同时，哥特弗雷德还为乐高聘请了一名真正的警察，为孩子们提供建议，并建议父母购买这种将玩耍和学习结合在一起的新型玩具。这里我想提醒诸位读者，其实直到二十五年甚或三十年之后，哥特弗雷德的儿子克伊尔德才为乐高公司引入"寓学于乐"（Play and Learning）的概念，并将这个概念发展成乐高集团的一大关键原则。

在 1955 年 6 月的一次会议上，哥特弗雷德介绍了当年秋季大促销背后的想法。他们的计划是将一份名为《乐高新闻》（*LEGO News*）的小传单分发给分销商和商店员工，然后由乐高的三名销售代表分头行动，逐个拜访这些分销商和商店员工。他们的任务是向分销商和商店员工展示新玩具系统背后的原理，解释促销活动，最重要的是，为"乐高玩乐系统"尽可能多地带来订单。

议事日程上的最后一项可以说是最重要的。由于奥莱·柯克坚持要进行大规模扩张，所以乐高当时缺乏资金。正如哥特弗雷德在与三位旅行推销员的会议上反复强调的那样，"这一点非常重要——事实上，对我们的生存至关重要——我们要尽快为乐高赚钱。由于工程建设项目上的投入，今年我们的流动资金减少了，所以我们需要达到更高的营业额。"

丹麦玩具零售商第一次听说乐高的新积木建筑系统就是在 1955 年秋天。那是因为他们收到了名为《乐高新闻》的小传单。传单上列出了六个要点，浓缩了乐高公司关于什么是好玩具的理念。在这六个要点中有几点，哥特弗雷德使用了他读过并保存的丹麦儿童心理学家和教育学专家在报纸上发表的文章中非常相似的短语。然而，最雄心勃勃的想法似乎来自哥特弗雷德自己，即关于"乐高玩乐系统"中所追求的永恒理念："乐高玩具必须是玩具中的经典，无须自我更新。"

这个新的玩具系统，很快就被称为乐高积木。该系统最初的展示大受瞩目，因为公司真心实意地让零售商和商店员工参与进来。从本质上说，就是让他们成为乐高玩乐系统的一种形象大使。

《乐高新闻》：我们相信，作为玩具行业的专业人士，您会同意我们的看法。乐高玩具不仅仅是一种普通的玩具。我们相信您有能力判断乐高所涉及的前所未闻的潜力。我们不遗余力、不惜代价地创造了一些全新而非凡的玩具，并为乐高巨大的成功奠定了基础。您愿意与我们一起站在这条线上吗？——如果是这样，您的成功是有保障的！

这款玩具的发布不仅展现了一个崭新的玩具系统，也传达了一种关于儿童和游戏的信息。事实证明这种理念高度可行，且富有远见。事实上，乐高集团至今仍坚持这一原则。传单正面的图画，基本上是以乐高管理层直接向零售商和商店员工喊话的形式传达了这样的信息——图画上画着一个矮小结实的乐高人，穿着工作服，戴着一顶砖匠帽，手里拿着一个扩音器，放到嘴边，向全世界传播乐高系统的人文思想。

"我们的想法是创造一种玩具，为孩子的人生做准备——激发孩子的想象力和创造的冲动，带给孩子创造的乐趣。这是每个人都具有的内驱力。"

克伊尔德："乐高玩乐系统"中主要的新内容便是，突然之间，玩家能够搭建起更多不同的东西了。这是我父亲的基本理念，即整体应该是由元素组成的连贯系统，这些元素总是能够相互配合。顾客购买的不同套装中的不同积木块总是可以组合在一起。在我父亲晚年时，我开始经营乐高，对于我们给乐高玩具系统引入过多元素这件事，他总是持批评意见。父亲认为我们推进得太快了，他的老发明已经变得太宽泛、太多样化了。他希望我们坚持做积木。只有积木才是乐高的核心。这是他在 1955 年年初就一直抱持的观点，同时他对基础教育的观点也保持不变，即认为孩子们可以通过玩玩具来发展他们的创造力。

在 20 世纪 50 年代，乐高发现自己跟欧洲其他许多公司所面临的挑战相同。"二战"期间以及战后一段时间，进口禁令限制了来自国外的竞争，乐高公司从中获利。乐高公司希望在国内业务大获成功之后，转向出口。但奥莱·柯克和哥特弗雷德一再面对一个简单明了的事实：战后的国际贸易极为艰难。困难不仅仅是物流带来的，也不仅仅是从国外进口机器，或是用外币支付等问题，而是说，他们还要判断哪些国家允许销售丹麦商品。

和其他许多丹麦公司一样，乐高也需要资金注入。1952 年到 1953 年，乐高扩建工厂，哥特弗雷德想要申请一笔贷款。这笔贷款获益于美国大规模援助欧洲的马歇尔计划。该计划旨在重振欧洲战后经济。按照该计划，给丹麦的贷款有三千三百万美元。乐高的初级董事总经理哥特弗雷德花了几周时间准备了一份全面而充分论证的申请书，结果遭到了拒绝。因为乐高的产品是玩具，没有被列为"必需消费品"，所以遭到拒绝并不令人感到惊讶或失望。

尽管他们没有得到任何援助，但有足够的证据表明，乐高，特别是其充满活力的初级董事总经理,从"技术援助计划"中获得了灵感。该计划提供了大量新型的工业知识和专业技能。

该援助计划是一本手册,帮助欧洲公司以美国模式为榜样,以美国商业为模板,内容涵盖了关于自动化、合理化、销售、广告、营销和管理的最新理论。

简单地说,该计划提出了一种美国式的商业模式,集中在三个核心的字母"S"上:专业化(Specialization)、标准化(Standardization)和简单化(Simplification)。对于一个丹麦企业家来说,雄心勃勃地要开发一个多管齐下的玩具系统,不仅要基于最好的游戏形式,而且要基于最有效的商业模式。这种理念让哥特弗雷德激情澎湃。

就像那个时代丹麦的大多数公司一样,乐高毫不含糊地按照美国的路线进行现代化改造。哪怕公司距离哥本哈根权力中心遥远,而且只是一家玩具公司,也要学习最先进的管理和生产理念。这对哥特弗雷德来说并不是什么新鲜事。他完全有能力依靠自己的力量获取所有关于现代商业发展、销售和管理的尖端信息。与其他丹麦公司的董事和高层不同的是,哥特弗雷德从来没有参加过马歇尔计划资助的美国学习之旅,也没有报名参加那些让丹麦经理人深入了解美国商业模式和领导风格的强化课程。

哥特弗雷德是自学成才的。他的一项关键技能就是从与其他专业人士的谈话中,尤其是与乐高员工的谈话中,收集想法,激发灵感。像"重组"这样的理念,原本是乐高所不熟悉的。但是在几次内部会议上,哥特弗雷德的讲话中突然开始出现了"重组"这样的术语。接着出现的术语是"生产力""自动化""产品开发""市场分析"等。

克伊尔德:我从未见父亲聚精会神地读过一本商业书,也

从来没有在家里看到过关于管理的期刊或报纸文章。我认为，我父亲所知道的大部分知识都是从与他人的交谈中获得的。我父亲总是乐于倾听别人的意见，尤其是那些持不同想法的人的意见。这些人能教他一些新东西。他喜欢从乐高的管理层成员那里获得灵感。实际上，他希望这些人在开会的时候能带来一些全新的东西，一些可以挑战他的东西。这些人大多来自"外部"，他们拥有来自国际商界的大量新知识和不同的经验。很明显，在20世纪50年代，在我父亲身上发生了一些至关重要的事情。不论是为人处世，还是担任初级董事总经理的领导技巧，他在这两方面都大有进步，改变了自己的领导风格。

公共关系的概念直到战后才真正在丹麦流行起来。1955年，"公关"的概念首次出现在比隆的公司管理会议记录中。在此之前，公关和广告上的投入在乐高的资产负债表上并不是特别突出。但随着哥特弗雷德越来越多地控制运营，并将业务集中在乐高玩乐系统上，广告预算迅速膨胀起来。不过，在这一点上，父子俩的观念又是相左的。在哥特弗雷德看来，花在市场营销上的钱是一项至关重要的投资，而他的父亲奥莱·柯克则坚持自己对工艺质量的信念："只要产品质量过硬，客户就会自己找上门来的。"

1955年秋是一个关键的秋季。乐高公司首次推出了乐高玩乐系统，并首次将其交给零售商和消费者进行测试。哥特弗雷德预留了六万克朗用于"广告和展示材料"。这是一笔巨大的投资。如果是在几年前，哥特弗雷德绝不会同意这样做。但现在，他希望在圣诞节期间让乐高的产品在玩具商店和百货商店占据一个突出的位置。当然，乐高的目标是传

哥特弗雷德说道："我们的理念是创造出让孩子能为人生做好准备的玩具。"照片中，他踩着一个乐高小房子，证明这些玩具非常结实，经得起反复使用。

达并灌输乐高玩乐系统背后的基本理念。正如哥特弗雷德在销售会议上反复强调的那样，"只有我们知道还不够——整个世界都要知道！"

在这十年里，许多年轻家庭都开始享受到额外的闲暇时光，梦想着买一套属于自己的独立屋。而这段时期，乐高广告策略的一个典型例子是一份彩色传单手册，专门面向孩子的父母，并在商店分发。这份传单手册最初只在丹麦散发，但很快就扩展到德国，表明手册中传达的信息具有国际吸引力：新的乐高玩乐系统不仅提供了一个健康而富于创意的家庭爱好，还允许人们计划并建造自己的梦想之家。

这份手册的特色是讲了一个富含插图的传奇故事，把几代人的故事浓缩在了一起。手册讲述了一个家庭在购买乐高积木后发生的一切。一切都始于一个叫埃里克的小男孩的三岁生日："他得到了一盒乐高积木，第一次玩积木时建造了几座高塔。"接下来是几张家庭生活的快照。然后，他的小妹妹琳恩也想玩乐高，"当然，她做的是些玩具屋"。六岁时，埃里克就开始建造又大又气派的房子，这些房子变成了有街道、模型汽车、指示标志牌和树木的城镇的一部分。埃里克让琳恩和他一起建造城镇，由此，"埃里克和琳恩学到了很多交通知识"。十二岁时，埃里克就能熟练地用积木搭起"一座二十四层的摩天大楼"。十六岁时，玩乐高积木成了他最大的爱好。又过了几年，埃里克订婚了，很快他和他的未婚妻就开始用乐高积木建造出他们梦想中的家，"他们用的积木还是埃里克三岁生日时收到的积木"。几年后，这对年轻夫妇搬进了一所现代化的房子，"和他们经常用乐高积木搭的那座房子一模一样"。然后，他们有了孩子。广告中这个令人愉快的小故事又回到了原点，构成了一个完整的循环。"埃里克的儿子虽然只有三岁，但就像他爸爸一样，三岁的他已经在玩乐高了。因为乐高可以反复使用，一代又一代，直到遥远的未来。"

这个故事说明了哥特弗雷德宏伟的销售计划——将塑料积木作为自己更大计划的一部分来销售。而之前，塑料积木的销量并不高。乐高

玩乐系统不仅是一个玩具,更是一个可以成长的游戏世界。乐高游戏世界可以成为家庭生活的一部分,可以传给下一代。他在接受报纸采访时解释道:"你可能会说,从商业的角度来看,打造一款能够使用一生的玩具是不合逻辑的。但我们相信,我们的想法是正确的。我们已经创造出了这样的玩具,不仅仅是消磨时间的娱乐方式,而且可以是儿童成长历程中有意义的一部分。"

1955年圣诞节前夕,乐高全力以赴,加班加点,几乎到了混乱的地步。次年1月,销售代表报告说,有一些零售商感到沮丧和困惑,因为他们尚不理解乐高玩乐系统更广泛的概念。在圣诞节期间,令商店店员不确定的是,"乐高市镇规划"到底应该是一种有趣的玩具,还是有关道路安全的有教育意义的教具。一位零售商问道,把玩具称为一个"系统",这是不是有点矛盾呢?玩乐可以系统化吗?根据哥特弗雷德所关注的儿童心理学家和教育家们的观点,答案是否定的。他们的答案都是,为了让乐高玩具被视为"玩具",乐高玩具必须是自由的、无纪律的、无系统的。

乐高的新广告主管亨宁·古尔德（Henning Guld）意识到，他们最初的宣传材料可能有点太啰唆了。但哥特弗雷德并不气馁。他立即派销售代表回到现场，说明白乐高玩乐系统背后的想法，并为在车间工作的工人加油打气。"我们最大的任务，是必须给零售商大量注射乐高维他命！"

接下来他们所做的，不是制造更多的困惑，而是限制乐高玩乐系统新产品的种类，仅仅生产一些骑自行车的玩具人偶、骑摩托车的玩具人偶、骑踏板车的玩具人偶，以及骑轻便摩托车的玩具人偶等。同时，生产一些为市镇规划创造更多生气和动力的各种旗帜。此外，市镇的规划图也进行了显著改进，改进后的规划图是印制在一种不易弯曲、可折叠的平板上的。平板背面，有一半的面积印的是整个乐高玩乐系统产品的全景图：总共三十八个元素，加上汽车、旗帜、树木等；另一半是一张海报大小的彩色照片，照片上是一个金发女孩，还有当时八岁的克伊尔德，后者长着雀斑，一头鬈发，穿着格子衬衫。日后终有一天，克伊尔德会追随他父亲和祖父的脚步，亲自经营乐高公司。现在，他成了举国闻名的熟悉面孔。直到1960年，他都经常出现在乐高玩乐系统各种玩具盒上的广告中。

> 克伊尔德：从很小的时候起，我就被大人拉来当模特，拍摄照片。这些照片是由比隆当地的摄影师拍摄的。但在20世纪50年代后半期，我父亲认为广告照片应该更专业一些，于是我不得不去奥胡斯拍摄广告照片。去那里的时候，我们总是坐广告主管亨宁·古尔德那辆漂亮的大众卡尔曼吉亚跑车。在那段时间，古尔德对我父亲来说是个重要的人物，他负责乐高在丹麦和国外的所有广告活动。在那些年里，广告预算不断增

长。当我父亲需要在大庭广众之下展示"乐高玩乐系统"时，古尔德也为我父亲写了许多辞藻雄辩的演讲稿。当然，我觉得坐着跑车去奥胡斯的感觉特别棒，实际上我觉得这比跟那些同龄女孩合影还要棒。而且，是在某次坐跑车的旅途中，我第一次喝到了可口可乐。

在首次推出后，乐高的产品系列得到更新和调整。与此同时，哥特弗雷德也以前所未有的冒险精神，尝试实现他和他的父亲在德国销售丹麦玩具的梦想，要知道，德国可是玩具王国的心脏啊！

在哥特弗雷德咨询了几位出口顾问和其他几位了解外贸的人士后，该计划受到了无情的打击。他们告诉他，卖玩具给德国人不啻在撒哈拉沙漠里卖沙子。

柯克·克里斯蒂安森家族的人都具有如下鲜明的性格特征：刚强、坚忍，而且勤勉。这让人联想起早期日德兰半岛作家的文学作品中的人物。这些作家包括斯蒂恩·斯蒂森·布利高（Steen Steensen Blicher）、耶珀·阿克杰尔（Jeppe Aakjær）、约翰·斯科尔堡（Johan Skjoldborg）和约翰内斯·V. 詹森（Johannes V. Jensen）。这些作家在作品中向我们展示了日德兰半岛山脊上的男女老幼是如何与石楠和贫瘠土地作斗争的。

除了以上特征外，奥莱·柯克还天性大胆，这一点也在他的家族代代相传。受这种性格影响，他的儿子并没有放弃征服德国玩具市场的大胆计划。哥特弗雷德可能甚至没有对这么做的风险进行过多的财务分析，恐怕连大概的概念都没有。在1955年，乐高确实盈利了。但他们的营业额仍然只有二百一十万克朗，其中超过百分之三十的营业额仍然源自木制玩具。除了哥特弗雷德的直觉和强烈自信之外，没有任何迹象表明乐高的塑料积木能突破国门，走向世界。

乐高在德国的公司，"乐高玩具有限公司"（LEGO Spielwaren GmbH）成立于1956年1月。今天看来，该公司的背景故事极具传奇色彩。公司成立的两个月前，哥特弗雷德拜访了位于汉堡的丹麦驻德国总领事馆，然后驱车穿过德国北部回到比隆的家中。他一直试图找到乐高在德国市场建立自我品牌的更多机会，并且刚刚得知了一个有趣的小道消息：若是他在德国设立一家独立的公司，而不是简单地建立一家子公司，他便会得到很多的优惠，包括较低的关税、特殊的税收优惠政策，以及更优厚的贷款条件。

从汉堡回家的路上，哥特弗雷德在德国北部的石勒苏益格-荷尔斯泰因州（Schleswig-Holstein）为乐高寻找可以租用的合适地点，这是他们进军德国计划的一部分。他还顺道拜访了霍恩韦施泰特（Hohenwestedt），看望一下居住在此的他和伊迪丝的瑞典朋友阿克塞尔·汤姆森（Axel Thomsen）和格蕾特·汤姆森（Grethe Thomsen）夫妇。这对夫妇定居在霍恩韦施泰特，并在那里生产玩具屋的家具，他们之前在瑞典的哥德堡（Gothenburg）郊外的伦德比玩具厂（Lundby Leksaksfabrik）生产这些产品。

那一次，汤姆森夫妇刚好在家。一起喝咖啡时，哥特弗雷德跟他们解释了他此行来汉堡的任务，以及他打算做的出口生意。然后，他从车上拿了一些盒装的乐高玩具与一份乐高玩乐系统的市镇规划。阿克塞尔·汤姆森看后非常感兴趣，他一下子就看到了乐高系统理念的潜力。

"这个玩具太棒了！为什么不让我帮你在德国出售乐高玩具呢？"

哥特弗雷德犹豫了一下，然后说："乐高在德国需要的是一个能全身心投入工作的人，而不是一个已经生产和销售其他玩具的人。"然后，哥特弗雷德回到比隆的家中,留下阿克塞尔·汤姆森一人独自思考这件事。

几天后,汤姆森打电话给哥特弗雷德说:"我想让我儿子接管玩具屋工厂,而格蕾特和我专门为乐高公司和乐高玩乐系统工作。你看这样行吗?这样你能选择任用我吗?"

答案是一声响亮的"好的"。其实,从霍恩韦施泰特回家的路上,哥特弗雷德就意识到阿克塞尔·汤姆森将是领导乐高德国营销战略的最佳人选。他精力旺盛,富有热情,还有必要的洞察力和对市场的透彻了解。

不久之后,乐高就租下了一所废弃的铁道酒店的整个二层。这所铁道酒店为汤姆森一家所拥有,地处班霍夫街(Bahnhofstrasse)19号。汤姆森把玩具屋家具的事业放到一边,开始销售塑料积木。哥特弗雷德后来回忆道:"汤姆森成了百分之一百二的乐高人。他干劲十足,工作起来简直像台推土机。他从一开始就为德国市场奠定了基础。德国市场后来成了乐高最佳的海外市场。"

乐高在德国的第一个总办事处位于霍恩韦施泰特一家废弃的铁道酒店的顶层。在总办事处内部,阿克塞尔·汤姆森领导团队征服了德国市场。
图片系私人收藏。

与此同时，乐高在德国的公司购买了第一辆卡车，是贝德福德（Bedford）牌的，驾驶室后面的白色车身上有一个巨大的红色乐高标识。他们用这辆卡车将乐高玩具盒子（这些乐高玩具盒子还未完成最后的工序）运到霍恩韦施泰特后，那里的员工再对这些产品做最后的收尾工作，包好包装，等待出售。这么安排，是为了让乐高在德国的公司可以免于支付预包装玩具百分之三十的边境进口税。驾驶汽车的是奥莱·柯克的大儿子约翰内斯，他没有自己的兄弟们那么具有专业技术天赋，也缺乏口才，但他的驾驶技术很好。此时，他已经被升职为出口司机（Export Driver），穿着自己的制服，戴着帽檐上有乐高标识的帽子，往返于各大城市之间。

> 克伊尔德：当有货物运往德国的霍恩韦施泰特时，都是约翰内斯负责驾驶卡车。他热爱这份工作和这份责任，他经常和边境的海关官员聊天，他们会邀请他进屋喝杯咖啡。当约翰内斯抵达霍恩韦施泰特后，在等待卸货的间隙，他会和当地的员工休息娱乐一会儿，等卸完了车，他再驱车返回比隆。这份工作他干了很多年。

起初，约翰内斯每周交付一批货物，后来，每周交付的货物增长到两批。在他第一次从比隆到霍恩韦施泰特的途中，有阿克塞尔·汤姆森陪着他。阿克塞尔一同前去，一方面是为了安排与海关相关的事务，另一方面是为了确保一切都办得妥当。在霍恩韦施泰特，阿克塞尔的妻子格蕾特帮助打理公司日常运营。这对夫妇负责所有的销售和行政工作。

最初，公司业务进展得相当缓慢。来自德国百货店和其他商店的买家每年都会与哥特弗雷德在纽伦堡的贸易博览会上见面。当哥特弗雷德

1956年，这辆新卡车的首次运输之旅由约翰内斯驾驶，而阿克塞尔·汤姆森也一同前往，负责办理德国边境的手续。

试图推销他们的"乐高积木"（德语作 LEGO Bausteine）玩具时，他们却对这些丹麦的积木玩具不屑一顾。1956年春，乐高依旧面临着同样的质疑。

> 克伊尔德：一开始，为了说服德国的买家，我们花了很多时间，才让他们相信乐高的确是一个可以卖得很好的产品。德国的买家没能马上看出乐高是一个里程碑式的全新建筑系统。他们没有意识到，用这个系统，孩子可以创造出他们想玩的东西。德国人在这方面的后知后觉说起来还挺奇怪的。不过最

终，阿克塞尔·汤姆森成功地让一个德国的连锁百货公司接受了乐高的观念，这对于乐高来说是一个巨大的成功。而且，这家百货公司还同意，不会通过批发商进行销售。因为批发商在销售过程中要拿回扣，这是德国的传统。我父亲和汤姆森在这个问题上立场坚定。他们这一点很聪明，也很勇敢，这为乐高在德国的成功奠定了基础。

1956年秋，哥特弗雷德和阿克塞尔·汤姆森经过深思熟虑，制定出乐高的公关策略，进军德国市场取得了决定性的突破。他们决定把精力先集中在一个城市，而汉堡自然是绝佳的选择。汉堡是一个拥有一百多万人口的大城市，是一个贸易胜地，距离乐高在德国总部霍恩韦施泰特仅五十英里，位于霍恩韦施泰特以南。哥特弗雷德后来在一次演讲中向他的员工做过解释。

> 哥特弗雷德：我们意识到，如果乐高在整个德国铺开广告和营销计划，那将是一种浪费。所以，我们只关注汉堡。我们先是在那里做一些铺垫工作，这件事做得很漂亮。比如，我们在一些专卖店搞了一些展销活动，先是引起了店主和售货员的兴趣。此后，我们又趁热打铁，增进公众对产品的关注，具体办法是在影院里放映一部有关乐高产品的电影广告片。

哥特弗雷德和古尔德坚信广告的力量。他们制作了一个时长两分钟的彩色广告——《我们建造了一座城市》。这个广告短片在汉堡四个较大的电影院放映。乐高的这条广告非常吸引人,伴着欢快的爵士乐,这则广告告诉观众,整个家庭——男孩或女孩,母亲或父亲——都可以一起参与到乐高玩乐系统中。

当乐高的广告在电影院播放时,阿克塞尔·汤姆森雇用了一批人,男男女女都有,这些人的任务是前往汉堡的玩具店、百货商店和大型商店,看看这些店的货架上是否有乐高的玩具盒子。要是没有,他们就要非常坚定地提出要买乐高积木,并且说:"现在人们到处都在谈论乐高积木这种玩具,孩子们都非常喜欢这种玩具。"

乐高玩乐系统在纽伦堡年度玩具博览会上的广告。

> 克伊尔德:我父亲经常谈到他和亨宁·古尔德以及阿克塞尔·汤姆森一起制作的第一则广告。在广告里有一个场景,汤姆森站在规划的市镇中的一个乐高房子上,表示这座玩具建筑可以轻松地承受他的重量。这是我父亲让他做的,只要有记者和摄影师在场,汤姆森就喜欢表演这个特技。我父亲总是向他的员工强调,一定要跟人们展示乐高玩乐系统的功能和质量,让大家注意到,这一点很重要。尽管在一开始,乐高积木实际上安装起来之后依然不是很牢固。

到了1957年1月，哥特弗雷德可以有把握地说，他大胆的出口营销活动似乎取得了成功。在一年的时间里，乐高的潜在客户群扩大到了一亿人。尽管哥特弗雷德以前总是劝阻父亲在动用乐高资金的时候不要大刀阔斧，但是现在看来，这次大胆的投资带来了丰硕的成果。大把大把的钞票开始从德国滚滚而来，这一方面是因为德国零售商倾向于迅速汇付货款，另一方面是因为哥特弗雷德作为一名精明的商人，为乐高不断采购的塑料粉原材料安排了超长的信用期。

在1957年的头几个月里，乐高玩乐系统的相关活动以及其他各种营销活动扩展到了德国其他城市。除了广告和宣传手册以外，百货商店里还有展示乐高模型的巨大橱窗，不久之后，一本为德国儿童准备的彩色乐高杂志也随之而来。与此同时，阿克塞尔·汤姆森和他的员工拜访了德国各地的零售商，帮助他们了解和亲身体验用乐高玩乐系统可以做什么，以及为什么乐高玩乐系统可以成为玩具业的未来。汤姆森本人特别喜欢搞系统性的东西。他构建了一个零售商和客户的名录，这使乐高能够迅速看出在一个城市或地区未来多年里乐高积木销量是可能增长还是下降，从而分析消费者的反应。

从汤姆森的数据中，很快就冒出了一个有趣的信息，那就是德国的父母认为乐高是德国产品。对于这一点，哥特弗雷德并不觉得反感。恰恰相反，他认为这是一种优势，他的这种观点令新上任的出口主管特勒尔斯·彼得森惊讶不已。特勒尔斯问："为什么我们不宣传乐高玩乐系统源自丹麦，并且是丹麦制造的呢？"哥特弗雷德的回答完美地体现了他的领导风格。

> 哥特弗雷德：特勒尔斯，如果你的策略是这样的话，那你肯定不适合做乐高的出口主管。我的策略跟你考虑的正好相

反。乐高的产品是国际化的。事实上，要是德国人认为乐高公司是德国的，法国人认为乐高产品是法国制造的，如此等等，那就最好不过了。

克伊尔德：我父亲很早就明白，如果乐高公司想要发展，那么丹麦这个国家对于乐高来说太小了，所以我们要有国际化的思维。这时候，距离人们开始谈论"国际化"还有好多年，更不用说再往后人们所谈论的"全球化"和"单一市场"了。到底是做一家有产品出口的丹麦公司，还是一家扎根于比隆的国际化公司，这二者有天壤之别。这种思考问题的方式，始于20世纪50年代，一直到今天我们仍然这么思考。

在非常短的时间内，乐高玩乐系统在德国成为一种为人熟悉和极受欢迎的玩具。到了1958年，德国的人均乐高积木销量超过了丹麦。当初在纽伦堡贸易博览会上，德国批发商和零售商对哥特弗雷德的产品深表怀疑，甚至抱有一种居高临下的态度。但是，不到五年时间，乐高的德国公司的年销售额就达到了一千万克朗。这是一个令人目眩神迷的数字，尤其对比三年前，整个公司在比隆的总收入仅有二百一十万克朗。

人们可能会问，为什么乐高玩乐系统在德国的土地上如此迅速地流行起来呢？乐高积极进取的销售和广告策略，还有玩具多方面的品质和明显的潜力，这些当然都是非常重要的原因。但乐高取得巨大成功的另一个解释是，这些积木似乎满足了当时的社会需求，这一需求源于德国对重建的关注——不仅仅是"二战"过后德国对房屋、社区和城市重建的关注，还有对战后家庭团体和人际关系重建的关注。在20世纪50年代的德国，人们普遍渴望在老人和年轻人、父母和孩子之间建立亲密

乐高在欧洲的总体公关策略是将家庭作为乐高玩具的主要背景。图片为1959年乐高在荷兰投放的广告。

的纽带,人们渴望一家人聚在一起。为什么不通过玩乐高这样的一个和平的共同活动来与他人建立亲密关系呢?

战争之前,孩子在没有大人监督的情况下玩耍,而现在,孩子和他们的玩具都移到了客厅,移到了家庭的中心。这一趋势在20世纪50年代的大多数西欧国家都很明显。乐高的广告部门也密切关注着这一趋势。这种模式在乐高的第一支广告中就已经确立了。在广告中,一个小家庭的所有成员,每个人都打扮整齐、面带微笑,来到客厅,围坐在桌子上的乐高玩具周围。轻柔的爵士乐轻轻奏起,此时,画外音说道:"每个人都在参与建造。不论是大人,还是孩子,都用乐高积木建造。"

乐高玩乐系统与时俱进,受益于战后欧洲整体的经济繁荣,以及社会对家庭福利的日益关注。在德国,战后出现了"经济奇迹",意思是这个国家奇迹般地从断壁残垣的废墟中变成了工业化国家。

克伊尔德：战后，整个欧洲到处是断壁残垣，一切都需要重建，我认为，这一点也促使许多家庭选择乐高积木。乐高积木可以用来做积极之事——在某种意义上，乐高积木可以帮助重建。我经常想到这一层联系。

乐高的进步和成功也反映在公司的机械设备上，到 20 世纪 50 年代末，塑料部门已经拥有了五十多台成型机。然而，乐高积木有一个美中不足的地方，那就是积木的"接合力"不足。[1] 用乐高积木建房子的时候，积木无法很好地接合在一起。

自从 1949 年第一批自动组装积木（Automatic Binding Bricks）问世以来，乐高的小积木一直是空心的。1958 年 1 月，当阿克塞尔·汤姆森北上前往比隆汇报德国圣诞节惊人的销售数据时，乐高积木仍然是空心的。在德国市场扩张的背景下，唯一不足的一点就是乐高积木搭的东西易倒塌。一些客户不满地抱怨说，他们孩子好不容易用乐高积木搭好的房子倒塌了。尽管乐高员工很少在内部销售会议提及这一问题，但实际上乐高管理层意识到这个问题已经有好多年了。在 1955 年至 1957 年，乐高讨论过其他许多关于乐高玩乐系统的客户投诉，但乐高并未讨论过"接合力"这个严重的根本性的缺陷。甚至到了 1957 年 1 月，在一次名为 PUK[2] 的管理会议上，仍然没有人提及乐高积木接合力不够好的实情。

---

1 对于积木拼合的匹配程度，乐高使用"接合力"这个专门的名词。接合力对乐高而言至关重要，建有特定的测试系统进行检测。——译者注
2 PUK："产品开发委员会"的简称，丹麦语作"Produkt Udviklings Komité"，该委员会旨在"完善乐高的产品"。——译者注

PUK 是哥特弗雷德倡议举行的。多年以来，模塑车间经理奥韦·尼尔森（Ove Nielsen）领导工厂里的技术人员攻坚克难。在座的每一个人都知道，工厂里最熟练的技术人员多年来也一直试图解决这个明显的质量问题。但是，由于乐高积木的巨大成功和不断增长的需求，改进积木的努力在某种程度上停滞了。

1958 年 1 月，一份来自德国客户的投诉是一记警钟。当天，哥特弗雷德立即做出了反应，在与阿克塞尔·汤姆森交谈后（塑料部门的负责人卡尔·乔治也在场），哥特弗雷德坐下来，画了张草图，概述了在有八个凸起的积木内添加连接管的可能方案，其中几个方案之前已经讨论过了。

草图被移交给了奥韦·尼尔森，哥特弗雷德叫尼尔森依据最新的想法生产一个样本：在积木的空心腔中加两个圆柱形连接管。在接下来的二十四小时里，他们狂热地研究这个解决办法，一段时间以后，哥特弗雷德建议尝试使用第三根连接管。

这被证明是神来之笔。当两块积木接合在一起时，三根连接管确保了孔和凸起牢固地连接在一起。这些积木就像用胶粘在一起一样，但同时又很容易拆卸。让积木上的每个凸起接触三个点，这可以使积木获得多年来所缺失的稳定性和接合力。同时，这一方案被证明是一个美观的解决方案，因为连接管的圆形外观与积木顶部凸起的圆形外观相得益彰，协调一致。

哥特弗雷德之前做专利调查时认识的一位工程师建议他为所有乐高试验过的可能的连接方式申请专利，以防止未来出现任何模仿者。这些年来，乐高在玩具市场上遭遇了来自其他塑料玩具制造商的激烈竞争，这些制造商都在模仿乐高的积木，其中包括丹麦公司 Puwi，该公司甚至在广告中告诉客户，他们的积木与乐高玩乐系统兼容，这么做真是有些过头了。

他们在模塑车间又花了几天时间，做出了所有的测试件，想出了积木与内部的孔进行连接的方式。1958年1月27日，大功告成。哥特弗雷德迅速赶赴哥本哈根，把所有的材料交给专利局，等待专利局在申请

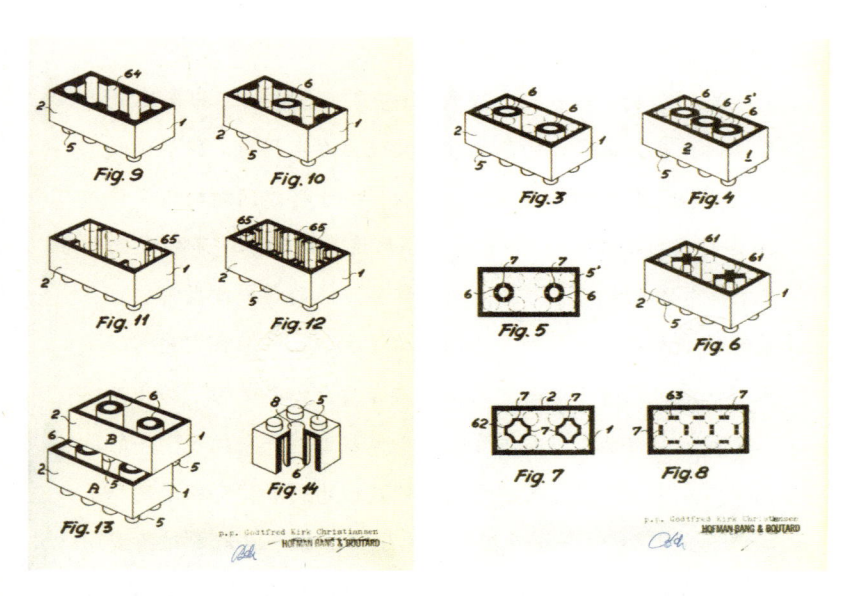

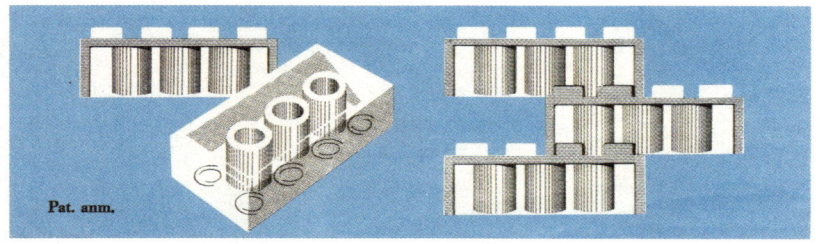

1958年，现代化的乐高积木获得了专利，其特点是拥有许多管子和凸起。这样一来，积木就能完美地相互连接起来。这增加了用积木搭建各种东西的可能性。从其他图纸可以看出，乐高还开发出了另外几个提高积木接合力的方案。而且，所有替代方案都在世界上许多国家申请并获得了专利。

文件上盖上官方的批准章。1958年1月28日下午一点五十分，如今众所周知的现代乐高积木诞生了。

基于这一次的"技术魔法"，乐高玩乐系统终于完整了。从那时起，这种乐高积木与世界上其他任何塑料积木的组合方式都变得不同。这为乐高积木的组合和搭建开辟了全新的可能性。

> 克伊尔德：我认为，早在1955年，当我们发布乐高玩乐系统时，我父亲就已经意识到了接合力存在问题，但那时我们还没有找到合适的解决方案。当时，关于搭建问题提出了许多极具创意的不同建议——带十字形连接的积木、带钉子的积木、带罗纹的积木，等等。所有这些可能的解决方案都包含在最终的专利申请中，部分原因是为了表明，如果我们愿意，我们可以通过几种不同的方式提高接合力，但也是为了防止其他人像我们一样想出这些方案。对于像我这样一个玩了十年的乐高积木建造者来说，突然之间就能建造出更加稳定的乐高积木建筑真是太棒了——现在如果你愿意，你可以沿着对角线向上或向下扩展。不仅如此，你还可以让一个由积木搭成的巨大的太空火箭从桌子上"起飞"，而底部的积木却不会掉下来。

整个20世纪50年代，奥莱·柯克的健康状况在缓慢而稳定地恶化，这一点从他在公司记录上和比隆宣教屋的董事会会议记录上的签名笔迹就能看出来。尽管在他生命的最后几年，他和苏菲仍然去北海游泳，去挪威滑雪，但乐高的创始人奥莱·柯克还是逐渐耗尽了精力。他已一点点放弃了对公司经营的控制权。正如他在1957年8月的乐高二十五周年纪念会上对一名记者所说的那样："我再也跟不上了。乐高已经变得太大了，而我的身体又太弱了。"

在周年纪念接近尾声之际，哥特弗雷德对聚集在一起的员工发表的新年讲话中，有很大一部分是说给他父亲听的。自8月庆祝活动以来，奥莱·柯克就再也没有出现在工厂里。奥莱·柯克静静地坐在那里，听着他儿子的演讲，不时抬头看他儿子一眼。他儿子的演讲实质上表达的是对他衷心的感谢和不舍的告别。

> 哥特弗雷德：爸爸，虽然您已经不能再参与公司的日常经营活动了，但是我们非常希望当您看到您的公司——实际上是您的整个生命——继续发展壮大的时候，您会由衷地感到高兴。我们都知道，在乐高这家公司诞生的时代，人们需要面对逆境，顽强拼搏，公司的座右铭一直是"祈祷并工作"。
>
> 1932年，您衷心的愿望是乐高公司能让您和您的家人安居乐业；此刻，我们希望您和妈妈高兴地看到，乐高公司正直接或间接地支撑着数百个家庭，让他们享有美好的生活。爸爸，您缔造的公司造福了整个社会！我们将继续发扬您和妈妈当初创业时的积极进取精神，经营乐高公司。
>
> 随着乐高公司变得越来越大，一切都变得越来越不带个人色彩，运营公司也会变得越来越困难，但我想我可以大胆地说，聚集在这里的所有人将继续尽自己最大的努力，我们的座右铭仍然是"祈祷和工作"。

1958年3月11日，在现代乐高积木发明一个半月以后，奥莱·柯克去世了。这是比隆小镇历史上一个里程碑式的时刻,在奥莱·柯克出殡的那天,比隆的居民全都走出家门。不管男女老幼,都来表达他们的敬意,恭送奥莱·柯克在镇上的最后一段旅程。他们向这位深受当地人爱戴和尊敬的人表示悼念,因为他为当地社区承担了巨大的责任。

家庭相册里的黑白旧照片显示,奥莱·柯克的儿子们小心翼翼地将棺材抬出狮屋的前门,紧随其后的是苏菲、乌拉,还有奥莱·柯克的儿媳们和孙辈。整个城镇和当地地区的旗帜都降半旗,出城的道路上撒满了云杉树枝。葬礼上来了很多人。为了防止出现混乱的状况,一辆装有扩音器的大型宣传车被安置在格莱尼教区教堂以外。教堂的门廊上增加了座位和长凳,设法为进入教堂内的每个人提供位置。

教区牧师约翰内斯·布鲁斯与死者相识已有三十年,他以保罗写给哥林多教会的第一封信,做了一次真诚、衷心的布道。"最后一个要消灭的敌人就是死亡。"站在灵柩旁,他这样总结奥莱·柯克的一生:"他始终忠于他年轻时的愿景。毫无疑问,不论是在生活中,还是在工作上,他都是朝着这样的愿景努力的。"

在去世前的几个月里,奥莱·柯克还与他的一个好朋友,哥本哈根伦贝格玩具公司(Rønberg Toys)的创始人约翰内斯·伦贝格(Johannes Rønberg)进行了热切的交谈。在奥莱·柯克生命的最后几个月里,伦贝格每周都会给他写一封长信,信中充满了《圣经》语录和他们许多共同的回忆。

伦贝格:顺便问一下,你知道在整个职业生涯中你创造和制造过的最棒的东西是什么吗?你认为它是什么?你认为有多少人能看到它?遗憾的是,看到的人太少了吗?那个发光十字架,是你在圣诞节还是新年送给客户的?这些客户可以买到

1958年3月15日，奥莱·柯克的棺材由比隆的居民抬出狮屋，一路送到格莱尼教区教堂。
图片系私人收藏。

世界上所有的玩乐系统，世界上所有的玩具，获得所有的财富……但是，在这个小小的塑料十字架里，就是这个花费一克朗生产的小小塑料十字架里，我们可以看到当时乐高的全部历史。

奥莱·柯克·克里斯蒂安森去世时，人们失去的不仅是一位勤奋的真正工匠，以及他所饱含的全部热忱，还失去了一个拥有一种特殊经营方式的企业家。这种经营方式源于他所在农场社区的亲密、团结和坚信。作为一个企业主，奥莱·柯克是一个家长式的人物，他的小工厂的兴旺发达，部分要归功于这个城镇和地区，但最终要归功于他自

1954年，乐高全体员工大约三十五名女性和较之稍少的男性，在工厂外的奥莱·柯克的花园里拍摄了这张照片。夏日白天的时候，工休间隙他们常来这里；天气特别热的时候，他们会打水仗，奥莱·柯克的家人也会参与其中。

己。他总是像父亲一样关心雇员的福利。战争期间，乐高的第一个会计亨宁·约翰森听奥莱·柯克说道，乐高的员工永远比其他任何东西都重要。"人的福祉第一，物质利益第二。"

这种信念的特点是：奥莱·柯克从来不把他的员工称为"工人"，而总是称其为"人们"。他的管理方法对工厂的工作环境和工作文化也产生了影响。20世纪70年代，乐高员工埃尔纳·詹森（Elna Jensen）在退休时回顾了自己的工作生涯，她所记述的美好过往被登载在当时的员工杂志上："20世纪50年代的工作条件，跟现在比起来肯定不能说更好——那时候我们是三班倒，还要上夜班。但那时真的是美好的岁月，非常美好。如今人们不如过去团结了，你不能和别人毫无顾忌地聊天，也不能向任何人吐露心声。"

> 克伊尔德：爷爷对他的雇员有一种深深的责任感。他几乎把他们当作家人。在某种程度上，如今的乐高集团仍然反映出了这一点。这是因为我们努力在家族集团的继承者及其员工之间创造彼此信任和平等开放的关系。乐高一直是一个注重称呼"我们"的组织。在这里，人和人之间存在着自在友好的关系，都很随意。每个员工在和乐高以外的人谈论乐高时，都会很自然地使用"我们"一词。当然，公司也需要适当的纪律，乐高内部也有等级，我们需要雇员遵守游戏规则。但在日常生活中，我们要像我爷爷那样，永远记得人和人之间要亲近，在玩耍时要表现出人之为人的天性。

奥莱·柯克于1958年去世。在那时以及随后的几年里，虽然乐高从未试图干预员工的宗教信仰，但是宗教在乐高的日常管理中仍然扮演着重要的角色。在 20 世纪 50 年代中期，对于乐高可能雇用的员工，奥莱·柯克或哥特弗雷德都会询问或调查他的宗教信仰。每一份工作申请的处理过程都会涉及是否信奉基督教，其中一个例子就是会计奥尔拉·约根森。

奥尔拉在 1948 年被乐高雇用，许多年之后，乐高在庆祝四十周年纪念日的时候，他仍在为乐高效力。在如此长的时间里，他一直是哥特弗雷德最信任的员工之一。最初，奥尔拉·约根森被《基督教日报》上一则名为《诚招信仰虔诚的会计员》的招聘广告吸引了，他很快做出回应。他当时是哥本哈根北部城市赫斯霍尔姆（Hørsholm）一家杂货店的记账员，柯克·克里斯蒂安森一家碰巧在那里有一些亲戚。有一天，亲戚收到了奥莱·柯克和哥特弗雷德的来信，询问约根森的情况，尤其是询问了他的精神信仰。"约根森在追求主的道路上热心吗？大家认为他是一个有坚定信仰的人吗？"约根森正是这样一个人。于是，他得到了那份工作。

在 20 世纪 40 年代和 50 年代，乐高工厂的社区生活十分多样，包

奥莱·柯克和苏菲驱车在丹麦到处出差。图片系私人收藏。

括夏季短途旅行、圣诞派对和忏悔节娱乐活动。其中，社区生活的一个固定特点是定期举行清晨教堂礼拜仪式。这是奥莱·柯克在1952年创立的规矩，当时，乐高的全新演讲厅首次开放。七点半，短促的铃声响起后，所有想参加礼拜仪式的员工都聚集到大厅里，聆听来自神的话语，唱一两首赞美诗。奥莱·柯克斥资出版了名为《天家音调》（*Hjemlandstoner*）的歌曲集。这本书封面用华丽的蓝色皮革装订，封面上印着"比隆乐高"（LEGO Billund）的金色字样。他还买了一架钢琴，为清晨灵修唱赞美诗增添了伴奏，好让大家唱得更起劲，节奏也更准。他和苏菲以及四个儿子和儿媳们经常参与其中。

> 克伊尔德：清晨的礼拜仪式一直持续到我十三四岁的时候。在20世纪50年代一个普通的清晨，很容易就能看到有七八十名员工唱赞美诗，念主祷词。整个过程大概要持续二十分钟，然后这些员工就去上班，每个人都回到自己的部门和工作岗位上。20世纪60年代初，乐高的第一位人事经理（顺便说一下，他以前是一名牧师）终止了清晨例行的礼拜仪式。他认为，在现代工厂里举行宗教仪式的时代已经过去了。那时，来参加礼拜仪式的人越来越少，而且来的人可能也有许多不是真的情愿来参加。

奥莱·柯克·克里斯蒂安森对文字从来不感兴趣。这一点不同于他的儿孙们。他们更愿意把自己的目标写下来，即他们想要人们如何玩乐高产品。但是，奥莱·柯克对儿童需求的尊重永远蕴含在公司名字的起源之中，即意思是"玩得好"的丹麦语"leg godt"，此外也蕴含在关于他的许多故事之中。在这些故事中，奥莱·柯克在孩子身上发现了发自天然的快乐，他总是忍不住要给孩子们玩具玩。

其中一个故事发生在1952年夏天，当时苏菲和奥莱·柯克驱车去西兰岛旅行。一天，在科尔瑟（Korsør）前往斯凯尔斯科尔（Skælskør）的路上，他们在一个名叫伯斯伦德（Boeslunde）的村庄附近停了下来。一位妇女在附近的萝卜地里除草，旁边跟着两个小男孩。她的名字叫奥托明·安德森（Ottomine Andersen），住在附近一个叫"利"（Ly）的农场中。她总是带着儿子们去野外。因为作为母亲，奥托明觉得孩子们小时候需要和父母在一起。

1952年夏日的一天，当一辆豪华的大汽车停在田野的一端时，她正在给在萝卜丛中玩耍的约翰和尼尔斯唱歌。一个年长的男人从车里出来，环顾四周，然后突然走进了田野，朝着奥托明和她的孩子们走去。他停顿了一下，说道："看到一个母亲在这么热的天气里辛勤劳作，还能唱歌，真是太好了！"

奥托明回答说，对男孩子来说，给他们唱歌会让时间过得快一点。对她来说，唱起歌来，干活儿的时间也过得更快了。那人点点头，笑了笑，然后回到车那边。他打开后备厢，两手各拿着一个小圆盒子，折返了回来。盒子里各有一个旋转的陀螺，用手捏住陀螺旋转一下，陀螺就不停地旋转了起来。

"孩子们，你们无聊吗？来，给你们，现在你们每个人都有一个陀螺可以玩了！如果有人问你从哪儿弄来的，就说是我送的。我住在日德兰半岛的一个叫'比隆'的小镇上，我开始用塑料做玩具了。我制作的玩具名字叫'乐高'。"

许多年后的1975年，成年后的尼尔斯带着他的孩子们去了乐高乐园（LEGOLAND）。他随身带着当年的那只陀螺，是那个好心人送给他的。此时，担任乐高总经理的是那位好心人的儿子哥特弗雷德。但不巧,那天哥特弗雷德刚好不在乐高乐园,所以尼尔斯没能见到他,只好回了西兰岛。他年迈的母亲奥托明·安德森写了一封长信寄给哥特弗雷德,在信中她讲述了整个故事,在信的结尾她写道:"我知道那个人已经不在了。但是,在我们的心目中,之所以永远铭记他,不是因为他是一款著名玩具的了不起的缔造者,而是因为他是一个热爱儿童的单纯的热心人。我们永远记得,在很久之前的一个炎热的夏日,我们遇见了他。我们永远怀念他。"

乐高创始人去世后仅四个月,乐高在比隆召开了由各位董事和主要销售人员参加的首次国际营销会议。会议以一篇纪念奥莱·柯克的悼词开始。哥特弗雷德在悼词中说:"我父亲作为一名基督徒,所拥有的信仰从来不是狭隘的,他的信仰能够使他看到生活中的快乐和幸福。乐高就是在这个基础上建立的。"

乐高无可争议的领导人小心翼翼地避免在欢迎致辞中提及的问题,是乐高所有员工在乐高创始人去世以后所面临的问题:哥特弗雷德会不会改变路线,给公司同时生产木制玩具和塑料玩具的双线策略画上句号?正是平行生产这两种产品,在过去的十年定义了乐高的形象。

哥特弗雷德已经对这件事做了很多思考,并与股东圈子——他的家人们——就他对木制玩具部门的看法进行了讨论。他认为,木制玩具的生产在不久的未来会逐步减少,直至停止。无论哥特弗雷德的观点多么理性,无论他表达的方式多么圆滑,这一点都极其令听者心痛。乐高公司的历史是建立在奥莱·柯克以前从事的木工行业之上的。如果没有木制玩具,乐高就永远不会生产塑料积木和乐高玩乐系统。

此时，哥特弗雷德的弟弟格哈特发明了一种新型建筑玩具，名叫BILOfix。他现在已经准备好，要把BILOfix投放到玩具市场。这下子，问题进一步复杂化了。受英国经典钢件组合玩具品牌麦卡诺（Meccano）的启发，格哈特将木头和塑料组合成一个巧妙的原创玩具系统，该系统由带孔的木块和不同长度的木条组成，这些木条也有孔，不论是木块，还是木条，都用塑料螺钉和红色塑料螺母拧在一起。格哈特花了几年时间开发完成了这个崭新的乐高产品，当时刚获得专利不久。但是，哥特弗雷德显然有可能要放弃生产它。这件事，再加上其他的事情，证实了格哈特和他的兄长卡尔·乔治很早就有的一种感觉。

> 克伊尔德：尽管格哈特叔叔是木制玩具部门的生产主管，负责木制玩具在丹麦的所有销售工作，而卡尔·乔治伯伯是塑料玩具部门的主管，但是，这么多年来，他们两个人看得出我父亲对他们的依赖越来越少。爷爷去世后，我的叔叔和伯伯肯定谈过要从我父亲哥特弗雷德手中重新获得一些公司控制权，至少要在公司里有更多发言权。这些谈话谈到最后，我父亲一定是用那句话结尾的："不是你就是我！"
>
> 在那个时候，我父亲并不是很包容，他也没有真正站在他兄弟的角度考虑问题。我父亲只是痴迷于乐高玩乐系统！从1957年到1960年，他们疯狂地推动公司的成长和发展。他们召开了很多会议，其中一些会议并未邀请格哈特叔叔和卡尔·乔治伯伯参加。

这些分歧在奥莱·柯克死后变得更加严重，这可能也是他最不希望看到的事情。他给孩子们的遗产分为五等份，四个儿子和一个女儿，每人一份。乍一看，这似乎是一个公正和慈爱的决定，但这个决定最终令几个兄弟姐妹之间本就极为紧张的关系更为恶化，特别是格哈特和哥特弗雷德之间的关系。卡尔·乔治也觉得，他们父亲分配股份的方式意味着他们应该更多地参与公司的运营和重要的决策。而过去五年里，这些决策都是哥特弗雷德自己做的。

> 克伊尔德：爷爷在世的时候，我父亲对他说："我希望我们兄弟姐妹几个能平等地继承遗产，但要由我来负责公司的经营！"他后悔说了那段话，即希望与其他兄弟姐妹平等继承遗产的话，因为这最终意味着他的其他兄弟姐妹觉得乐高也是他们的公司，他们拥有的和他的一样多，尽管那时候我父亲已经掌管公司多年，并已经把乐高塑造成了20世纪50年代末的模样。
>
> 我父亲应该对我祖父说："您知道吗？我从小就在做这件事，我才是应该掌管公司并让公司向前发展的那个人。当然，我的兄弟姐妹也应该继承您的遗产，但也许他们获得的公司股份应该少一些，然后附加一些其他的财产作为弥补。"

对奥莱·柯克来说，孩子们所获得的遗产一定是公平的，他显然不认为他三个儿子之间的冲突是源于他在1950年所做的那个决定。当时哥特弗雷德刚满三十岁，在他三十岁生日那天，他被任命为乐高的董事总经理，职位高于他所有的兄弟。前文提过，这位被选中的儿子通过贺电收到了父亲的祝福，他的兄弟们也被父亲要求在贺电上签名："感谢你为公司所做的一切。今天（1950年8月7日，星期一），你被选为乐高玩具有限公司和柯克·克里斯蒂安森有限公司的初级董事总经理。我深信，你能尽自己所能，为乐高的利益而战！另，所附的经文选自《民数记》。"

奥莱·柯克在第二年继续表达了对哥特弗雷德明显的偏爱。那时，正逢奥莱·柯克六十岁生日。1951年4月7日，在庆祝活动进行的时候，人们在狮屋的客厅里拍了一张照片。后来，这张照片被放大装框，挂在墙上，这是乐高家族企业继承顺序的公开证明。照片中堆满了送给奥莱·柯克的礼物和鲜花。在这张照片的上方是乐高的创始人奥莱·柯克，在他下面的是哥特弗雷德，在最下面的是奥莱·柯克三岁的孙子克伊尔德。

然而，哥特弗雷德的晋升似乎并没有立即给他和其他兄弟的关系

1951年，在乐高创始人六十岁生日那天，乐高的父权继承链被永久地确定了下来：奥莱·柯克和他的儿子哥特弗雷德以及他的孙子克伊尔德。

带来压力。相反，在20世纪50年代上半叶，奥莱·柯克的四个儿子似乎非常互补，尤其是在工作上。约翰内斯、格哈特和卡尔·乔治都很乐意让哥特弗雷德来处理销售、行政和财务方面的事务，这样他们就可以在生产上施展他们的技术能力。他们四个每天都在一起工作，私下里也相处得很好，经常在一起度过周日和假期，夏天还会一起去瓦埃勒峡湾（Vejle Fjord）附近的维兹比约度假。在那里，他们每个人都在奥莱·柯克和苏菲的小屋附近建了一座度假小屋。

20世纪50年代下半叶，兄弟几人的关系变得紧张起来。他们之间的分歧不仅由于他们父亲的遗产及其对他们的影响，还由于一个事实——乐高突然从一家小型的家族工厂转变为一家雄心勃勃的国际出口企业。不仅如此，这些分歧还由于哥特弗雷德从一个穿着工作服的工头转变为一个穿着时尚西装的商人。哥特弗雷德后来曾经专门解释过他的想法。

> 哥特弗雷德：我的兄弟们觉得我被赋予了太多的职权。他们认为，在整件事情上，我们应该更平等一些。我们之间的合作出了问题，但是公司的业务却到了紧要关头——成立国外的销售公司、在比隆扩建等。乐高的出口额在增加。出于非常自然的原因，我的兄弟们对这一点并未产生什么影响。要改变这些事实并不容易，而一艘船不可能有三个船长。

乐高玩乐系统的产品开发和销售都在以极快的速度进行着。现在，该系统已在瑞士、荷兰、奥地利、葡萄牙、比利时和意大利销售。事情发展得很快。格哈特好几次警告他的兄弟哥特弗雷德说，他认为乐高增长的速度已经超出了他们的控制。1959年，格哈特在给哥特弗雷德的一封信中写到，乐高玩乐系统正在朝着一个不健康的方向发展，管理层计划生产的新产品太多了。相反，他们应该更经济实用地利用这些金点子。"我们需要确保我们不会让自己和零售商一口气吃得过多。就好像我们在大酒店开午餐会时，端上来的食物太多，这对我们没有任何好处。如果我们给使用乐高玩乐系统的人们吃得太多，情况就是一样的。"

对此，哥特弗雷德如何回答的我们不得而知。但是，以下这句话可能是他对一个乐高销售代表的回答，这一销售代表像格哈特一样，对乐高的爆炸性发展心存疑虑。"好吧，如果我们能同时扩张和巩固，那岂不是更好？"

在格哈特的信中，人们能感觉到他心有不甘，这是由于除了哥特弗雷德外的另几个兄弟在他们父亲所创建的公司里没有充分地被注意，也没有充分地被倾听。特别是在20世纪40年代，不只是奥莱·柯克想要约翰内斯、格哈特和卡尔·乔治在公司发挥更为积极的作用，哥特弗雷德也有如此期望。但是现在，只有哥特弗雷德一个人管理着这家公司。同时，格哈特创造的BILOfix销售火热，这样一来，格哈特的挫折感加剧了。

1958年11月，一家崭新的有限公司"乐高系统有限公司"（LEGO System A/S）成立。哥特弗雷德、格哈特和卡尔·乔治被选为董事会成员。三个月后，也就是1959年2月9日，在新公司的第一次董事会上，哥特弗雷德请他们二人对他准备的关于乐高未来发展动向的六页报告作一番评论。

该报告是一个清晰、完整的文档，是一份拟订好的重组总计划。格哈特将担任其中一家公司的总经理，而格哈特和卡尔·乔治将依据自己的能力分别担任木制玩具部门和塑料玩具部门的技术主管。从那时起，

这两张四兄弟的照片拍摄的时间间隔只有一年。在 1957 年的周年纪念上，他们兴高采烈地骑着木马。但在 1958 年春天，他们的父亲去世后，情况发生了变化，兄弟四人之间的关系不那么融洽了。

上图从左往右依次是：哥特弗雷德、约翰内斯、卡尔·乔治、格哈特。

下图从左往右依次是：格哈特、约翰内斯、哥特弗雷德、卡尔·乔治。

正如报告所说的那样,"他们二人会得到最大限度的发展,担负各自的责任,满足个人需求"。

该报告强调,"格哈特必须意识到他个人承担了很多责任,对他的要求很高"。在这份报告中,哥特弗雷德对兄弟们的语气有些高高在上,之所以让人感觉如此,可能是由于这份报告是法律文本。接下来有一段话,说卡尔·乔治暂时应该满足于做技术主管,这种语气变得更加明显:"目前不建议将工厂的主要管理工作交给卡尔·乔治,但希望从长远看,他能朝着这个目标努力。"

报告对哥特弗雷德自己是怎么安排的呢?根据这份报告,他担负的许多职责中的一部分将解除掉,但他也被任命为新母公司的董事总经理。该公司位于两个老公司的层级之上,留给格哈特和卡尔·乔治未来对乐高的控制权和影响力极其有限。在未来,木制玩具部门和塑料玩具部门所有的生产和财务问题都需要通过母公司和哥特弗雷德的批准。报告称,哥特弗雷德是拥有"全面行政控制权"的人。报告的结尾是这样写的:"诚然,是我们的父亲创建并开始经营这家公司。但同样确定的是,未来必须由我们自己创造。而这取决于我们在各自角色中的努力。允许每个人有主导权,自由发展,这种分工会给企业带来更多的支撑力量,并增强个人的满足感。如果董事会能同意并批准这份报告,这些想法便会实现。"

董事会确实同意了这些想法。因为正如苏菲·约根森后来解释的那样,"格哈特和卡尔·乔治都很清楚他们兄弟中谁熟悉出口和海外市场。事实上,他们并不介意这一点,但他们确实想拥有一定的决定权。"

但事情的实际发展并不像所计划的那样。1959年,哥特弗雷德提出的新架构面临着考验。当时的乐高仍在各方面取得进展,不仅是在出口和总收入方面有所进展,而且在新增海外销售公司、许可协议签订、注塑机购置和员工数量方面也有所发展。在短短两年的时间里，员工的数量从一百四十名激增至四百五十名。同时，BILOfix 在丹麦市场推出，并取得了巨大的成功。这一玩具系统被丹麦和国际的教育学家以及玩具专家捧上了天，因此，格哈特认为他的新玩具系统是理想的出口产品。他这么想自然是有道理的。

可是哥特弗雷德并不这么认为，他担心这款产品会冲淡公司对乐高玩乐系统的关注。同一家公司生产的两种不同的玩具系统会在外国零售商和顾客中造成混淆。两兄弟无法达成共识，但他们找到了一个折中方案。在未来，公司生产的所有与乐高玩乐系统无关的木制玩具和塑料玩具都将被冠以 BILOfix 的名称。

哥特弗雷德将如何处理这把"双刃剑"？我们一直没有找到答案。新年伊始，乐高又一次迎来了发展中的一个关口。

1959 年，格哈特·柯克·克里斯蒂安森（左二）和一些同事围坐在一张桌子旁，桌子上摆放着各种 BILOfix 的模型。第二年，BILOfix 在国内外都取得了巨大的成功。图片系私人收藏。

乐高玩具火车，1966年。

05

公司扩张

20 世纪 60 年代

1960年2月4日深夜，乐高的锅炉操作员前往工厂检查中央供暖系统，这套供暖系统是让上夜班的工人取暖用的。但是他首先看到的是从塑料玩具部对面一层楼窗户里冒出来的浓烟。他立即通知了格林斯泰德（Grindsted）、瓦德和瓦埃勒的消防站。在镇上居民的帮助下，锅炉操作员和夜班工人从锅炉房取出了大量易燃液体，运到安全地带。尽管比隆当时地面上还有积雪，道路很滑，但消防车还是很快赶到了。在黎明前，火势便得到了控制。

第二天，没有人能解释火灾是如何发生的，乐高的几名管理层人员都觉得臊得慌，因为保险公司负责火灾险种的一名工程师刚刚为乐高做过了年度火灾隐患检查。工程师的报告指出了木制玩具部门和塑料玩具部门存在一些安全隐患，其中还包括此前来检查的时候提出的一些问题。乐高在接受火灾隐患检查后紧接着发布的一份内部备忘录中提到：

> 工程师斯特芬森（Steffensen）认为，如果塑料玩具部门发生火灾，乐高就很难控制灾情，或者说是不可能控制灾情，这是因为乐高的工厂没有设置防火墙之类的东西，所以，他强烈建议——这不仅仅是为了乐高自己的利益——我们要非常小心，储备充足的消防安全设备，并保持这些设备状态良好。

幸运的是，这场火灾仅仅破坏了木制玩具部门和屋顶的某些部分。油漆车间和一间储藏室被大火烧毁了。这间储藏室中储存了许多木制玩具、几台机器和其他各种物品，总体损失约为二十五万克朗。哥特弗雷德当场决定，乐高需要自行配备消防车。次年，他们从瓦姆德鲁普（Vamdrup）消防站购买了一台二手的消防车。

火灾发生十天后，乐高系统有限公司召开了紧急股东大会，四兄弟

这场火灾并没有1924年、1926年和1942年的几场火灾那么大，破坏力也没有那么强。然而，这场火灾确实对乐高未来的生产和所有权产生了至关重要的影响。

和苏菲以及新聘用的总监索伦·奥尔森（Søren Olsen）出席了会议。哥特弗雷德事先准备了一份声明，宣布现在要关闭木制玩具部，公司未来将只专注于乐高玩乐系统的业务。对此，他请求董事会予以支持。

自火灾发生以来，所有公司事务都经过了审查，并且正如哥特弗雷德报告中所写的那样："乐高已经得出了结论"——将精力集中在乐高玩乐系统上会产生最大的效益。关闭木制玩具部门，会给塑料玩具部门带来更大的发展空间。此外，木制玩具部门的负责人格哈特，也能够把他的全部力气用在乐高玩乐系统上。那个刚刚投入生产的BILOfix，此时卖得很好，但在报告中，这款产品只是被称为"那个东西"，而且提及它的时候用的是过去时。

哥特弗雷德：原本，董事会成员格哈特·柯克·克里斯蒂安森的任务是专门负责木制玩具部门，使其达到最高的效益。格哈特后来创造出了一种具有出口潜力的BILOfix系列产品。并且，格哈特通过重组业务，使木制玩具部门有可能继续向前迈进一步。然而，这将不可避免地导致公司之间存在一定程度的竞争。这将意味着，为了外部客户的利益，我们将不得不把工厂和乐高的名称分开。

意料之中，两兄弟之间的争执以1961年春天格哈特愤怒辞职而告终。当时，哥特弗雷德把格哈特和卡尔·乔治的股份全部买了过来，不过在购买股份之前，他跟二人表示，他愿意把自己在家族企业所占的股份分给他们一部分。哥特弗雷德后来解释说，格哈特和卡尔拒绝了他。"其实，我也理解他们为什么不想照我说的做。因为那样的话，他们仍然会被排除在公司高层的决策之外。最终的解决办法，还是以我买下了他们的股票而告终。当时，股票的价格是非常高的。"

克伊尔德：即使是在火灾之后，格哈特叔叔仍然认为，继续生产乐高木制玩具才是明智之举。对乐高和格哈特叔叔自己来说，BILOfix似乎是一项崭新的成功。结果，此时我父亲走过来说："咱们不要再为BILOfix操心了！"这可能是格哈特叔叔和卡尔·乔治伯伯都退出了公司的主要原因。约翰内斯伯伯没有参与他们兄弟间的纷争，他留在了比隆，仍然和我父亲在一起，还是开那辆大卡车，在比隆和霍恩韦施泰特之间来回穿梭。我不知道格哈特叔叔和卡尔·乔治伯伯在把股份卖给我父亲并搬到科灵的时候拿到了多少钱，但他们肯定都有足兄弟之间的分歧最终导致他们分道扬镳。1961 年 4 月，《维勒安特斯民报》（*Vejle Amts Folkeblad*）宣布，格哈特和卡尔·乔治决定各自创立自己的公司。他们都搬到了科灵，而约翰内斯与哥特弗雷德则留在了比隆。
图片来自斯克芬斯克媒体公司《维勒安特斯民报》。

够的钱，使他们都能新建各自的企业。格哈特叔叔继续生产BILOfix，开始几年也很成功，另外他还建立了一家玩具连锁商店。而卡尔·乔治伯伯开了一家塑料厂。对所有涉及其中的人来说，这都是一次痛苦的分手。此后，他们兄弟四人历经了二十多年才恢复到了以往融洽的关系。但他们再也没有像我爷爷在世时那样真正亲密无间地团结在一起。

在战后的十年里，奥莱·柯克和他的四个儿子负责乐高的日常运营，只与奥尔拉·约根森等少数几个常任的销售代表一起经营。20世纪50年代下半叶和60年代初，一群新面孔来到了"乐高系统屋"（System House），加入乐高。乐高系统屋是乐高采用模块化设计，在比隆主街和系统街的街角上建造的一座时髦的新型行政楼。[1]

这些新面孔包括负责营销的赫尔格·托珀（Helge Torpe）、负责法务的奥莱·尼尔森（Ole Nielsen）、负责广告业务的亨宁·古尔德、负责销售的阿恩·博德克（Arne Bødtker）和负责组织人事的索伦·奥尔森。与奥莱·柯克和他的儿子们不同的是，这些新员工都是经验丰富的职业经理人，来自丹麦商业社会的各个领域。

换句话说，乐高的管理模式发生了巨大转变。哥特弗雷德尤其期待新面孔的到来。这些新员工都很熟悉新的现代公司典型的规则以及商业文化等。作为总经理和公司所有者，哥特弗雷德可以每天与这些新员工进行协商，向他们寻求建议，并从他们那里获得灵感。与此同时，他最

---

[1] 乐高系统屋的原形为位于丹麦比隆乐高创意屋（Idea House）边的一栋办公建筑，于1958年9月12日正式启用，当时开幕的场景十分盛大，有丹麦、瑞典、瑞士、德国、比利时、意大利、挪威、奥地利、冰岛以及荷兰十个国家的代表出席了这场盛典。——译者注

忠诚的高级员工奥尔拉·约根森在做了十年会计工作后，现已升职，被赋予了代表公司行事的权力。

> 克伊尔德：奥尔拉·约根森是20世纪50年代和60年代我父亲大力发展公司阶段的关键人物之一。在我出生后不久，奥尔拉就被乐高公司聘用了。我记得他在我的任职确认仪式上发表了演讲。他说他自己入职那天是坐"猪"来的。那时，人们把瓦埃勒和格林斯泰德之间的本地火车称为"猪"。他还对我说，我是坐"鹳"来的。他每天报告乐高的财务状况，确保我父亲始终了解公司运营的最新情况，这些财务报告是我父亲做决策的基础。其中一些新任经理比较自负，他们之间经常爆发争吵。我觉得这对我父亲来说是一种制衡。比方说，对于分别来自德国和丹麦的经理，我父亲会评估他们所说的话的权重分别是多少。我父亲知道，为了让企业充满活力，不断发展，企业内需要形成这种争做开拓者的氛围，而争执是不得不付出的代价。

哥特弗雷德对许多高级管理人员都有很高的要求。乐高期望自己的高级管理人员都能行动果断，抓住主动权，并且不怕失败。这几乎是乐高不断发展的人事政策中不变的一条基本法则。哥特弗雷德后来在一次采访中解释说，他是从家庭内的对话中，学到了人事管理的首要原则。"我父亲是个很棒的老师，他总是思想活跃、积极主动。我小时候做事谨慎，而父亲总是对我说：'放手去做吧！'我从中学到了很多。因此，我喜欢那些工作积极主动的人。如果有员工犯了错，我通常会先祝贺他们，因为此时，他们能从中学到一些东西。"

哥特弗雷德要求员工熟悉并完全接纳乐高玩乐系统背后的理念，他还四处招募那些能够激励下属的管理人员。在1960年前后的一次管理会议上，哥特弗雷德用他典型的口吻发表了鼓舞士气的演说。

> 哥特弗雷德：我们只需要那些知道如何正确激励员工，并且能够把问题摆在员工面前的管理者。管理者的工作就是把这种精神传递给公司的所有层级。我们的管理者必须真正优先理解这一点，并且有能力进一步发展这种精神，这对公司的未来至关重要。

一位跟哥特弗雷德关系密切的忠诚、敬业的管理人员就深受这位领导者的启发。后来，这个人写了一本商业书，书中的部分内容就是关于他在乐高管理团队学到的东西。我们所说的这个人叫赫尔格·托珀，他于1958年受雇于乐高，搬到比隆。他专门处理销售业务、市场营销和其他商业活动。托珀逐渐认识到，他的老板考虑事情通常单刀直入，逻辑分明。他鼓励下属与自己对话，并优先采取果断行动。乐高的总经理和所有者哥特弗雷德与赫尔格·托珀在丹麦见过的其他任何高层都不一样。

> 赫尔格·托珀：在公司扩张的年代与整个20世纪60年代，哥特弗雷德领导乐高公司的方式与日本企业的管理方式极为相似。他不是那种专制的公司领导，专制的领导总是简单地提出一些清晰、具体的准则，并要求每个人都必须遵守这些准则。

相反，哥特弗雷德不断地提出各种建议。他不断地向员工提问。他想让员工作出回答。

克伊尔德：我父亲改变了他的领导风格和处事方法，为的是在与员工相处时和他们的思想步调保持一致。不仅是在比隆的公司中，在海外的公司中也是这样。在海外公司里，我父亲有着像德国的阿克塞尔·汤姆森和瑞士的约翰·谢德格尔（John Scheidegger）这样相当亲密的朋友。在某些领域，我父亲并不能算是一个很好的领导者。例如，他有时候意气用事，有时过于专注于当时对他来说最重要的事情。遇到这样的情况，其他人就很难把想法传递给他。他有时也很偏心，偏爱某些员工，而对其他员工则略显冷淡。我想很多人都注意到了这一点。然而，他非常擅长的一件事是，为乐高引进高素质、有能力的员工。这些员工对公司的发展产生了巨大的影响。

1960年2月的火灾前不久，五十三岁的索伦·奥尔森被乐高公司聘为总监，并很快地参与到了公司大规模的生产重组中。在整个20世纪60年代和70年代早期，他在传播乐高精神和社区意识中扮演了极为重要的角色。奥尔森曾经担任比耶灵布罗锯木和家具厂（Bjerringbro Sawmill and Furniture Factory）的管理高层。人们认为奥尔森是一个具有广泛技能和知识基础的激进分子，从合理化、生产管理和人事政策到心理学、哲学和艺术等领域，他都有所涉猎。简而言之，奥尔森在人事领域有专长。该领域后来被称为"人力资源管理"，但在1960年，该领域还只是一个模糊的概念。

哥特弗雷德之所以如此渴望聘用奥尔森，是因为奥尔森所具有的专业知识，另外，当时乐高也正在经历很多成长烦恼，这二者是主要原因。在过去的三年里，乐高营业额增长了九倍。在比隆，员工人数不断增加，工厂和管理层的人员背景复杂。这意味着员工太多，而员工得到的信息和指导则太少，而且，员工在承担的角色和责任上经常出现冲突。

能说会道的索伦·奥尔森为乐高引入了许多新概念和术语，其中最重要的一个术语就是"人事政策"。在接下来的十年里，奥尔森制定了一份文件，这份文件详细描述了这一术语的含义。奥尔森利用了他在内省布道会的信仰背景和他与柯克·克里斯蒂安森家族多年的友谊，承担了一项艰巨的任务。那就是，他需要提醒员工记住作为公司根基的乐高价值观和文化基础，无论是新员工还是老员工，都要做到。多才多艺的奥尔森还以最平常的语言向工厂的工人解释，他们不需要害怕"合理化"这个词，因为"奥尔森说过，如果做得好，你会意识到'合理化'一词实际上就是指'常识'"。

索伦·奥尔森提出了乐高的第一项人力资源政策。在比隆工作的十三年里，奥尔森对乐高的企业文化产生了重大影响。奥尔森定期为员工杂志供稿，他写的文章富含哲思。他一直身体力行，践行乐高精神。1982年去世前不久，他还写信给伊迪丝和哥特弗雷德说："才华横溢之人必须像守财奴一样吝啬，同时也要像国王一样奢侈。"

这是索伦·奥尔森首次涉足玩具行业，也正因如此，在哥特弗雷德招聘管理人员时，奥尔森的这一特质最受哥特弗雷德看重。哥特弗雷德在后来的一次采访中解释说："我们尽可能不雇用业内人士，因为他们通常受到这个行业的传统的束缚，这会阻碍乐高的发展。"

奥尔森的受聘过程是典型的哥特弗雷德模式。首先，奥尔森会跟面试他的人进行长时间的面对面交谈，随后，还要进行几次电话交谈。1959年夏天，奥尔森还与面试他的人进行了长达一个月的信件交流。也正是在这段时间，哥特弗雷德为奥尔森购入了一款全新的沃尔沃"亚马逊"型小汽车，作为公司用车。热爱汽车的哥特弗雷德在亲自试驾这辆每个人梦寐以求的沃尔沃"亚马逊"之后，为奥尔森选了一辆米色的。

奥尔森在20世纪70年代退休，退休时他回忆起自己十五年前加入乐高公司时，对公司是这么描述的：

> 当时，乐高公司内部根本没有正式的组织。没有人力资源部门，没有联络部门，没有劳保安全服务，生产过程也完全没有生产计划和库存管理。我们往往是在每周一讨论这一周要做什么，然后便做到了！整个过程非常灵活，也非常直接。而且，尽管明显缺乏制度体系，似乎也没有引起任何混乱。的确，这么做没有太大问题。我们一起讨论事情，一起努力工作，就这样，任务就都完成了，其间没有太多的繁文缛节。公司内部的交流几乎完全没有组织，没有科层制度，也没有纸张记录！

在自己被公司雇用，又经历了那场火灾，以及木制玩具部门被关闭几个月后，索伦·奥尔森在乐高公司二楼新餐厅的落成典礼上展示了他作为领导者的勇气。在长长的员工桌子的尽头，这位和蔼可亲、面带微笑的男人站了起来，此时工厂的员工对他的为人作风仍然一无所知。他对哥特弗雷德表示感谢，感谢他作为乐高公司的所有者，"愿意为员工提供如此美好的环境"。他感谢了交易人员、改造项目经理和餐厅经理。然后，奥尔森发表了一场生动的演讲。哥特弗雷德一直以来都希望不仅仅是他，也会有别人能发表这样的演讲。这是一个美好的、发自内心的呼吁，触动了员工的自豪感和社区归属感。每个员工走入食堂时都收到了两块塑料积木，它们象征的就是这种自豪感和归属感。

哥特弗雷德雄心万丈，乐高风靡欧洲，前景看起来风光无限。

哥特弗雷德：大家可能以为，自己对手里的有八个凸起的塑料积木非常了解，就像了解自己的手心和手背一样。但我想让你们再多看一眼。我想，大家可能并不清楚它们背后的秘密。这是世界上最精巧的玩具，这样的玩具将征服全球。想想看，有多少想法、研究、经验、成型工作和实验投入到这小小的塑料积木之中，才能使你手头的这个小小的塑料积木具有如此高的质量？乐高的整个业务，无论是在丹麦还是在海外，都是以这个小东西为基础的。这是我们所有乐高人每天赖以为生的东西。

但是，我们仍需向前迈进。比隆的乐高总部必须成为一个模范工厂，在未来的几年里，它将成为世界各地准备建立的乐高工厂的模板。这一计划是否成功，取决于我们每个人的努力。此时，我邀请诸位加入比隆这个大家庭，希望大家能通力协作，共创辉煌。

乐高公司的创始人，已故的奥莱·柯克·克里斯蒂安森先生给乐高工厂定下的座右铭是："只有最好的才足够好。"这个道理现在仍然成立，我们发展的同时，必须坚持这种理念。

哥特弗雷德在 1960 年将公司座右铭进行了升级："继续前进，力求更好。"

早在 1958 年秋，哥特弗雷德便开始把注意力转向全世界的英语国家和地区。正如他在乐高公司大会（LEGO A/S General Assembly）的年度报告中所说的那样："乐高在欧洲的成功极为亮眼，现在我们必须开发美国市场。"但这个提议中有几个重大的、尚未回答的问题，包括是否要寻找一家美国合作伙伴，或者未来对美国的出口是否应该经由英国。

乐高聘请了一名顾问，进行了各种调查和市场分析。这名顾问报告说，美国六千万儿童（从新生儿到十四岁儿童）的玩具消费量高，极具潜力。与此同时，乐高还在为清晰了解英国市场而努力，公司迫切希望了解在英国能找到哪些授权合作伙伴。英国是乐高在欧洲的第二大玩具市场。英国玩具市场还有其他优质的玩具品牌，如模型玩具品牌 Airfix、玩具品牌狗仔（Corgi）和钢件组合玩具品牌麦卡诺（Meccano），更不用说WB（William Britain），该品牌自1893年以来一直出产玩具兵人。

自从奥莱·柯克第一次拿到英国儿童玩具积木品牌Kiddicraft的塑料小积木以后，心里一直想着这种东西。哥特弗雷德梦想有一天在英国推出乐高玩乐系统。但他也从在丹麦专利局的调查中得知，希拉里·费舍尔·佩奇的原始专利可能仍然有效，这阻碍了乐高积木在英国的销售。

1958年12月，人们针对这项专利在谈判桌上展开了讨论。当时，考陶尔兹有限公司（Courtaulds Ltd）是一家拥有多个子公司、六万名员工的国际纺织公司，其子公司包括英国塞拉尼斯公司（British Celanese）等，该公司对与乐高展开合作表现出极大的兴趣。谈判台上，考陶尔兹有限公司想把位于雷克瑟姆（Wrexham）的英国塞拉尼斯公司转型为专门生产塑料玩具，于是选择了丹麦的乐高玩乐系统作为合适的投资产品。

但是谈判一直拖到1959年春天，主要是因为乐高态度还不确定。他们尚未决定应该选择授权交易，还是尝试自己出口产品。趁着哥特弗雷德和他最亲密的伙伴们踌躇之际，考陶尔兹有限公司请英国律师审查了希拉里·费舍尔·佩奇及其公司Kiddicraft的专利问题。英国人最终选择了乐高，这在很大程度上是因为乐高在1958年对塑料积木进行了进一步的原创开发，在塑料积木内部增加了三个连接管，提高了塑料积木的接合力。

不过哥特弗雷德仍在犹豫。现在是进军庞大的英语国家市场的最佳时机吗？乐高在历经了历史上最为危险的扩张时期之后，难道不应该花点时间来喘口气，巩固并专注于自己已经拥有的市场吗？然而，哥特弗雷德的顾问们却毫不含糊地在一份备忘录中写道："像考陶尔兹有限公司这样规模巨大、前景乐观的公司并非俯拾皆是。"

考陶尔兹有限公司是一家拥有巨额资本的大公司，也是一家具有丰富产业经验的国际公司。考陶尔兹有限公司可能是乐高宝贵的盟友，不仅在英国，在澳大利亚、爱尔兰等国家和中国香港地区也是如此。也许——谁知道呢——这可能是一张进军美国的黄金入场券。

哥特弗雷德再一次证明了自己是一个实干家。他趁热打铁，在7月成立了一家销售公司——英国乐高有限公司。乐高与考陶尔兹有限公司签订了授权交易的合同，授权该公司在雷克瑟姆的工厂生产乐高塑料玩具。1960年1月，乐高首次在英国布莱顿的年度玩具展上亮相。

销售从一开始就很强劲，乐高与考陶尔兹有限公司之间的合作也进展顺利。仅仅一年后，也就是1961年，乐高也找到了进军北美市场的办法。乐高与新秀丽公司（Samsonite Corp.）达成了一项协议。新秀丽以时尚行李箱、化妆包和公文包等产品而闻名于世，这些产品皆由硬塑料制成。

然而，两家的合作关系虽然开端良好，但并未取得巨大反响。哥特弗雷德后来总结说："与新秀丽合作并不是一个好主意，这是因为新秀丽的主要兴趣在另一领域，它非常擅长箱包。"事实证明，新秀丽非常善于达成利润可观的交易，其中一项与乐高签订的协议意味着，这家美国公司能够在美国市场上拥有九十九年的独家生产和销售乐高玩具的权力，交换条件是向丹麦的乐高公司支付特许权使用费。十年后，乐高为了摆脱这份合同的约束，最终在财务上承受了巨大的打击，才终结了与这家箱包公司的合作关系。

> 克伊尔德：当初说服我父亲，允许这家箱包公司获得在美国市场生产和销售乐高积木的许可的，是乐高在瑞士公司的

总监约翰·谢德格尔，他曾在新秀丽工作。这份协议不仅代价高昂，而且对乐高来说，退出该协议也很困难，因为合作没有像乐高在 20 世纪 60 年代所希望的那样进展顺利。合同规定的合作期限非常长，而且几乎无法通过协商来撤销。签署这样一份糟糕的协议，并不像我父亲的做事风格。然而，虽然乐高当时在整个欧洲的扩张非常迅速，但我父亲定是以为，在北美大陆这样的地区建立一个独立的公司手续会十分复杂，也无比艰难。在当时来看，北美距离欧洲太遥远了。"无论要乐高付出什么代价，必须找一家合作伙伴，在美国助乐高一臂之力！"

然而，1962 年，乐高与新秀丽在美国的冒险之旅看起来依然前景光明。当年 3 月，在纽约举行的大型乐高展的开幕式上，乐高玩乐系统正式在美国推出。有一张照片记录下了这一幕。从照片中我们能看出后来事情发展的一些端倪。一个矮个子丹麦人咧着嘴笑着，站在一对乐高积木摩天大楼之间的小房子上，保持身体的平衡，以展示乐高玩具的承重能力。在这名丹麦人身后的墙上，用加粗字体写着几个大字："乐高终于进入美国"。维京人终于来了，美国的媒体成群结队地前来观看这一幕。来自多家报纸和电视频道的三四十名记者报道了这次活动，第二天《纽约时报》（*The New York Times*）一整个背版都是关于乐高的新闻。与此同时，哥特弗雷德给乐高公司在丹麦的资金总后台——瓦埃勒银行的总经理写了一封信，向他讲述相关的报道。

一年前，在与新秀丽签署合同之前，哥特弗雷德和他的法律顾问奥勒·尼尔森去了芝加哥，消除了一个严重的障碍：美国玩具品牌 ELGO。自 1947 年以来，该品牌就以其"美国塑料积木"（American Plastic Bricks）闻名。在外观和质量上，该品牌的玩具与 Kiddicraft 公司的积木

1961年，乐高和哥特弗雷德在曼哈顿。

和乐高第一版积木玩具极为相似。在20世纪50年代，美国的这个品牌的塑料积木在美国市场上以盒装和罐装的形式出售。此外，ELGO在20世纪50年代的前期和中期也开始搞一项重要的营销活动——"规划和建设你自己的城市"，也包括五颜六色的街道和城镇规划图，看了让人不禁会联想起乐高自1955年以来推出的"市镇规划"玩具。

ELGO这个名字并不是从山寨LEGO而来，而是该公司所有者哈罗德·埃利奥特（Harold Elliot）和塞缪尔·戈斯（Samuel Goss）各自姓氏的前两个字母拼合而成。他们从1941年开始就用ELGO的名字销售玩具，这比丹麦以外的人们听说过乐高这个名字要早得多。但是，哥特弗雷德觉得这两家玩具公司的名字很容易让人混淆，而且出于多方面的原因，这两家玩具公司不幸在美国市场上成了对手。哥特弗雷德在芝加哥的一家酒店会见了拥有ELGO商标使用权的Halsam玩具公司的代表。哥特弗雷德后来解释说，这家美国公司出售商标的最初要价是二十五万美元，相当于现在的三百多万美元。谈判进展缓慢，但经过一夜的谈判，丹麦人最终把金额压到了二点五万美元。不过，美国人要求拿到现钱，不然就拒绝签署任何协议。在 1961 年，一下子拿出二万五千美元可不容易办到。这是因为，作为一名在海外的丹麦人，你不可能随便跑到附近的银行取出那么一大笔钱，也不能从国内转账，丹麦有货币兑换限制政策。

情况非常急迫。哥特弗雷德先是给瓦埃勒银行的总经理霍尔姆打了电话，他比任何人都清楚，丹麦的货币管制政策非常缺乏灵活性。接下来，他又打电话给乐高公司在瑞士的总监约翰·谢德格尔。瑞士的银行系统更灵活一些，约翰·谢德格尔托了关系，给哥特弗雷德电汇去二点五万美元，扫除了乐高进入美国市场的一个主要障碍。

随着国际化进程的加快，乐高家族很快在日本、摩洛哥、美国、加拿大、澳大利亚、新加坡等国家和中国香港地区站稳了脚跟。比隆的居民注意到，"乐高系统屋"里召开的会议越来越频繁。开会的时候，屋顶上就会挂上各国国旗，而且与会者所说的语言也五花八门，很多都是格莱尼教区的人们从未听过的。

乐高的主人哥特弗雷德发现很难应对这种场面。哥特弗雷德在一次采访中说："上学的时候，我连丹麦语都说得不好。"他还解释说，他身边总是有会说多种语言的员工，语言上的困难有时会成为他的优势。参加重要的海外谈判的时候，沟通缓慢反而会给哥特弗雷德一点额外的时间来思考并做出决策。

后来，哥特弗雷德与英国的考陶尔兹有限公司建立了卓有成效的合作关系，并与乐高在英国的几位管理者建立了友谊，这使哥特弗雷德有机会重返校园。1962 年，史汀生先生在雷克瑟姆举办了一系列长期集中的语言课程。乐高一名负责联络的秘书说,对于在威尔士的雷克瑟姆参加两到三周的英语水平提高课程,乐高的总经理哥特弗雷德特别感兴趣。不过,遗憾的是他那段时间要忙着去美国,所以,他会在来年春天的某段时间再试试能否参加。但是,这个提议就此搁置了。

> 克伊尔德:我父亲上学的时候从来没有学过外语,他也不会说英语,不过他后来确实学过一点德语,只不过没法用德语进行对话。我父亲常常拿外语差这一点来开玩笑。但在他必须发表演讲时,他会先用英语或德语说上两句,然后再改回丹麦语。所以说,在比隆开国际会议的时候,轮到他讲话,时间就会拖得很长。有时候,一些来自海外的经理既不会说英语也不会说德语。在与会者的身后,会有三到四名专业的口译员和同声传译员。

随着乐高变得更加国际化,公司需要有能够处理往来信件或是管理合同等事务的员工。1958年,乐高雇用了第一批新员工。新员工的宿舍建在哥特弗雷德和伊迪丝家花园的尽头,后来,人们把这个宿舍称作"Jomfruburet"。这是一个比较旧的丹麦词语,字面意思是"女佣的笼子",但没有恶意,通常用来指"年轻未婚女性的房间"。建这所宿舍,目的是给讲英语、德语和法语的年轻女员工提供住宿,她们几个人合住一个房间,每人每月交九十克朗的租金。

> 克伊尔德:我父亲是这样想的,显然,不能让她们住到镇上或附近的人家里,而是应该给她们在靠近乐高系统屋的地方准备好住处。因为,白天的时候,乐高需要她们做大量的工

作，处理来自世界各地的信件。第一批从奥胡斯商学院来到比隆的秘书有两个人，一个叫英格·埃拜（Inge Eybye），另一个叫莉丝贝特·埃勒斯（Lisbeth Ehlers）。那个时候，我们在公司里称呼对方一般不那么正式，会直接称呼他们的姓氏。所以我管这两名秘书一个叫"埃拜"，而不是直呼其名为"英格"；另一个叫"埃勒斯"，而不是"莉丝贝特"。

从哥特弗雷德的出口冒险之旅开始，他的计划便是建立一个组织，将海外销售部门聚集在一起，形成一个根植于比隆的家庭式机构。这一想法意味着，海外销售部门与丹麦的母公司都是按照同样的原则行事，只不过，每一个国家的销售部门都要适应所在国家各不相同的情况。丹麦团队中的人为了不打击他们的主动性和积极性，一般不会干涉海外管理者的工作。这成了一项基本的、全球性的管理原则。用哥特弗雷德的话来说，就是"对外始终保持婉转通融，这样乐高既能统领全局，又不至于剥夺海外各国管理者的责任与权力"。

该组织的核心是乐高玩乐系统，或者，用哥特弗雷德的话来说："我们乐高是一个大家庭。乐高会把创造玩具作为一生的事业，乐高玩具既有长期的潜力，也能够为孩子们的游戏和玩耍提供最佳机会。"大家也都认同这一观点。

乐高系统屋是这一全球业务的物理中心。在漫长而波澜壮阔的历史中，这座建筑曾是乐高总部，后来也曾用作比隆的市政厅，如今变成了对外开放的企业博物馆，展示乐高公司的发展史。乐高系统屋分两期建造，分别在1958年和1961年进行的。乐高系统屋位于比隆小镇一个很拥挤的角落，那里原本有一所房子，主人是当地的理发师，他拥有那所房子好多年了，起初拒绝把房产出售给"高高在上，权力无边"的乐高公司。1957年，奥莱·柯克还在世的时候，一家当地报纸津津有味地描述了这场旷日持久的地产争夺战。

> 比隆当地报纸：理发师的房子和后花园像个楔子，侵入了乐高的地块。此时，奥莱·柯克已经把周围的房产都收购过来了，而且他也提出，可以为这名理发师提供一座新别墅，带有中央供暖系统以及一个装修现代化的理发沙龙，以换取理发师的旧店。但是，理发师就是不肯卖！
>
> "我要让你知道，有些东西是钱买不到的，小奥莱！"理发师固执己见，而镇上的铁匠也站在他这边。既然如此，奥莱·柯克就想，是不是要在从乐高工厂到理发店的一侧修建一段围墙！
>
> 这名玩具制造商的脑海中不免出现了一个淘气的小声音："哼，现在我告诉你，我想要建一段围墙，这样一来，每当理发师要从街上往家里运煤的时候，都不得不穿过自家的房间和厨房，才能搬到屋后……"

1958年，乐高终于获准买下这块转角处的地皮，此后很多年，这个地方都是从比隆镇进入乐高工厂入口通道的标志建筑，即从比隆小镇到位于系统街的乐高工厂的入口。新修建的乐高系统屋是乐高在比隆的中心枢纽。哥特弗雷德如此评论乐高系统屋："在一定程度上，乐高系统屋是资深雇员及其下属获得灵感和指导的'老家'，思想的火花在这里聚集，并进行协调。"

乐高系统屋也是乐高公司管理人员和行政人员的办公室和会议室。这里还有所谓的"系统大厅"。系统大厅是一个装修雅致的现代化会议室，室内有一幅占据整面墙的世界地图，象征了乐高的全球战略雄心。那个时候，每年乐高的整个国际大家庭都会聚集在这里进行长达几天的建设性对话。这一惯例一直持续到20世纪70年代初。

> 克伊尔德：这是一个奇妙的空间。即使在那时，乐高的想法也很远大，目标也很明确：乐高要走出国门！乐高希望分公司遍布各地，由当地贤能之士运营。因为这些贤能之士接近当地市场，也极为了解当地市场。我们明确指出，不能仅仅跟从比隆派去的丹麦人合作，而是想与各国公民合作。起初，我父亲在乐高系统屋的角落里有一间漂亮的办公室，办公室一端有几张沙发，角落的窗户边有一张大桌子，从那里可以看到比隆的主要街道和工厂的景色。后来，他的办公场所搬到了楼上，办公室更大了，里面有一张会议桌，还有通往屋顶平台的通道。每次我去那里，都喜欢去屋顶平台玩。接待海外来宾时，我们就在屋顶平台升起各国国旗。每当有来自各国的经理人员首次来到比隆，他们便来到平台，升起本国国旗，这成了乐高的一大传统。有那么多国家的旗帜迎风飘扬，那景象真是壮观，就好像整个世界都来到了比隆一样！

大型会议中间还包括多场小型会议，有演讲、全体会议以及小组讨论，一群兢兢业业的管理者畅谈并倾听。而且，他们一个个都是烟鬼，一根接一根地不停抽烟。奥尔拉·约根森尤其记得清楚，对他人提出的新想法，这些管理者都特别有热情。"他们真的是充满开拓精神，而且不同民族的思维模式之间也很有凝聚力。"

20世纪60年代，乐高会议的一个重要作用就是加强这种社会共同

在乐高召开的一次会议。其间，乐高系统屋的屋顶上飘扬着各国国旗，就好像整个世界都来到了比隆一样！

"系统大厅"是一个大会议室，后墙上挂着一幅世界地图。乐高的第一次国际会议就是在这里举行的，这里的空气中回荡着各国语言发出的声音，混合着乐高管理者们抽雪茄和香烟的烟雾。

体意识。当不同国籍的管理者相互之间开始了解之后，就像在一个有血缘关系亲疏不同的大家庭里，多名远房表亲首次相聚一样。这些海外管理者的配偶也被邀请前往丹麦。当这些绅士（他们当时都称得上是"绅士"）在乐高重塑世界，让世界恢复正常的时候；当这些绅士在讨论"如何实现乐高潜力"的时候——哥特弗雷德喜欢这么说——这些女士（绅士的配偶），会在伊迪丝的陪同下前往奥胡斯，在市中心购物，或者去海湾乘帆船游览。在大会的最后一个晚上，所有的夫妇都会获邀参加鸡尾酒会，酒会在乐高家族由建筑师精心设计的单层豪宅里举行。这座豪宅拥有许多间的卧室和围绕中庭布置的四个大型客厅。

> 克伊尔德：我们的新房子是 1960 年 1 月建成的。新房坐落在旧房后面，由一条长长的车道连起来。那时候，比隆只有一家小旅馆，没有多少地方可以住宿。我们每年都会有很多外国嘉宾来比隆，但这家小旅馆不太上档次。所以我父亲就把家里的房子盖得很大，好让客人总是有地方过夜。这些客人既可能是来自德国的阿克塞尔·汤姆森、来自瑞士的约翰·谢德格尔，或来自瑞典的布鲁尔·奥斯贝格，也可能是其他海外的分销商和总监。他们会在我家住上一两天，所以从这个意义上说，他们不仅是乐高的一部分，也是我们整个家庭的一部分。这些经历都参与塑造了如今的我。我的意思是，十二三岁的时候，我只是一个旁观者，但我能在家里看到，也能听到很多东西。可以说，我是和公司一起长大的。并且，我认识了这些人，是他们推动乐高取得了不可思议的进步。

20世纪60年代初，乐高面临的主要挑战是如何掌控公司的内部事务。当时的乐高人具有很强的开拓精神，创新的想法从车间和办公室不断涌出。在乐高总部，随处可见乐高的发展和变化。为了在工厂和办公室里容纳更多的员工工作，乐高总部必须不断扩大。简而言之，所有的一切都在同时膨胀，很快我们就意识到，必须采取一些措施来阻止公司偏离轨道。索伦·奥尔森文笔很好，同时又是乐高的总监，对此他曾形象地打比方说："我们能让犁保持在犁沟中吗？"

哥特弗雷德使用的管理工具之一是一个沟通系统。这一沟通系统由各种不同颜色的 A4 文件夹组成，由哥特弗雷德分发给所有高层管理者。在哥特弗雷德的报告中，他解释说，这些措施的目的是"通过内部信息沟通来提高员工对企业的忠诚度"。这个沟通系统被命名为"乐高内部沟通系统"（LEGO Internal），这一沟通系统包含了所有来自管理高层最重要的信息和决策，以及演讲和讨论的摘要。

大约在相同的时间段里，哥特弗雷德又推出了一个论坛，他将其命名为"值得了解"（Worth Knowing）。这些在晚间进行的活动探讨了与工作、公司和乐高玩乐系统相关的问题，针对的是有一定级别的员工。这些员工需要参加讲座，观看电影放映，并参与其他形式的具有教育意义的活动，每月一次。

这样做的目的是增强企业凝聚力，让乐高不断壮大的中层管理群体能够更好地激励他们的团队。正如哥特弗雷德所说，如果乐高想创造高质量的产品，乐高的员工就需要理解乐高对员工提出的要求，乐高需要这样积极主动的员工。"在一个现代组织中，仅仅下达命令是不够的；接到命令的人必须明白为什么会接到这样的命令，以及为什么必须以特定的方式执行这些命令。"

"值得了解"论坛的核心是普及通识教育,非常符合大学层次的教育理念。尤其是当索伦·奥尔森负责这场晚间活动时,论坛的气氛更是热烈。他邀请了不同的人来做论坛的演讲嘉宾,其中有丹麦恒温器制造家族丹佛斯(Danfoss)的负责人,他来探讨组织结构的相关问题;也有当地警官奎斯特·瑟伦森(Qvist Sørensen),他在某个晚上到访比隆的乐高工厂,讨论市镇规划相关的问题。论坛的演讲人还有来自哥本哈根的心理学家斯特恩·赫格勒(Sten Hegeler),他给乐高的经理人讲授了玩耍对孩子的重要性等相关知识。还有一个晚上,论坛的演讲人是来自腓特烈西亚的牧师菲利普森(Philipsen)。他探讨的问题是:"神是否插手世上的一切事情?"1963年,瓦埃勒银行的高级职员斯特罗杰·瑟伦森(Strøjer Sørensen)有幸受邀,以题为《是金钱让世界运转吗?》(*Does Money Make the World Go Round?*)做演讲,结束了当年最后一季的"值得了解"论坛。

他的演讲题目本身就是个好问题,尤其对于哥特弗雷德来说,因为身为乐高公司的总经理和所有者,他连续八年来不断超越自我。1963年,乐高的总收入达到了令人目眩的程度——三千五百万克朗。乐高积木总是一上架就被抢购一空,特别是有些积木还配上了轮子。

1958年,模型制造商克努德·米尔斯(Knud Møller)发明了带有橡胶轮胎的二乘二螺柱车轮。这个创意后来被乐高收购,并投入生产。这款产品一经推出就大受欢迎。1970年,乐高又推出了齿轮,为所有梦想成为工程师或建筑工人的孩子提供了新的可能,制造出更精细的技术产品。

> 克伊尔德:我一直都很喜欢汽车。小时候,我做过无数不同类型的玩具车,特别是当乐高发明了自己的轮子,即乐高车

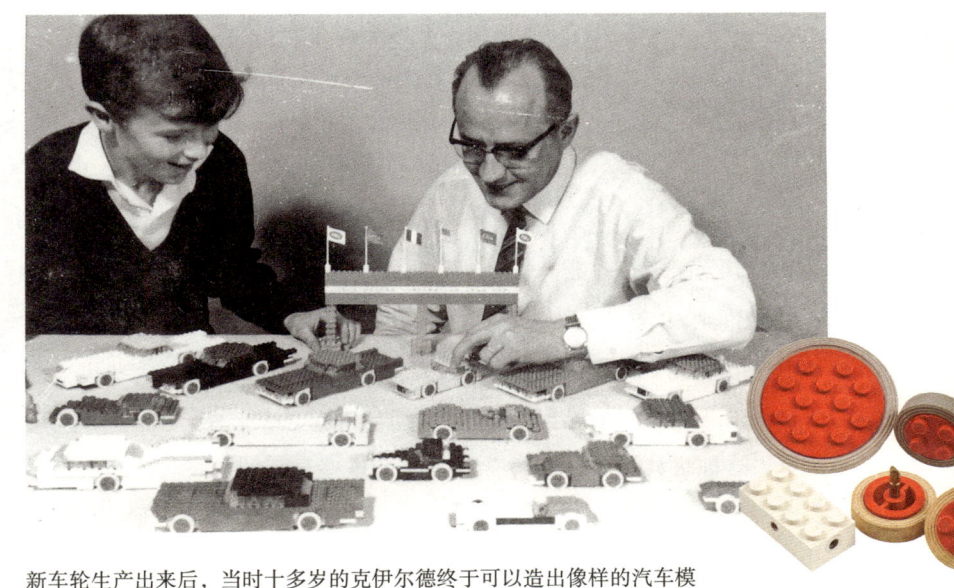

新车轮生产出来后，当时十多岁的克伊尔德终于可以造出像样的汽车模型了。"我为每一辆玩具汽车写了一些小故事，谈到了引擎的大小、车速的快慢等。我还为这些玩具汽车明码标价，这样人们便会想要买下这些玩具汽车了。"

轮后！我收藏有很多乐高车，我把我的藏品叫作"LECA"。这当然是"LEGO CARS"的缩写，意思是"乐高汽车"。而且我还给我的整个乐高车队准备了一个 LECA 车库。乐高车中有大型的美国轿车，也有小型的英国运动款汽车，还有我能想到的其他任何车型。乐高车轮取得了巨大的商业成功。1963 年，在此基础之上，乐高公司第一次开始销售玩具套装，里面还包括玩具说明书。一开始，成套的玩具都是非常小的装置，例如玩具卡车，这种玩具卡车可以借助卡车驾驶室顶部的把手来转动轮子。还有一套玩具套装是我设计的白色越野车。在那些日子里，我主要是设计组装大型玩具汽车。有了齿轮之后，我甚至可以为玩具汽车装配出整个变速箱，可以换挡，连汽缸都可以动。

20世纪60年代初，另外两款具有里程碑意义的乐高产品问世了。其中一个是缩尺模型（Scale Model）系列。这类玩具包含了一些更扁平的全新乐高元素，可以让玩具用户规划和建造更精细的玩具模型和玩具房屋。这种玩具的理念也同样激进——这些全新的白、灰、黑色乐高积木面向的潜在顾客是成年人。

另一件产品是Modulex。该产品由更小的积木构成，跟所谓的"模数协调"的标准化系统完全匹配。一块有凸起的积木每边长五毫米，该产品是为专业建筑行业设计的。之所以把它们设计得这么小，是考虑到这些小元素可以用来建造各种项目中那种非常精细的模型。

就像这一时期的许多其他活动和设计一样，这一提议来自坚持不懈的哥特弗雷德。他不仅希望吸引更多的成人业余爱好者参与到乐高玩乐系统之中，还希望说服建筑师、工程师、设计师和开发人员使用这些较小的乐高新元素作为建筑行业进行3D设计和规划的工具。此时，建筑行业正在发生深刻的转变。在20世纪50年代，随着简单、标准化的组件和模件的出现，建筑和老式构造方法发生了革命性的变化。这些组件和模件可以在工厂批量生产，然后在现场安装。

这种技术在实践中的一个例子是哥特弗雷德和伊迪丝超现代的白色单层豪宅。他们二人在1958年决定在系统街老房子后面的一大片土地上建造这座豪宅。当他们夫妻二人看着建筑师奥格·邦加德（Åge

Bundgård)绘图板上的各种想法进行思考时,哥特弗雷德有了一个主意。

> 克伊尔德:在建造过程之初,我父亲发现他无法用普通的乐高积木来搭建房子的模型,这让他很生气。这让他想到了一个用更小的积木组成的全新系统。这一系统可以让人们对一个潜在的项目进行精细的建模。这个想法在我父亲的脑海里不断细化,他想象着这个构想可以比乐高的玩具生意更具影响力。想象一下,如果乐高不仅能让建筑师和工程师使用这两种全新系统,还能让20世纪60年代早期的成年人都能用这两种全新的系统自主设计自己家的独立屋,会是什么样子?这对乐高来说将是一个巨大的新市场!

长这么大以来,哥特弗雷德从未有过如此激进的想法,也从未如此彻底地将他的关注点从乐高玩乐系统中转移出来,虽然他一直向乐高员工强调乐高玩乐系统的重要性。哥特弗雷德称他的自我愿景的基础和潜力为"乐高柱"(LEGO Column)。1959年,他在乐高系统屋的一次会议上首次向员工展示了一个分为四个步骤的开发过程。

第一步是大家熟悉的针对儿童的乐高玩乐系统。第二步是"把产品作为成人的一种爱好,在另一种尺度上加以改进和重新加工"。第三步是工程师、建筑师和建筑行业的其他专业人士。第四步是几乎能成为哲学形式上的一种解释世界的结构体系。哥特弗雷德解释说,玩乐高的人将推动全球的巨大转变,这不仅体现在我们构建和构造的方式上,也体现在我们身为人类这一物种的思维和行为方式上。这种全球转变几乎是沿着进化的路线进行的。

他的愿景是沿着儿时用塑料小积木玩的抽象游戏不断前进，一直延续到成人用规则的砖块和模件完成的具体的建筑工作。每一种设想都将现实和想象融合在了一起。哥特弗雷德先是在自己的脑海中想象到了这一切，然后向他的员工描述了这个概念的轮廓。"在未来，越来越多的房屋将完全按照乐高模块化系统的标准元件来建造，而无须在建筑工地投入大量劳动力。我们将利用到目前为止的所有经验，并通过系统研究，给人类带来其他人做梦都未曾想过的好东西。"

并不是会议桌上的所有员工都能跟得上哥特弗雷德的想法，他们无法想象乐高如何能够成为建筑行业常用的工具。但是哥特弗雷德在演讲

等比例的缩尺模型系列是一个雄心勃勃的尝试，将乐高积木带入了成人世界，让乐高爱好者、建模者、建筑师和工程师都能像哥特弗雷德和伊迪丝那样设计现代住宅。他们二人在1959年建造了自己的别墅。2014年，为了庆祝伊迪丝的九十岁生日，乐高公司的乐高建筑系列推出了一些名为"伊迪丝之家"（Edith's House）的限量版建筑玩具积木套装，专门用于赠送家人。请注意框中的使用者建议年龄：九十岁以上。

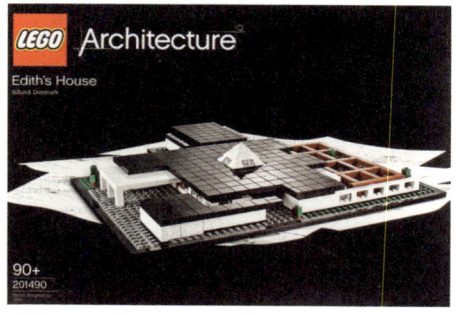

中提出的行动计划并不难理解。他的计划可以扩大乐高的受众，不仅仅是儿童、青少年和成人爱好者，还包括全球数以百万计的建筑行业的专业人士。

哥特弗雷德解释说，未来，如果成年人把乐高玩具当作一种爱好或工作，并且这些人还会把乐高积木送给他们的孩子，乐高公司的收入自然会大幅增加。一个在孩提时代就充满热情的人，成年后会本能地理解，富有想象力的高品质游戏同样可以适用于现实生活的构建。这个想法听起来很有经济前景。乐高德国公司的总监阿克塞尔·汤姆森在会上情不自禁地感慨道："我们可以成为玩具领域的统治者！"

有一段时间，哥特弗雷德展现给世人的是不知疲倦的企业家形象，他一心关注的是乐高玩乐系统针对成人而进一步开发的，涉及人类和社会等各个方面的产品。在乐高给资深员工的一份内部沟通文件中，哥特弗雷德将自己的企业家形象描述为一个渐进的演化过程。

> 哥特弗雷德：乐高的理念包含某种教化作用，即通过简单、适当、理性和完美的构建方法教化众人。对于一代伴随乐高玩乐系统长大的孩子来说，这个想法将不可避免地融入数百万人的潜意识之中："既然乐高玩乐系统可以让事情变得如此简单，为什么还要用困难的方式去做事呢？"

哥特弗雷德对这个"演化"概念非常有信心。1963年春，在乐高的高层会议上，人们讨论着容易引起混淆的两个不同方面。一方面是人们所熟悉的专为儿童打造的乐高产品，另一方面则是为成年爱好者和专业人士打造的两条不同产业线。哥特弗雷德评论道："我们不是一家玩具工厂，我们是一家有着特殊目标的乐高玩乐系统企业！"

> 克伊尔德：我们在1962年至1963年推出的成人乐高玩具套装（缩尺模型系列）并未取得多少成功。但是我父亲的总体理念——人们可以用更小的积木做更真实的东西——最终为面向儿童打造的乐高玩乐系统带来了极具价值的结果：这是一种又平又薄的新型积木，只有传统乐高积木的三分之一高，它们如今是乐高积木系统中极为重要的一部分。这种囊括乐高所有颜色的扁平积木很快为乐高提供了大量全新的且完全不同的可能性。我不禁发现，突然之间，人们可以用乐高积木建造更贴近现实的玩具飞机、玩具轮船、玩具汽车和玩具太空火箭，等等。甚至能做出玩具人造卫星、土星五号火箭，等等，不一而足！

Modulex在几年后退出了市场。1965年，哥特弗雷德想要变革建筑行业的想法也束之高阁。然而，哥特弗雷德的基本理念仍旧有效。他后来成立了MODULEX有限公司。该公司生产的较小的积木不再是建筑师的作业工具，而是发展成了模块化的标志和路标。

尽管哥特弗雷德有命令在先，让大家永远不要把注意力从乐高玩乐系统中移开，不过，带头无视这个命令的却是他本人——这是第一次，但绝不是最后一次。他不断冒出新想法，提出新倡议。哥特弗雷德就像是一台发电机，整天不停地工作，经常持续到深夜。然而，在他的家乡故土，即日德兰半岛之上，有一幢极具现代感的单层豪宅，里面住着对他日思夜想的家人。这座豪宅有着巨大的窗户、八间卧室、四间起居室、一间娱乐室、中庭、桑拿房和一间华丽的现代厨房。

十几岁的克伊尔德用乐高积木搭建了越来越大、越来越复杂的乐高系统。乐高积木 Scalextric 赛车轨道上增加了停靠站和站台。同时，乐高桥梁也演变为一个完整的工程系列。图片系私人收藏。

克伊尔德：在某种程度上，我父亲比我祖父更有野心。他满脑子都是"工作、工作、工作"。他经常在某个同事或其他什么人的陪同下回家。到家后，他们仍然要继续讨论，解决某些问题，然后客人不得不在我们家吃点东西。在多数情况下，我母亲根本不会提前得到通知。我父亲为人处世就是这个样子。他诚实坦率，且天真率直。回想起来，虽然他是我的父亲，但我俩以父子的身份在一起的时间并不多。他总是很忙，不是心不在焉，就是独自坐着，沉浸在自己的思考中。我能真正与他沟通的唯一方法就是让他看到我搭建的乐高积木。那时，他总是两眼放光，我们会交谈一会儿，他会问一些我的意见，比如我对 Scalextric 赛车轨道，以及在轨道周围用乐高积木搭建站台和停车位有什么看法。

1963 年，比隆的宣教屋举行了五十周年庆典。整个丹麦的内省布道会秘书斯特凡·奥特森（Stefan Ottesen），带着自己准备的礼物从哥本哈根远道而来。

在 20 世纪 60 年代，像丹麦的其他地方一样，比隆处于一种不断变化的状态，并被历史性的繁荣崛起所席卷。反过来说，这意味着，乐高已经变得越来越富有，并越来越脱离自己曾经不可动摇的宗教基础。企业的世俗化不仅是时代精神的表现，同样反映出，公司里来自全国各地的新员工增加了，而且公司也变得更加国际化了。

这种企业精神转变的前奏发生在 1960 年。当时，工会运动想要迫使乐高放弃奥莱·柯克与丹麦基督教联合会（Kristelig Dansk Fællesforbund,

简称 Krifa）之间签订的协议，并鼓励乐高员工组成一个联盟，隶属于丹麦工会联合会（Landsorganisationen）。自 20 世纪 30 年代以来，由于奥莱·柯克先前签订的协议，如果新雇员进入公司前还没有加入工会，就有责任加入丹麦基督教联合会。

在与工会谈判的最初阶段，乐高管理层试图坚持立场，以公司历史为依据为自己的立场辩护。乐高管理层指出，乐高与丹麦基督教联合会之间的联系对乐高创始人具有重要的象征意义。乐高管理层在同假想的威胁作战，他们老把事情往坏处想，认为乐高原有的企业精神的基础，即奥莱·柯克对基督教信仰的虔诚敬畏，正在面临崩溃。1960 年秋，乐高员工获得允许，有权选择他们想要加入的组织，结果大批人脱离了丹麦基督教联合会。

这是乐高的一个新时代。在"值得了解"论坛会议上，与会者通常会唱一两首乐高在内省布道会的赞美诗。但这样的会议举行的次数越来越少。最终，乐高决定终止每日的早祷仪式。矛盾的是，做出这一决定的是一位名叫古斯塔夫·A. 霍伊隆德（Gustav A. Højlund）的牧师。他在 1962 年被任命为乐高首位独立的人事主管，并很快意识到奥莱·柯克的早祷仪式已经快要面临终结了。

五十一岁的霍伊隆德有超过二十年在教堂布道的经验，而雇用霍伊隆德的决定正是由哥特弗雷德和索伦·奥尔森共同做出的。据乐高内部备忘录中记载，哥特弗雷德和奥尔森二人是在基督教会中认识霍伊隆德的。他们注意到霍伊隆德的简历十分亮眼，囊括了医院护理员、农场工人、挖掘机工人、混凝土工人、德国汉堡的船舶部长，以及瑞典斯德哥尔摩的大使馆牧师等工作。同时，他们二人也本能地意识到，霍伊隆德有能力应对所有类型的员工，并且能够从"社会基督教的观点"出发，处理乐高人事问题面临的挑战。

然而，哥特弗雷德还是有点担心。如果一位神学家突然出现在会议室，乐高其他拥有多年商业背景的经理们会怎么说呢？哥特弗雷德直接写信给霍伊隆德，告诉他在乐高的经理队伍之中有几个人表示出惊讶。他们的惊讶使哥特弗雷德怀疑，在选择人事主管的问题上，他做得是否妥当。

亲爱的霍伊隆德：

我最近听到了一段谈话，话题是说人人都应该找到自己合适的位置。听罢，我不禁要对你说：如果你乐于做一名牧师，如果做牧师能够继续使你获得成就感，那么你应该坚持下去。那样，我们想引诱你离开原来的职业就是错误的。只有当你能在人事工作中找到更多快乐和更大成就感的时候，你才应该放弃你的神职。我很清楚，把世俗事务与神职混淆在一起是不对的。

哥特弗雷德

1962年夏天，霍伊隆德牧师登上了几家丹麦报纸的头版，标题类似于"脱下长袍，踏入商界"，又或者是"牧师跨界进入玩具厂"。哥特弗雷德已经要求他的新主管尽量减少与媒体的沟通，并决定由他来公开捍卫前牧师霍伊隆德备受争议的任职。7月26日，哥特弗雷德在《菲英时报》(*Aarhus Stiftstidende*)这份报纸上解释说，乐高的动机是人文关怀，大家不要只看表面现象。"在玩具业这一大行业之中，人们大多把钱投资在机器上，但通常很少在照看机器之人的身上投资。对乐高来说，这是至关重要的问题。在机器时代，如果人类要生存下去，就需要彻底改变人们的待遇。"

这一时期，"人力资源部门""绩效评估""满意度调查""性格测试"等词成为丹麦人职业生涯中普遍接受的一部分。而在这些词汇受到普遍接受的二三十年之前，乐高就曾推出过一项实验，以应对战后办公室中日益引人注目的挑战：工作场所的员工福利。

霍伊隆德满怀热情地开始了他的任务，在他的"新会众"中以巨大的责任感和饱满的热情应对这份工作。尽管他出于善意，但实验并没有成功。事实证明，无论是对霍伊隆德还是对乐高来说，员工之间的文化差异太大了。1964年，在比隆待了两年之后，霍伊隆德又回去做牧师了。关于他和乐高的新闻再次登上了报刊头版，甚至哥本哈根的一家小报——并不是一家权威的宗教刊物——也想知道牧师霍伊隆德在比隆的两年时光里了解到了什么。霍伊隆德以一种"只可意会不可言传"的方式回答了报刊的提问，暗示他实际经历了什么。

> 霍伊隆德：在乐高工作的员工会得到一群同事的支持，他们也会反过来支持那些同事。他们知道自己有能力完成自己的任务，他们有一种安全感与和谐感，但在接近高层的那些风险更高的职位中，能察觉到的这种安全感与和谐感就越来越少了。

20世纪60年代，内省布道会的影响力明显减弱。乐高移除了自己人事政策草案中的第一句话"乐高的领导方式应依据基督教信仰的人生观"，但哥特弗雷德从未隐瞒自己的宗教信仰。哥特弗雷德的信仰不像父亲奥莱·柯克的信仰那样坚定且充满动力，但基督教信仰仍然陪伴着他度过了自己的一生。1958年，奥莱·柯克去世后，哥特弗雷德经常提到，他希望听到镇上教堂的钟声，这是父亲奥莱·柯克在世时经常谈论的事情。

在美国逗留期间，哥特弗雷德受到了美国一个小镇中心的启发。在那里，教堂、图书馆、剧院、餐厅、幼儿园和其他文化空间都聚集在一个屋檐下。巧合的是，日德兰半岛西南的里伯（Ribe）教区的主教亨里克·东斯·克里斯滕森（Henrik Dons Christensen）在一次美国之行中也注意到了同样的现象，这是哥特弗雷德某天跟他聊天的时候了解到的。接下来的问题似乎是不可避免的：主教是否能够想象一下，在比隆这样一个没有教堂、快速发展的城镇里，构建一个与美国小镇中心相似的宗教文化中心，那会是怎样的一幅画面呢？而哥特弗雷德当然想象得到。他开始以同样的热情、固执以及分析天赋去实现他的想法，就像他致力于每个与比隆和乐高有关的项目一样。

在此期间，由于新员工的涌入，乐高员工的住房严重短缺。奥莱·柯克认为，乐高不仅应为工厂员工提供住宿，还应让他们得到拥有自己的房子和花园的机会。在1958年至1962年，基于父亲奥莱·柯克的想法，哥特弗雷德在比隆的法桑维街（Fasanvej）、博格芬凯维街（Bogfinkevej）和索尔索特街（Solsortevej）建造了一系列独栋住宅。他购买了一处农业地产，并将土地细分，为二十栋房子腾出空间，每一栋都是为乐高员工准备的。一名助理完成了所有的文书工作，每套房子最终花费了五点六万克朗，外加五千克朗的押金，由哥特弗雷德亲自做担保人。

乐高的巨大发展在这个小镇上留下了自身的印记。在过去十年里，这个小镇的居民从八百人膨胀到两千人。如今，几乎所有的市政管理领域都面临着重大挑战。当地警官奎斯特·瑟伦森在乐高餐厅参加了一场

对于乐高和比隆，哥特弗雷德胸怀宏伟的计划。1960 年前后，他努力让镇议会看到，以下举措是大有益处的：新建住房、为儿童提供更多设施和进行更好的基础设施建设。在这张照片里，哥特弗雷德正与镇议会主席汉斯·詹森交谈。上图：20 世纪 60 年代初比隆的俯瞰图。（1）乐高系统屋；（2）狮屋；（3）1942 年建成的厂房；（4）模塑部门；（5）出口仓库；（6）为乐高员工提供的独栋住宅；（7）哥特弗雷德和伊迪丝的新房。

"值得了解"的论坛演讲。他在演讲中指出,镇议会并没有真正跟上乐高公司惊人的扩张步伐。从某种意义上说,这一点也好理解,尤其是如果我们考虑到这样的现实情况——直到1954年,当地政府在比隆除了议会成员的私人客厅外,没有任何办公室,议会负责人同时负责所有的通信往来,而财务主管同时负责收税以及会计事务。

按照日德兰半岛的传统方式,镇议会对乐高的成功持观望和怀疑态度,这一现象已经持续太久了。如果镇上投资新建住宅、排水系统、供水系统、更好的基础设施和更多的公共建筑,这样做是否值得呢?镇议会新建成了老年人疗养院(该疗养院的地下室为镇议会的第一批办公室)和比隆住房协会位于拉尔克韦伊街(Lærkevej)的住宅区。除此以外,镇议会再也没有建设任何重大的公共工程。这一现象一直持续到在哥特弗雷德的率领下,奥莱·柯克的儿子们向镇议会直接提出申请的时候。

在一封长信中,哥特弗雷德一家制订了开发比隆的计划,对消极的议会成员,乐高公司许诺给镇上提供一些好处:大约十八英亩[1]的土地,用作建成一座公园或一座娱乐中心——这是比隆急需的公共设施。为了让诱饵无法抗拒,他们还承诺乐高会捐献建造费用,约为五万克朗。

信中提到的对镇上的捐赠要放到乐高对于整个城镇所构想的未来住宅区的大背景中去看。比隆可能会成为一块产业工人的绿洲,尤其是对乐高的员工来说,因为他们的血脉里并没有流淌着农耕的血液。

哥特弗雷德:随着时间的推移,乐高能够以相对较低的成

---

[1] 英亩:英美制面积单位,1英亩≈4047平方米。——编者注

本，创造一个布局美丽、引人注目的城镇，石楠花跟全新的建筑物相互映衬，二者之间形成了极其可爱的鲜明对比。最终，乐高可以建一个游泳池、几个网球场、一个操场和许多其他设施。这将有助于实现将比隆打造成一个对有才华、有价值的社会成员有吸引力的城镇的目标，而这些人也将主动在比隆建设未来。

为什么不让比隆成为这样的小镇呢？它可以是人们口中"遥遥领先的乡村小镇"，也可以是"荒原上的绿洲"，抑或是"实行全新举措的小镇"。乐高愿意帮助比隆实现这个任务，使这一愿景成为可能。

最后，乐高明确指出，未来的市镇计划中应包括一座教堂："当全新的休闲娱乐区建成时，我们会建议把旧有设施打造成一座教堂，这里是教堂的绝佳位置。"至于修建教堂的费用，镇议会可以跟乐高商量，由乐高提供支援。

在哥特弗雷德看来，镇议会的决策太慢了。1962年，哥特弗雷德失去了耐心。他又发出了一封信，这次信中的措辞更加直截了当。比隆的乐高公司即将进行另一次大规模的工厂扩张，但是比隆镇的发展仍然没有取得任何进展。哥特弗雷德挥舞着他的笔写道，现在是时候做点什么了！"我想说的是，如果我们不能共同诚挚地推进比隆的发展，那么乐高最好现在就停下在当地的发展，并着手计划在其他地方建立自己的新产业。"

这封信的措辞坚定有力，即使是镇议会中最顽固的保守势力也听懂了。1963年2月，镇议会主席汉斯·詹森通知各大报社等媒体，镇议会已从哥本哈根聘请了一名城市规划师，他将为比隆的未来提出一项"发展规划"，其中包括住宅、市政厅、购物中心、酒店和公共建筑，等等。镇议会主席坦承，目前拥有七百名员工的乐高将成为这一新规划的重要支柱。很明显，镇议会主席已经忙得不可开交了。他要说服镇议会的每个成员，让他们相信，世界各地玩乐高玩具的孩子越多，比隆居民需要缴纳的税款就会越少。"我们希望脚踏实地。在这片古老的朱特人生活的荒原上，我们通常不会有什么超越自己地位的高深想法，但镇议会的职责是尽可能地展望未来。为了我们自己的利益，我们必须为比隆的稳定发展铺平道路，而比隆要稳定发展，就不能无计划、无章法。"

农场中的长者并没有忘记奥莱·柯克在宣教屋的谦逊表现，以及为比隆镇无私的付出。这些长者评论道，奥莱·柯克的儿子哥特弗雷德会在基督的戒律上耍小聪明，并不虔诚，尤其是在"当纪念安息日，守为圣日"这一条戒律上。虽然乐高的创始人奥莱·柯克对教规从不敢忽视，但是，哥特弗雷德并不像奥莱·柯克那样敬虔。在乐高公司中，大多数倒班工人和成型机器全天二十四小时运转，每天如此，包括周日。乐高怎能一直如此进行下去呢？

正如古老的丹麦谚语所说的那样："夸夸其谈之人鲜少虔敬。"这就是 20 世纪 60 年代初比隆一些居民看待哥特弗雷德的愿景的方式。哥特弗雷德的愿景不仅仅是想让地球上的每个孩子和成年人都玩乐高积木，他的愿景还体现在一些传言中：他正在设法让地方政府和镇议会接受一个不切实际的想法，即比隆应该兴建该地区最大的机场。

比隆机场的故事始于 1961 年，几乎是一个安徒生式的童话。当时，乐高获得了一架小型螺旋桨飞机的部分所有权。但那时，比隆还未曾修建飞机场。所以，哥特弗雷德的小型飞机不得不在埃斯比约降落，虽然那里有非常好的草地跑道，但没有电灯照明。如果埃斯比约市议会的相关官员像哥特弗雷德一样是精明的商人，埃斯比约机场的不足本可以很快得到纠正。哥特弗雷德后来解释道："我向埃斯比约市议会开出了条件，倘若他们着手修缮照明系统，乐高将支付其中一半的费用。我们还将自费建造一个飞机库。但我被告知，这件事做不到。他们说了种种理由，比如私人公司和公共部门不能这样合作，等等。然后，这个话题就被搁置了！"

在埃斯比约受到冷落后，哥特弗雷德自己解决了问题。在乐高航空公司（LEGO Airways）的第一位飞行员汉斯·埃里克·克里斯滕森（Hans Erik Christensen）的帮助下，哥特弗雷德在比隆郊区购买了一大片土地，并修建了一条草坪式飞机起落跑道。1962年春，飞机起落跑道准备就绪。几个月后，哥特弗雷德买了一架派珀阿兹特克飞机（Piper Aztec）。汉斯·埃里克和他的表弟模仿美国著名飞行员查尔斯·林白（Charles Lindberg）的飞行冒险，从美国东海岸横跨大西洋，再飞回日德兰半岛。飞机在纽芬兰和爱尔兰上空飞行了二十个小时后，最后在比隆降落。汉斯·埃里克回忆说，这是一次极为漫长的旅途。在旅途中，两名飞行员不得不用空的热水杯装小便，后来，飞到爱尔兰海岸上空，才把热水杯里的尿倒掉。

一个月后，小机场又增加了一个飞机库，跑道两边铺上了五颜六色的乐高积木。这些乐高积木按比例进行了放大，以便人们可以从空中看到这些彩色积木。派珀阿兹特克飞机立即被用于商务旅行，大哥约翰内斯负责为飞机在傍晚返回时提供必要的着陆照明。机场照明用的是员工私家车车灯和约翰内斯大卡车的车灯。这些车辆沿着跑道停在巨大的乐高积木之间，车头灯统统打开。

当飞行员接近比隆时，也是由约翰内斯通过无线电与他们保持联络。汉斯·埃里克在1964年被提升为机场经理。他还记得，当驾驶舱内的飞行员询问比隆的能见度时,约翰内斯是用嘶哑的声音回答的。

"你能看到多远,约翰内斯?"

"我可以看得很远,汉斯·埃里克——实际上,我可以一直看到森林!"

"好吧,那我们现在就准备降落,约翰内斯!"

不久后,飞机起落跑道上就增加了固定照明灯。同时,跑道本身也得到了改进,这使得其他较小的飞机也可以利用比隆的机场设施。不久,就有传言说,丹麦第二大机场很可能在格莱尼教区修建。

日德兰半岛西部的一些大中型城镇已经投标建设省级机场。但哥本哈根交通运输部的官员无法想象,这样的项目怎么可能在比隆得以实

新型派珀阿兹特克飞机在历经横跨大西洋的长途航行后刚刚着陆。伊迪丝和哥特弗雷德向两个疲惫的飞行员,即汉斯·约根·克里斯滕森(位于最左)和他的表兄汉斯·埃里克·克里斯滕森表示感谢。后来,他的表兄负责建设比隆机场,并成为比隆机场的第一任机场经理。

施。比隆这个小镇地处沼泽、荒原地带，仅有八百多户居民，而且自从1957年瓦埃勒和格林斯泰德之间的铁路线关闭以来，比隆就没有主要的道路或火车线经过。在这样的一个小镇，竟然要搞一个如此浩大的项目，真是令人难以想象。

但是，哥特弗雷德却可以把整个事情构想得清清楚楚、明明白白。他对自己的精力和判断力有着非常强的信心，他不知疲倦地到处游说，与国家和地方的政客、行政官员、市长和部长们举行了无数场无休无止的冗长会议。1964年2月，在乐高工厂后面的空地上，第一锹土被铲了起来，为建造一千六百六十英尺[1]长的柏油式飞机起落跑道铺平了道路。同年11月，斯堪的纳维亚航空公司（SAS）开始运营哥本哈根和比隆之间每日定期的航线。

> 克伊尔德：我父亲设法得到了行政官员、地方当局和部长们的支持，完成了机场的建设。他自己出资，若是经营得好，他便能赚回自己支出的那部分钱，但若是经营不善，他也情愿承担损失。机场开放后，我们每天需要获得更多的飞行流量，而不仅仅是一天飞一架SAS航班，这一点非常重要。提勒堡（Tjæreborg）的牧师艾利夫·克罗格（Eilif Krogager）当时凭借自己的旅行社和斯特林航空公司（Sterling Airways）获得了巨大成功。显而易见，建机场这事应该向克罗格取取经。克罗格牧师对节假日期间从日德兰半岛出发前往马略卡岛（Mallorca）观光的旅行团很感兴趣。他和我父亲想出了一个互惠互利的安排。因此，我们从一开始就有很多丹麦随团游客在途中经停比隆机场。

---

1 英尺：英美制长度单位，1英尺≈0.3米。——编者注

> **10 VIGTIGE KENDETEGN FOR LEGO**
>
> 1. LEGO = ubegrænsede muligheder i leg
> 2. LEGO = for piger, for drenge
> 3. LEGO = begejstring til alle aldre
> 4. LEGO = leg hele året
> 5. LEGO = sund og rolig leg
> 6. LEGO = de fleste legetimer
> 7. LEGO = udvikling, fantasi, skaberevner
> 8. LEGO = mere LEGO, mangedoblet værdi
> 9. LEGO = let supplering
> 10. LEGO = gennemført kvalitet

1963年，哥特弗雷德在国际会议上提出了"乐高的十大特质"，这为乐高产品未来几十年的发展奠定了基础：
1. 无限游戏的可能性；
2. 专为女孩或男孩打造的产品；
3. 激发各个年龄段对乐高玩具的热情；
4. 一年四季都能玩；
5. 刺激与和谐并存的游戏；
6. 无尽的玩耍时间；
7. 想象力、创造力与发展机会；
8. 购买越多的乐高玩具，游戏价值越大；
9. 容易补充；
10. 质量优秀。

比隆机场于1964年11月1日隆重启用。交通部部长凯·林德伯格（Kai Lindberg）以及一些市长和国家政界人士乘坐SAS飞机从哥本哈根赶来，参加了开幕式。此外，乐高还为来宾留出了参观乐高园区的时间，最后在乐高系统屋举行了招待会，为此次到访画上了圆满的句号。在那里，比隆公布了未来几年的市镇规划，这些有权势的人是最早看到这个规划的。并且，他们得知了一个全新的想法，这一想法旨在吸引更多游客前来比隆，即在比隆建造一座"家庭公园"。这一家庭公园将以世界闻名的乐高积木为基础，为游客提供与迪士尼乐园和蒂沃利公园（Tivoli Gardens）完全不同的体验。这个想法来自比隆不断增加的访

1964年，机场的落成典礼成为当地的一个节日。有飞机从头顶飞过，地面上有五万人，有多位部长和市长来访。镇议会主席和比隆最年长的市民也乘车前来参加活动。

客量——现在是每年多达两万人次。这些游客访问乐高工厂，并要求参观乐高各处的场地。

　　克伊尔德：年复一年，从小学生、高中生，到退休俱乐部和家庭主妇协会，越来越多的人要求参观乐高工厂，观看乐高的模型产品。经过一段时间之后，对用积木搭建房子的人来说，交流开始变得有点不太方便了。1963年，我父亲从一对老夫妇那里买了一个农场，地块挺大的。他萌生了一个想法，要建一个展厅，用来永久收藏那些搭建好的比较大的乐高模型。这些乐高模型极受欢迎，后来乐高还在海外展出这类模型。而且这样一来，原来那家人也继续有活儿可干，农夫的妻子负责煮咖啡，为来公园的客人做蛋糕，农夫则负责照看展厅。于是，这个展厅就这样运行起来了。

哥特弗雷德注意到，每次游客参观乐高工厂，最关注的都是乐高展出的大模型藏品。游客们蜂拥而至，就是为了参观模型设计部用积木建造的巨大模型。他们热情地谈论着，搭建模型的人是多么富有想象力，似乎什么都能搭出来。这在很大程度上归功于达格尼·霍尔姆，她是哥特弗雷德的表妹，非常富有创造力。她与极富经验的克里斯蒂安·拉斯高（Christian Lasgaard）一起搭建模型。她彻底改变了乐高的设计——以前，人们用乐高积木搭建的主要是房屋、交通和道路系统等；现在，人们也能用乐高积木搭建起童话人物、动物和风景等。

> 克伊尔德：模型工作室是一个奇妙的地方。20世纪60年代初，我十几岁，放学后经常去那里找达格尼和拉斯高玩。那里有一个角落属于我，有桌子和椅子，还有一座积木堆成的小山。我坐在那里一待就是一下午，直到下班时间才离开。我主要是搭建巨大的玩具汽车模型。与此同时，我也会对他人的奇思妙想感到着迷，从而得到启发。

拉斯高是一个模型建造者。1961年，他开始教达格尼用乐高积木建造模型的基本规则。但受规则约束的直角积木模型似乎并不适合达格尼，因为她大半生都在用黏土工作。正如她后来在员工杂志上解释的那样："虽然我很难适应这些坚硬的积木，但是和这些积木打交道的时间越多，就会发现越多的可能性。"

达格尼·霍尔姆和她的女性团队在乐高乐园留下了极为特别的印记。克伊尔德这样评价:"达格尼拒绝使用特殊元素。所有的东西都是用乐高经典玩乐系统的积木做成的,但她以一种我们从未见过的特殊方式使用这些积木元素。与其说她是设计师,不如说她是雕塑家和艺术家。"

达格尼·霍尔姆在20世纪30年代曾为乐高工作过一段时间。但后来她又搬到哥本哈根,在那里住了近三十年。她每天的工作便是画画、用黏土制作半身像和雕塑,空闲时间她还会聆听雕塑家哈拉尔德·伊森斯坦(Harald Isenstein)的课程。1961年,达格尼回到了日德兰半岛,重新加入乐高。随后的几年,她在哥特弗雷德的家庭公园计划中扮演了关键角色。她开始采用一种更抽象的全新方式使用乐高积木。

"一开始,我尽量避开搭建房子,因为拉斯高很擅长这个领域。我做玩偶和人物。哥特弗雷德很喜欢我做的这些东西。我在这些积木上花了很多精力,终于能使搭建起来的模型栩栩如生。我总是从娃娃的眼睛开始制作,后来又从房子的窗户开始制作。因为对我来说,这些是灵魂的镜子。"

达格尼大大小小的艺术品最初是为了在世界各地展览而制作。她很快就被授予高级设计师的头衔,是乐高公司历史上首位拥有这一头衔的人。她也是乐高获得最高职位的女性,仅次于她的是乐高餐厅经理,也是一名女性。然后达格尼手下开始有了更多的女员工,从一个,到三五个,最后是九个人。她称她们为"我的女孩"。她们帮助她创作了用于各种用途的大型动物模型、房屋模型和人物模型。许多模型描绘的是安徒生童话故事中的情景。

乐高乐园项目在1965年至1966年开始成形。与此同时,每隔一年,必须对旧的建筑和场景进行改进,达格尼为了建造模型满世界飞。她飞到意大利、荷兰、英国和挪威去看风景、城镇、房屋和建筑。她研究并拍摄这些东西,然后回到比隆的家中用乐高进行重建。在将近二十年的时间里,数以百万计的乐高积木经过达格尼和"她的女孩"的双手制作成模型。"在这个男人掌控的世界里,我们分享了彼此的喜怒哀乐,这让我们走到了一起。老实说,多年以来,我一直觉得在玩具世界里做一个女人是个挑战。因为你必须比男人优秀两倍才能让你的能力被普遍接受。但我们互相支持,那是一段美好的岁月。"

哥特弗雷德所设想的家庭公园不仅仅是一个解决工厂游客过多问题的实际方案,他还从中瞥见了一种令人兴奋的全新营销模式。后来,在给一位零售业密友的信中,哥特弗雷德将他的乐高乐园理念描述为"为了寻找全新促销策略而在丹麦玩具行业中迈出的大胆一步,这将使所有分销商受益无穷"。

同时,哥特弗雷德希望提升公司员工的教育背景。他认为,建造家庭公园是"为了说明正确的游戏方式和种类，使儿童和儿童发展的重要性更加明确，这不仅针对儿童，还针对父母、老师，以及其他与儿童们打交道的人"。

从一开始，这个项目就兼具理想主义和商业目的。哥特弗雷德不得不施展他全部的口才，让其他管理层人员接受他所提出的概念——"前所未有的儿童天堂"。1962年夏末，他向乐高的各位总监提出了家庭公园的开办理念——"在乐高乐园里，孩子是国王，他们能够暂时忘记自己需要长大这件事情"。可是，他刚一说出自己的想法，便遭到了一些质疑。

乐高公司会不会步子迈得太大呢？乐高是否已经偏离了自己的核心业务了呢？这些核心业务包括缩尺模型系列（Scale Model）和Modulex。正如一位持怀疑态度的经理所指出的那样，虽然乐高拥有大量生产和销售积木的经验，但是绝对没有经营家庭公园的经验。

哥特弗雷德固执地认为，他的想法不仅完全符合乐高玩乐系统的基本概念，还为乐高提供了未曾开发的全新增长潜力。他解释说，乐高不会试图创建一个丹麦版的迪士尼乐园。乐高想要创建的是一个户外展厅，专注于乐高玩乐系统，尽可能多地展示乐高产品，并鼓励儿童和成人玩乐高、用乐高搭建。

哥特弗雷德也曾向他在瓦埃勒银行惯常的金融资助者求助。他问道，如果这个项目出乎意料地失败了，他是否可以指望瓦埃勒银行来帮助乐高摆脱困境。而这个时候，那些在瓦埃勒银行经常给他贷款的人还没有看出这个项目有何不同寻常之处。瓦埃勒银行董事会主席询问哥特弗雷德，他希望这个家庭公园能容纳多少人。

哥特弗雷德自信地回应道："一年三十万人次。"

瓦埃勒银行董事会主席凝视哥特弗雷德良久，然后摇了摇头。这个项目太有风险了，要干，哥特弗雷德就得自己干。瓦埃勒银行的担忧和乐高管理层的疑虑都未能阻止哥特弗雷德，他真的是说干就干。正如他后来谈到自己的直觉天赋时所说的那样："我只上过乡村学校，从很多方面讲，这其实是一个优势。好主意往往是简单明了的。我很冲动，这意味着我经常打破所有规则。我不会让自己因冰冷的逻辑而停下脚步。"

20世纪60年代初，哥特弗雷德乘飞机前往哥本哈根，为的是解决有关比隆机场的种种问题。他总是在哥本哈根热闹的韦斯特伯区（Vesterbro）的希伯伦使命酒店（Hebron Mission Hotel）过夜。这家酒店位于黑尔戈兰盖德街（Helgolandsgade）上，归哥特弗雷德的妹妹乌拉的公公婆婆所有。傍晚时分，哥特弗雷德通常会在睡前散步。他喜欢在蒂沃利公园的主入口外，望着街对面的安瓦百货商店（Anva）出神。那里的主题橱窗展示已经成为一个旅游景点。

韦斯特布罗格德街（Vesterbrogade）是哥本哈根韦斯特伯区的主要购物街。在这样的一个夜晚，安瓦百货商店将临街的橱窗布置成丹麦春季如诗如画般的景色，主题是森林和湖泊。哥特弗雷德甚觉神奇。后来，他给百货商店的橱窗设计师送了一大束花，并附上了一张感谢卡，尽管他不晓得设计橱窗的人是谁。这是典型的哥特弗雷德式行为：纯属自发，但并非没有目的。想象一下，如果安瓦百货商店橱窗下如梦似幻的场景背后，那些蕴含的想象力和创造力都能在比隆郊外的田野上释放出来，那将是怎样的一番景象呢？

与橱窗设计师通了几次电话后，哥特弗雷德得知，对方名叫阿诺德·布特鲁普（Arnold Boutrup）。他从一开始就声明，自己绝不会搬到日德兰半岛定居。尽管如此，哥特弗雷德依然邀请他前往比隆，向他展现了这里巨大的空白画布，以及尚未建成的比隆家庭公园的无限可能。布特鲁普永远不会忘记那次旅行。他后来在一篇文章中记述了乐高乐园的建立过程。

> 布特鲁普：在与哥特弗雷德会面后，我被说服了。他风华正茂，令人倾倒。他穿着一双特别引人注目的皮鞋，身上散发出积极乐观的气息，这让我决定要帮他实现当时被称为"冒险公园"的想法——那个达格尼·霍尔姆绘制了草图，一个直径略大于一百码（约九十米）的圆形公园。

虽然哥特弗雷德设法把丹麦首都炙手可热的橱窗装饰设计师请到了比隆，但对方仍然拒绝把家永远搬过来，并最终如愿以偿。在接下来的二十五年里，布特鲁普先是作为建筑项目的顾问，后来成为乐高乐园的总监。他一直乘坐 SAS 或乐高航空公司的航班，往返于哥本哈根与比隆，为乐高工作。

起初，哥特弗雷德急于让公园在 1964 年或 1965 年夏季开放。所以项目团队每两周便要举行一次会议，会议地点在比隆或布特鲁普于哥本哈根郊外的巴格斯韦尔德（Bagsværd）的家中。早在 1963 年 10 月，这位才华横溢的设计师就制订了一个计划，包括展览大厅、餐厅、厨房和一辆乐高有轨火车。这辆火车将载着游客在整个公园里四处游玩。但后来这个项目戛然而止，因为哥特弗雷德那时要全力关注另一个关乎比隆和乐高未来的大计划——比隆机场的建设。他为了谈判促成此事，已经忙了好几年。而与此同时，他还要经营乐高公司，同一时期，公司在海外市场经历着异常快速的发展。

219

直到1965年，乐园的计划才回到正轨。然后，乐高正式把开发、建立乐高乐园的创意细则全都交给了布特鲁普去办。布特鲁普立即从安瓦百货商店请来了两个最有才华的同事，帮助乐高建造模型，并为乐高乐园的其他活动出谋划策。这项工作主要在布特鲁普家的地下室内进行，他把那里变成了一个工作室。布特鲁普和他的同事们采用切割、黏合和绘画的手法，用乐高积木来建造他们设计的模型。1966年秋，布特鲁普得到了乐高家族的意外帮助，帮助他的是乐高家族中最年轻的一个成员。

克伊尔德：1966年，我结束了期末考试，正不知道该做些什么才好，我对未来完全没有明确的想法。音乐、马术和乐高仍然是我真正喜欢的几样东西。在哥本哈根我有个表兄，他在丹麦先进技术学院（College of Advanced Technology），也就是现在的丹麦技术大学（Technical University of Denmark，简称DTU），学习化工专业。我当时对这事挺感兴趣的，所以在1966年8月，我和那位表兄，还有他的妻子，在灵比（Lyngby）合租了一个房间，准备在那里上大学。可是期末考试结果出来之后，我发现我的数学、物理和化学的分数非常差，必须再上一个学期的基础导论课程以后，那所学校才会接收我。而且，在重修一个学期后，我还得通过这三门学科的考试。

我无法接受这样的条件，于是就退学了。这时候，我开始帮助阿诺德·布特鲁普。他正在巴格斯韦尔德的家里，规划和设计乐高乐园。我每天都去他那里，如果碰上他有任何需要解决的问题，就帮一下忙。后来，他还允许我参与一些概念开发的工作。刚开始，布特鲁普和他的同事们就讨论过，可以在乐高乐园里设置骑小马的娱乐设施。那时候，我经常骑马，所以我马上就接受了这个想法。

但我建议，除了小马以外，难道不应该有别的什么东西吗？比如，放置一些小马拉着的马车怎么样？

"是的，好主意！"布特鲁普说。他让我设计马车。这就是我当时对乐高乐园所做的贡献。

在布特鲁普的地下室里，乐高乐园的设计图从达格尼·霍尔姆的一幅原始草图慢慢发展成形。现在，乐高乐园的占地面积已扩大到十英亩（约四万平方米），比哥本哈根蒂沃利公园占地面积的一半还多一些。计划包括各种乐高大型模型的永久性展览，还包括一个玩偶博物馆和一个舞台，以及一个"建筑工地"（那里有巨大的积木和装满乐高小积木的大桶，游客们可以随意使用）。乐高乐园的中心是达格尼·霍尔姆设计的微型模型，其中有丹麦和世界其他地方的城市、建筑和场景的模型。

乐园的规划包括了几个永久性的旅游景点，其中包括了一所驾校。在那里，孩子们可以获得乐高小型电瓶车的驾驶牌照。他们想出了让游客在运河上划小船的主意，这个设计中包括几辆老爷车，可以带着孩子们去游猎各种用乐高积木搭成的野生动物。他们还计划建一个游乐场。在游乐场里，你能骑巨龟，还能叫长颈鹿带你一跃而起。稍微大一点的孩子们可以效仿美国印第安酋长在自己的部落玩鹰。美国印第安酋长的部落有着一座座棚屋、一个高高的图腾柱、可以免费试穿的插满羽毛的衣服，还有可以烘烤麻花状面包的篝火。

1968年，乐高乐园开门营业。游客经常是举家同游，从四面八方涌来。他们有的自己开车，有的乘坐旅游巴士。这些外来的车辆会塞满比隆周围田野上开辟的停车场。乐高乐园作为日德兰半岛中部的全新旅游景点，刚一开业就取得了巨大的成功，在头几个月里吸引了四十万名游客。

整个夏天，鱼贯而来的游客是预期人数的两倍。在1968年酷暑期的某些日子里，人实在太多了，乐高乐园的餐厅等地方都出现了人手不足的状况，那里的洗碗工以及卖香肠和软饮料的服务员出现了严重短缺。乐高系统屋的高层管理人员不得不应哥特弗雷德的要求，带上自己

1968年，阿诺德·布特鲁普和哥特弗雷德坐在乐高乐园火车的后车厢座位上，看着乐高的理想绽放出了绚丽的花朵。十四万平方英尺平坦的荒地变成了一个蜿蜒起伏、令人尖叫的乐园。在这里，孩子们和大人们都可以培养自己玩耍的兴趣（当然，也可以购买更多的乐高积木）。

的妻子前往自助餐厅帮忙。

　　直到暑期季节结束，大半年内，共有六十二万五千名儿童和成人到访过乐高乐园。毫无疑问的是，乐高乐园是一个绝妙的想法。哥特弗雷德再一次证明自己富于创造性，并且富有开拓精神。他总是考虑一些新概念，工作时的他经常是一只手夹着摩纳哥雪茄，一只手端着咖啡。

　　但这种持久的成功是有代价的。即使是像哥特弗雷德这样一个勤劳、精力充沛、与乐高同呼吸共命运的人，也不可能同时出现在乐高的所有地方。哥特弗雷德已经卷入了极为耗时的各大项目，比如比隆机场项目、乐高乐园项目，或者是比隆中心项目。不过，在乐高的日常管理

1968 年，乐高乐园的入口处。

中，有一个真空地带。也就是说，在20世纪60年代下半叶，尽管乐高玩具的销量不断激增，但是，乐高的新产品线开发出现了增长停滞。于是，乐高管理层开始为自己的未来寻找新的愿景。

  克伊尔德：我父亲确实喜欢启动新项目，尤其是在20世纪60年代。

  首先，乐高必须有飞机，于是，比隆就需要有一个机场。然后是乐高乐园的想法，这让他忙了好几年，几乎忘记了公司的一切事务，直到乐高的几个海外总监开始扯他的袖口，提醒他。他们认为，除了乐高玩乐系统，他们可以处理更多的东西。他们想以乐高的名义销售其他产品。那么，除了乐高积木，为什么不开始做些别的玩具呢？比如，从塑料小汽车开始着手。

  我父亲不得不努力坚持自己的立场，幸运的是他做到了。首先，他启动了乐高列车，这给整个业务线带来了新的增长。1969年，乐高推出了乐高得宝系列（Lego DUPLO）。这是一种适合低龄宝宝的大颗粒积木。我父亲很擅长这些。当遇到最亲密同事的反对时，他总是提出一些新的想法作为回击。

1966年，为了应对乐高高层管理人员想要扩大核心业务的想法，哥特弗雷德推出了一款全新的超级产品——乐高的第一辆电动火车！这辆电动火车名为"113型火车"。它的包装十分美观，里面有可以组成椭圆形轨道的蓝色铁轨模块、蓝色的机车、蓝色的邮递车厢和蓝色的客运车厢，以及四点五伏的电机舱和电池室。这是乐高玩乐系统首次使用电力。

1969 年，乐高推出的得宝积木的长、宽、高是普通乐高积木的两倍，专为十八个月到五岁的儿童设计。这已经不是玩具市场上第一次出现这种玩具积木了。1964 年，新秀丽在美国市场上销售过乐高巨型积木（LEGO Jumbo Bricks）。那些积木比后来的得宝积木还要大一些。

这列电动玩具火车销量达到了上百万套，在 20 世纪 60 年代，还做过各种微调，以适应国际市场的需求。在欧洲大陆出售的所有电动玩具火车套装都有客运车厢，这些车厢上标着德国的汉堡、瑞士的巴塞尔和意大利的热那亚等目的地的名字。在英国、爱尔兰和澳大利亚出售的电动玩具火车套装则是开往英国本土的伦敦、曼彻斯特和格拉斯哥的火车，而邮递车厢上的标志当然是"皇家邮政"。

丹麦国王弗雷德里克九世也顺道来过乐高乐园。国王对这里的火车很感兴趣，他获邀测试乐高的第一个电子产品，即一辆可以用哨子控制的火车。一声哨响表示"开始"，两声哨响表示"停止"，一声长哨表示"倒车"。王后英格丽德、公主本尼迪克特和哥特弗雷德观看了这位"皇家火车司机"的表演。

20世纪60年代下半叶，社会发展的速度在加快。西方国家变得越来越富裕，传统的规范和价值观突然消失了。越来越多的年轻人开始反抗那些以前约束、限制他们个性的条条框框。有些孩子投身于不同的表达方式，比如和平、自由爱情、迷幻音乐，等等。

这样的文化冲击最终也蔓延到了比隆。乐高总经理的儿子克伊尔德也开始留起了中长发型,他小规模地反抗自己古板的高中老师和无聊的高中课程。一般是在每日清晨前往格林斯泰德的公交车上,他才会抽时间看一眼这些无聊的课程和功课。克伊尔德在课余时间不去学习,而是全部用来制作技术先进的乐高模型,或在瓦埃勒练习骑马,最重要的是听音乐。凡是披头士乐队(The Beatles)、动物乐队(The Animals)、红场乐队(The Red Squares)、范·莫里森(Van Morrison)和吉米·亨德里克斯(Jimi Hendrix)的歌曲,他都照单全收。十七岁的克伊尔德认为,除了来自工厂和飞机跑道的噪声,比隆这个沉睡的小镇还需要被其他的东西震动。他得到许可,在乐高老食堂办一个男女老少都能参加的俱乐部,在每周六晚上活动。20世纪50年代,奥莱·柯克曾在这里召集人们祈祷和唱歌。

> 克伊尔德:我认为,在比隆,我们少了一个年轻人可以聚在一起的地方。所以,我父亲允许我在老食堂的角落里装一个舞台,并且沿墙装了一个柜台,看起来有点像夜总会的酒吧了,不过这里不允许提供酒精饮料。这里很快成为年轻人喜欢来的地方。有来自格林斯泰德的当地小乐队来演奏,我们会随乐跳舞。*Club-A-Go-Go* 是动物乐队的一首热门单曲。我借用这个歌名,把这个地方称作"Club-A-Go-Go"(俱乐部加油)。最终,这个俱乐部火了起来。周六的晚上,老工厂里经常会有多达一百个年轻人,有些人是从很远的地方来的,他们来的时候会带上啤酒。后来,我父亲说:"够了,克伊尔德。俱乐部变得太吵闹了!"

克伊尔德上完中学后,先是在哥本哈根待了半年,帮助阿诺德·布

1966年6月，克伊尔德虽然高中毕业，但只是勉强毕业。他那天早上去格林斯泰德高中参加期末口试时，伊迪丝和哥特弗雷德还不确定当天晚上他们能否庆祝克伊尔德高中"毕业"。克伊尔德最终好歹算是通过了毕业考试。那年夏天剩下的时间里，他在维兹比约的避暑度假小屋里，每天都睡到很晚才起床，屋里的墙上挂着披头士乐队的海报。图片系私人收藏。

特鲁普建造乐高乐园，最终从大学辍学。哥特弗雷德建议他的儿子尝试一些完全不同的专业："奥胡斯商学院的工商管理专业怎么样？"

"是啊，为什么不呢！"克伊尔德这样想。

然后，哥特弗雷德又有了一个好主意："在乐高位于霍恩韦施泰特的德国公司销售部门做六个月的见习生怎么样？"

"是啊，为什么不呢！"克伊尔德这样想，然后便去了丹麦南方的乐高德国公司。

> 克伊尔德：当时我十九岁，充满好奇心，完全做好了学习新东西的准备。所以，那激动人心的六个月对我的未来产生了巨大的影响。霍恩韦施泰特的乐高德国公司里，一位员工收我为徒，并为我安排了一个项目。这意味着我可以参观所有在德国的乐高部门。我第一次独自体验了丹麦以外的世界，并且学会了说一点德语和英语。另外，乐高在德国的这家销售公司有一台非常棒的IBM电脑，我就趁机学了一点电脑知识，并反复练习操作。我发现，电脑这东西真是太让人着迷了。

1967年夏，回到丹麦的克伊尔德变得更有毅力了，对生活也有了更强烈的渴望。他渴望搬到奥胡斯长期居住，并开始在奥胡斯商学院学习。但此刻，最令他兴奋的是能与比隆的朋友们和格林斯泰德的老同学重聚。这便是著名的"爱之夏"的翻版。[1] 来自世界各地的年轻嬉皮士聚集在公园里，演奏音乐、跳舞，并歌颂爱情。

8月的一个星期天，在格林斯泰德公园，当地学校的现任学生和已经毕业的学生，相约在喷泉旁的湖边见面，其中就有乐高的继承人克伊尔德。他戴着一副彩色太阳镜和一顶宽边牛仔帽，穿着一件皮衣。

几天后，当地一家报纸写道："这些年轻人想让人们注意到，战争无法拯救世界。"该媒体进一步解释说，年轻人的衣服和身体上到处都

---

1 1967年嬉皮士在旧金山和伦敦举行的摇滚音乐会。——译者注

涂着"爱"（Love）这个英文单词。公园里能找到的每一朵花都被编织成人们头上戴的花环或被人们塞在耳朵后面。记者还深入探究了他们在"震耳欲聋的时代音乐"中不间断地跳着的舞蹈背后有何深层含义。

"他们想要摆脱身份的象征，也想要摆脱权威。他们不想制造麻烦，也不想使用暴力。他们更愿意呼吁年轻人认识到成为社会优秀成员的重要性，以及实践与同胞之爱的重要性。其中一种方式就是互赠鲜花。"

这就是1968年克伊尔德带到奥胡斯的生活哲学。他过着放荡不羁的生活，这种生活方式充满矛盾：白天在商学院，他是一个勤奋的学生，沉浸在有关公司管理的讨论中；晚上，他和朋友见面，谈论更多的是关于阴阳学说、老子的道家思想和超验冥想（Transcendental Meditation）的内容，有时也会略略谈论有关会计、销售和财务管理的内容。

> 克伊尔德：在商学院，我确实变得更成熟、更独立了，并取得了一定的成功。我告诉自己，我要证明我有自己想要的东西，我有自己能做的东西。而且，我很享受学生时代的生活。那时候，我们或多或少都有点嬉皮士的倾向。在我看来，我可能一直对东方哲学有一种偏好。无论如何，我从1968年开始参加超验冥想。第二年，瑜伽大师玛哈里希·玛赫西·优济（Maharishi Mahesh Yogi）来到了奥胡斯。那时，他是披头士乐队的导师，并因此闻名于世。我和许多其他喜欢超验冥想的人一起去领受我的咒语。这是一种进入另一个世界的通行证，决不允许你向任何人透露。我还带了一朵花，拿给这个身形矮小的印度人。他穿着白色长袍，留着长头发，蓄着胡子，让人过目难忘。我真的觉得冥想很有趣，这是一种回归自我、感受内心平静的迷人方式。反正当时的我就是这个样子的。我觉得，

你上下求索的答案，无论是宗教信仰，还是你的父母，抑或是物质世界，都无法直接提供给你。

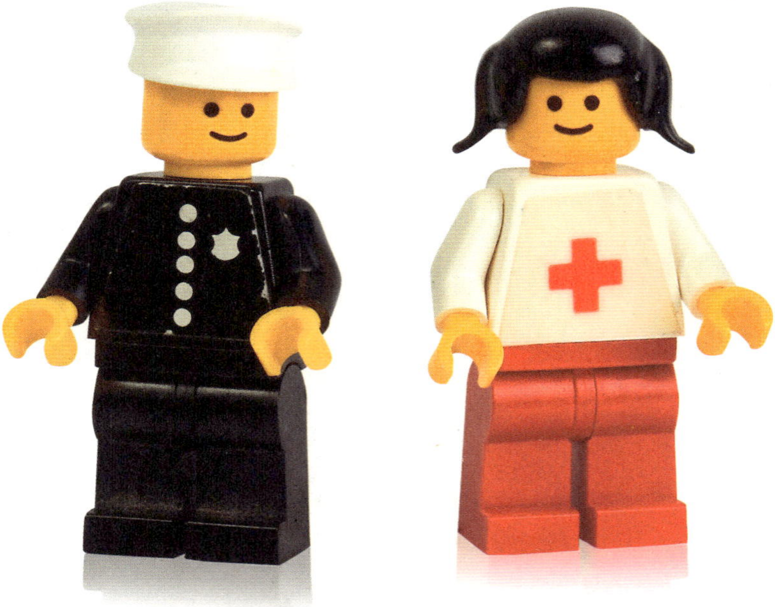

06

积极求变

20 世纪 70 年代

1969年10月下旬,伊迪丝和哥特弗雷德期待着在乐高乐园的餐厅举办一场盛大的聚会来庆祝他们的银婚纪念日。1969年10月22日,星期三,这对夫妇与伊迪丝的妹妹埃伦(Ellen)和妹夫艾纳(Einar)在乐高乐园的餐厅里共进午餐。他们与那里的工作人员一起安排了一些有关菜单、服务和餐桌设置的细节。一名服务员询问了哥特弗雷德和伊迪丝的大女儿甘希尔德的情况。最近,她从瓦德兵营看望丈夫后,在回家的路上出了车祸,头部撞到了风挡玻璃上。幸运的是,甘希尔德脱臼的下巴已经恢复。他们告诉这名服务员,情况原本可能会更糟,随后还保证向甘希尔德转达服务员的问候。

哥特弗雷德的小女儿汉娜已满十八岁了,和克伊尔德一样,她刚刚开始在奥胡斯的学校学习。10月22日这天,汉娜在她父亲哥特弗雷德位于系统街的豪宅中,接待一位来访的朋友。这位朋友名叫约根,是汉娜在学校里认识的。他来自埃斯比约。他借了父母的车,驱车前来。汉娜和约根问哥哥克伊尔德,想不想去看《欧维尔岩死亡事件》(*Death at Owell Rock*)这部电影。由于克伊尔德热爱西部片,所以他欣然同意了。

他们决定沿着巴斯特伦德维街(Båstlundvej)开车过去。沿着这条街,比隆机场的全景一览无余。在跑道的尽头,他们会停下车来欣赏比隆所有的飞机。然后,由约根开车前往吉芙(Give)。

> 克伊尔德:我无法回忆起事故的某些细节,但在我的记忆中确实有许多支离破碎的小图像。距离机场几英里,在巴斯特伦德维街附近的一段狭窄的道路上,道路左侧被施工队堵死了。突然,有人推着一辆自行车朝我们直冲过来。看到他的时候已经太迟了,我们试图躲开,所以把方向盘打到了底,刚好避开这辆自行车。但是车子打了滑,撞到了什么硬物上,使得

车子不停打转，最后撞在了路边的一棵大树上。车顶被压塌了，坐在前排座位上的我妹妹和她朋友当场死亡。我坐在后座上，被甩出车外，锁骨骨折，颅骨轻微骨折，不省人事，在医院躺了一个星期。

第二天《瓦埃勒安特斯民报》（Vejle Amts Folkeblad）的头版头条标题是《比隆附近汽车撞树，两名年轻人丧生》，还附上了令人毛骨悚然的现场照片。该报纸还写道，任何人能从这起事故中生还都是一个奇迹，并详细描述了事故发生时的情景。

《瓦埃勒安特斯民报》1969年10月23日星期四的头版，描述了比隆附近发生的一起可怕的车祸。该报纸刊载了两张图片，一张图片是十八岁的汉娜·柯克·克里斯蒂安森，另一张图片是失事车辆。
丹麦媒体集团供图。

《瓦埃勒安特斯民报》：在未撞到树上，距离树几英尺前，汽车突然急转弯，转向路边。那里还残留着一些树桩，这些树木是为了减少林子密度而被砍伐的。某个车轮，或是车的底盘，肯定是碰撞了其中一个树桩。这使汽车完全偏离了路线，猛烈地撞到了树上。树上的痕迹表明，这辆车当时飞了起来，撞到树干的七英尺高处。

丹麦的全国性媒体也提到了这起事故："乐高总经理哥特弗雷德·柯克·克里斯蒂安森的小女儿遭遇事故去世，儿子严重受伤。"关于克伊尔德，报纸指出："他在欧洲各地留学，正在接受培训，准备加入全球乐高玩乐系统公司的高级管理团队。"

那天晚上，有那么一个可怕的时刻，伊迪丝和哥特弗雷德以为克伊尔德也死了。这是因为，他们给当地医院打电话时，被告知一个年轻女子和一个年轻男子在车祸中身亡。

克伊尔德：我只依稀记得那个医生坐在我床边，说我的妹妹死了。等我完全清醒过来，父母来了，告诉我汉娜已经下葬了。事故发生的一个月后，我才出院，花了很长时间才恢复体力。我不得不在商学院重修整整一年的课程。当然，失去汉娜仍然是这场事故最糟糕的结局。回到家后，我们都走进她的房间，坐在她的床边哭泣，紧握双手，一起祈祷。我经常开车去她的墓前悼念她。那段时光过得真的很艰难，直到现在回想起来，仍然感觉很艰难。汉娜是个非常可爱的女孩，即使我们之间相差了三岁，但我们仍然能一起玩得很开心。很多事情我俩都是一起做的。尤其是，我俩都很喜欢骑马。我之所以又开始骑马，就是因为她有了一匹马。我们在一起的那些年非常令人难忘。

失去最小的女儿对哥特弗雷德来说是一个沉重的打击，他被负罪感所淹没。他把这件事看作一种惩罚，是对他自己的惩罚，而不是对别人的惩罚。他在孩子们还小的时候没日没夜地工作，而在他们逐渐长大，并跟母亲伊迪丝越来越亲密的过程中，他还是不停地为工作操劳。因此，他认为这是他应当付出的代价。正如他多年前在给朋友的圣诞卡中所写的那样："致力于正在开发的乐高玩具总是很有趣的，但在那样的时刻，你常常会忘记什么才是真正最重要的。"

克伊尔德：很长一段时间，我父亲完全停了下来。他不知道该怎么办，他为各种各样的事情责怪自己。这主要是因为，这么多年来，他和家人在一起的时间太少了。

丧女之痛让哥特弗雷德痛彻心扉。他准备卖掉乐高，切断与以前生活的一切联系，和伊迪丝永久地生活在瑞士。他联系上了激励咨询公司（Incentive Consultancy），这家公司专门帮助处于危机的公司渡过危机，包括将公司从一代掌门人手中过渡到下一代。也许这家公司可以帮助他和乐高继续前进。

克伊尔德：1970年，乐高召开了很多会议，我被允许参加了其中的一些。在那里，我认识了激励咨询公司的总经理瓦格恩·霍尔克·安德森（Vagn Holck Andersen）。有一次我忍不住对父亲说："我们不应该卖掉公司，而是应该让那个叫瓦格恩的伙计加入乐高公司。"父亲显然也有同样的想法。我感觉这是其中的一个时刻——好吧,实际上可能是第一次——我们父子俩觉得在有关乐高未来的决定上达成了一致。我和瓦格恩·霍尔克很快就成了非常要好的朋友。他最终成为我和父亲之间的桥梁。当时,我父亲对乐高、对自己,以及他的人生等,都心存疑虑。

在汉娜死后那年的大部分时间中,乐高不断地召开会议。激励咨询公司提出了长远的建议,着眼于20世纪70年代的剩余几年,因为哥特弗雷德在谈话中说他愿意放弃手中的一部分权力,而不是完全切断与乐高的往来。与此同时,对于将乐高的控制权移交给下一代的最佳方式,他并不确定。

瓦格恩·霍尔克·安德森很快意识到,与他打交道的哥特弗雷德是一位对公司运营方式了解得细致入微的公司所有者,他简直可以说对公司了如指掌。例如,虽然乐高公司的规模极大,但哥特弗雷德能够与数目惊人的员工直接互动。正如霍尔克后来在乐高的员工杂志上解释的那样:"哥特弗雷德什么事都插手,有太多的人都把他当作直接领导,任何人在这种压力下都会选择让步。"

这一系列的谈话以哥特弗雷德雇用了霍尔克终结。哥特弗雷德和克伊尔德都意识到,霍尔克可能成为乐高重组的"重要资产"。1971年2月1日,霍尔克以总监的身份加入乐高,并迅速着手建立一个更为灵活的组织,为哥特弗雷德所设想的交接做准备。哥特弗雷德仅仅在口头陈述了自己对乐高掌门人交接的设想。正如霍尔克后来所述:"哥特弗雷德的个人管理风格和他对一系列决策的直接参与,在很大程度上塑造了这个组织。这给这一组织带来了很多'瓶颈',使其无法适应扩张进程。"

哥特弗雷德永远无法从汉娜的死亡中缓过来。悲痛之中,他曾考虑过出售公司,但最终选择了进行代际交接,这种交接持续了一段时间,直到20世纪70年代末期才完成。图片系私人收藏。

在霍尔克的计划中,有两个关键点,分别是"权力下放"和"责任下放"。但最主要也是最重要的任务,是找到一个新任总经理替代哥特弗雷德,这名总经理应该是一位能够把所有事情整合在一起的人,也应该是一位能够使父子俩都感到信心倍增的人。瓦格恩·霍尔克·安德森于1973年担任了该职位,成为乐高历史上第一位非克里斯蒂安森家族成员的总经理。不久,他就发现自己面临着一个意想不到的挑战。比隆当地人常说,你永远不知道哥特弗雷德会对未来产生怎样的影响。

"哥特弗雷德一直都很忙,整天忙个不停。作为总经理,我想知道他在做什么,他在承诺什么、不想承诺什么,他在和谁说话、他们在谈

瓦格恩·霍尔克·安德森在20世纪70年代成为乐高历史上的关键人物。作为一个技艺娴熟、高度专业的商界精英，他带领公司度过了一段艰难时期，并为克伊尔德在1979年接管公司奠定了坚实的基础。

论什么，以及他的决定是什么。这是一项艰巨的工作，因为哥特弗雷德绝对是乐高的代名词。"

在霍尔克多管齐下的跨代计划中，一个关键因素是他与克伊尔德之间咨询性的谈话。由于那场车祸，克伊尔德直到1971年才完成他在商学院的学业。他立刻报名攻读了硕士课程。他想象着自己需要在商界中花些时间，获得一些经验，然后才有可能更多地参与到乐高中来。

汉娜的去世，父亲的深切悲痛，以及与公司总经理的共情和相识，让克伊尔德改变了计划。霍尔克建议他放弃硕士学位，转而前往瑞士，去攻读瑞士洛桑国际管理发展学院（IMD）的一年期学位。霍尔克认

二十四岁的克伊尔德在瑞士洛桑国际管理发展学院学习期间如同被扔进了狮群,但他坚持了下来,最终觉得自己找到了人生的道路。

为,这不仅会让克伊尔德变得更加成熟且满怀动力,对乐高这座家族企业的代际交接也具有重要意义。

  克伊尔德:我注册进入瑞士洛桑国际管理发展学院学习,比起其他同学,我的商业经验不足。有几个同学比我大得多,是强硬、固执的管理人员。当时我年仅二十四岁,值得一提的只有当过六个月培训生的经历,尽管这六个月的经历让我对一个销售组织是如何建立和运行的有些许了解。在瑞士攻读硕士学位期间,我觉得我可以成为一名经理人,并且,我想做这个工作。突然间,我意识到我不必到别的公司去积累经验。正如瓦格恩对我说的那样,在乐高中思考乐高比在其他地方思考乐高要好得多。在这一点上,他简直是太对了。

当克伊尔德还在瑞士努力解决管理和组织问题的时候，比隆家乡的一个新地标正在进行最后的收尾工作。这是一个靠近镇中心的建筑综合体。这一建筑综合体将容纳各种文化机构和一座教堂，但没有超市、服装店或酒吧。

这是丹麦第一个集教堂和文化中心于一体的建筑综合体。这个建筑综合体由当地政府出资三百万克朗，奥莱·柯克基金会（Ole Kirk's Foundation）出资六百万克朗。为了建设这个项目，双方进行了漫长的商讨。把这么多个不同的机构置于一个屋檐下需要多方努力，也需要许多不同部门之间通力合作，包括镇议会、市长、主教以及宗教、文化和住房部门。在这个耗时旷日持久的项目中，甚至是几组建筑师轮流进行工作。

与此同时，比隆的市民却犹豫不决，只有少数人对镇议会分发给每户的调查作出了答复。这一调查旨在确认当地居民参与项目的意向。确实有一些批评人士站出来，明确表示他们对"地方民主"根本不感兴趣。其他人则嘲笑建筑委员会的组成，并对这个项目提出了进一步的质疑。因为在此之前，该项目已经遭到建筑工人罢工的困扰了。

在这十年的艰辛历程中，哥特弗雷德尽其所能地加快进程。1998年，比隆中心发布了纪念建成二十五周年的纪念文集。这本纪念文集描述了当建筑委员会面临阻碍项目进度的问题时，哥特弗雷德提出了打破传统但极富建设性的想法。例如，乘坐乐高航空公司的航班前去芬兰看看类似的建筑物。在项目的最后阶段，当人们在寻找工厂车间来给教堂家具和配件上漆的时候，哥特弗雷德立即用乐高的工厂提供了场所。

前面说过，1962年，哥特弗雷德参观了美国的社区中心和教堂合为一体的设施，那段经历触动了他，给了他灵感，最终塑造了比隆的最新地标。对于比隆的许多老户居民来说，镇中心综合体是对参与这座小镇工业化进程的所有人的纪念。对于整个家族，尤其是哥特弗雷德来说，这座建筑也是汉娜遗物的一部分。她遭遇车祸去世后，家族的兄弟姐妹们把收到的一大笔保险金全部捐赠给了于1973年4月15日星期天落成的这座比隆中心。

　　詹斯·巴赫·彼得森（Jens Bach Pedersen）作为市长，接受了这份捐给这座城镇的礼物。他说道："为了纪念奥莱·柯克·克里斯蒂安森和小汉娜，我感激地接受比隆中心这份礼物。比隆中心不是一座没有情感、没有生命的纪念碑，而永远会是我们对他们二人鲜活的记忆。"

比隆中心于1973年落成，将教堂和文化中心在广义上融合在一起。哥特弗雷德最初是在美国见到的这种组合。从一开始，这里就提供了大量的文化活动及文化场所，包括讲座、音乐会、儿童剧院和电影俱乐部，等等。然而，这里也曾搞过一场裸体图片艺术展，这并不符合这个小镇人们的口味，因而引发了许多争论。
图片系私人收藏。

243

镇议会主席索伦·奥尔森也是乐高的一位管理层人员，他也发表了讲话。最后他对哥特弗雷德、伊迪丝、甘希尔德和克伊尔德说了几句话。"你们遭受了如此巨大的伤痛，却送给人们如此大的礼物！"

仪式过后，比隆中心的大门被打开。大门通向一个幼儿园、一个带阅览室的图书馆、一个语音室（公众可以前来听语言教学的录音）、一个供人们驻足聊天的广场（广场中有供儿童们玩耍的嬉水池）、一座教堂、一座市政厅，以及一个观看电影、讲座和戏剧的礼堂。礼堂采用了最新的舞台技术。这里同样有雕塑和绘画的展览拱廊，有为安静与喧闹的创意消遣活动提供的游戏室，还有一个可以俯瞰教堂的小自助餐厅，人们可以坐在那里思考过去和未来。哥特弗雷德在当时的一次报纸采访中深思后说道，这是他一生中最艰难的一段日子，他突然发现自己很向往以前的那种小小的镇子和那家小小的工厂。

> 哥特弗雷德：尽管我们的物质生活比以往任何时候都好，我依然在深入地思考人们在这个国家感受到的所有不满。我想知道，这是不是因为我们在快速发展的城市社区中越来越孤立而导致我们对同龄人以外的任何人都不信任。我们因无知而心生偏见。在过去的比隆那样的村庄里，人人都互相认识。在如此熟悉的关系中，一种幸福的感觉深入骨髓。现在，我们彼此的关系还算熟悉；至少，我和工厂里的每个人都是这样的。但我自己能感觉到，现在我不像以前那样真正了解每一个人和他们的家人了，这一点让大家都觉得不尽如意！工厂的缘故，导致现在镇上有了这么多的人，我们之间的关系需要打一剂强心针。我们希望比隆中心能够有助于保存比隆还是一个村庄时的那些珍贵的传统。

哥特弗雷德代表他的家人提出了一个要求,送出这份礼物是有一定条件的。他说,比隆的居民可以决定比隆中心的名称,只要这一名称不包含"文化"这个词就行。因为那样的话,一些人会立即感到害怕,认为"文化"对他们来说太难以接近了。除此之外,比隆中心不论发展成什么样,都不会受到任何限制。他还被问及,在比隆中心,那些有着不同社会信仰的青年人是否也有一席之地。哥特弗雷德的回答是:"当然有。我觉得比隆没有那种新思想的煽动者。我知道现在比隆人口变多了,镇上的人数高达两千五百人。但我们彼此还是很了解的,我们可以直接相互抱怨,而不必走向极端,摆出要打仗的架势。"

　　尽管他说这些话的时候语气轻松愉快,听起来仍然是哥特弗雷德的风格,但自从失去汉娜以后,无尽的悲伤已经将他内心的某些东西打得粉碎。他那不屈不挠的意志、固执和自信似乎都消失了。

　　1973年复活节前夕,克伊尔德回家参加了比隆中心的开幕仪式,但这只是一次短暂的探访。乐高的工作堆积如山。很快,乐高的王子就要上路,为公司做各种各样的工作。他在瑞士洛桑国际管理发展学院的学习只有一年时间,学业非常紧张,最后他要交一篇长达八十页的论文。这篇论文是他和托尔斯滕·拉斯穆森(Torsten Rasmussen)共同撰写的,后者也是丹麦人,后来成了克伊尔德的好朋友和他在海外事业的支持者。他们论文的题目是《乐高有限公司商业政策的制定与实施》(*Formulation and Implementation of the Business Policy of LEGO A/S*)。这篇论文是有关乐高公司的。而乐高公司不仅代表了克伊尔德的出身,还是他很快要掌舵的企业。

克伊尔德：你会发现，早在20世纪60年代后期，乐高的发展需要的不仅仅是我父亲所拥有的背景和所受到的锻炼。我确信，凭借我新获得的技能，我可以胜任这项任务。托尔斯滕和我的论文是相当理论化的。这是因为，他只能从外部看到乐高，而我则从内部了解乐高这家公司。我们用了我们那位天才导师喜欢的所有短语，他刚在哈佛商学院进修过。但我心中想得最多的是字里行间的东西。这关乎乐高的灵魂，关乎乐高最基本的概念，关乎我们想凭借乐高这家公司做些什么。

克伊尔德的论文分析了当时乐高集团所面临的挑战。他与九位高层领导者进行了交谈，这些人包括他父亲和瓦格恩·霍尔克·安德森，以及营销主管和生产主管。论文的分析是这样开始的：

很明显，目前的这种有创造性但非正式的组织结构不足以引导乐高公司未来的方向，这一组织结构主要是由公司创办者和领导者创造的。因此，公司管理层得出结论，非正式的组织结构必须在一定程度上被一种更为正式的组织结构所取代，以支撑计划流程、管理流程和决策流程。

在某种程度上，这两位年轻MBA学生的论文反映了瓦格恩·霍尔克·安德森已经启动的多项工作。因此，这篇论文也是对哥特弗雷德的老式管理风格的含蓄的批评。

克伊尔德：爸爸只是特别依赖少数一些人。他有一群他非常信任的关键人物，他们不一定是高级经理，甚至可能只是组织底层的人员，例如技术方面的人员。这对瓦格恩来说，并不总是那么容易处理。或者当我在1973年和1974年努力建造乐高在瑞士的新工厂时，对我来说，也不是那么容易处理。有好几次，我不得不通过电话和我爸爸沟通，才能真正把事情弄清楚，然后跟他说："爸爸！这个决定要由这里的汉斯·希斯（Hans Schiess）来做，而不是比隆的某某人。"这也意味着，我已经下定决心，当我最终回到比隆接手乐高时，我必须快速给乐高选出一个人员覆盖面更广、更年轻的管理团队。我觉得我父亲从来没读过我和托尔斯滕的论文，但这并不意味着他从来没听过我的话。我俩的代际交接花了很长时间，这一点也表明我父亲意识到，我必须深入参与公司的管理。

在瑞士度过的岁月，对克伊尔德这名乐高未来的领导者的成长影响深远。长期以来，哥特弗雷德一直计划在瑞士开设一家工厂和工具部门。1973年，克伊尔德被临时任命为经理，负责在离苏黎世不远的巴尔市（Baar）创办和运营乐高股份有限公司。当时乐高的想法是，克伊尔德将负责建立行政部门，而汉斯·希斯则负责模具和工具的技术方面的工作。汉斯·希斯从1962年就开始在乐高工作。这里的生产基于全新的成型原理，产品主要输往欧洲市场，以补充比隆工厂的生产能力。

成立并运营一家全新的乐高公司，并且要负责技术研发、雇用新人、购买机器和工具，这些对一个MBA刚毕业的人来说是个巨大的挑战。这位二十五岁的经理还是个新手。突然间，他就坐在了会议桌的主席位置，用德语和英语主持会议，面前是比他年长得多且极富经验的高层管理人员。

> 克伊尔德：我很清楚自己的年龄，所以我会更多地经常倾听别人的话和想法。这意味着，会议有时会持续很长时间，因为我想与他人达成粗略的共识。我在瑞士洛桑国际管理发展学院的时候学到了这一点。在那里，我们总是要做很多讨论，而且总是讨论很长时间。我也把这个习惯带到了比隆。这让一些同事很不高兴，那些人认为我们开会的时间太长了，简直是浪费时间。其中一人曾说："你真的是特别希望我们尽可能地达成一致，真的是这样吗？"还有一个人这样说我："在这个问题上，你太受日本人的启发了。"他们的评价也许有一定的道理。

克伊尔德肩负着管理乐高在瑞士高速发展的工厂的巨大责任。除此以外，他还参与了在美国建立独立的全新销售办事处的工作，这一办事处设在美国的康涅狄格州。此时，乐高已经摆脱了那桩令人失望的与新秀丽的交易。如今，乐高面对的是一个能和整个西欧相匹敌的市场，它可以大展拳脚，独立发展。在可预见的未来，乐高将在美国开始独立生产乐高积木。

克伊尔德不时地回到比隆参加董事会会议，还花费了很多时间对他最感兴趣的产品开发工作进行头脑风暴，他把这个产品开发的部门命名为"乐高未来"（LEGO Futura）。在这段奔波劳碌而又令他激动的时期，他遇到了一位叫卡米拉·博格（Camilla Borg）的女人，并坠入了爱河。

> 克伊尔德：卡米拉的舅舅是我的伯父，她的姑姑则是我的姨妈。正是通过这种家族关系，我们两个在1973年夏天相识。

她即将拿到法律学位。我们很快就意识到,我们得把两人之间的关系确定下来。我们在 1974 年结婚。那时,卡米拉早已搬到瑞士和我一起住了。我们在瑞士的三年是一段美妙的时光,有很多机会去做我们想做的以及我们喜欢做的事。而且做这些事情之前,我们不需要征求任何人的意见。我很理解为什么如今卡米拉偶尔怀念起那段时光时说的话:"当年在瑞士的时候,咱俩为什么没有拿出更多时间去四处旅游,好好体验一下生活呢?"

1973 年,克伊尔德遇到了比他大三岁的法律系学生卡米拉·博格。照片拍摄后不久,她就搬到瑞士去了。
图片系私人收藏。

1974年，克伊尔德和卡米拉在日德兰半岛西部的诺力纳贝尔教堂举办了婚礼。左边是卡米拉的父亲卡伊·博格和母亲诺拉，右边是克伊尔德的父母哥特弗雷德和伊迪丝。图片系私人收藏。

消费者的选择不会错。乐高是世界上三千万名儿童的选择，也是欧洲二点五万零售商的选择，乐高成了一种现象级的产品。乐高积木的成功似乎没有尽头，世界上没有乐高积木征服不了的角落。在20世纪70年代早期，公司营收的增速达到了百分之一百五十五。而瓦格恩·霍尔克·安德森继续充满信心地稳步执行自己的计划，即为了提高效率，而对公司权力进行"去中心化"。除此之外，他的计划还包括建立一些新的有限公司，这些有限公司在1976年被收归到一个名为英特莱格公司（INTERLEGO A/S）的母公司名下。

起初，瓦格恩·霍尔克负责管理母公司，等到克伊尔德和卡米拉回

1974年，一位留着长发的年轻高管在瑞士的乐高新工厂内主持管理会议，这个人就是克伊尔德。围坐在桌子周围的是实验室经理维尔纳·泡利、技术总监汉斯·希斯、生产经理沃尔特·施莫克、财务经理彼得·基尔古斯和开发人员负责人佩尔·兰德斯。

到比隆时，这个角色计划交给克伊尔德。

早些时候，哥特弗雷德在斯科夫帕肯（Skovparken）预先买好了一处大型的独院住宅。斯科夫帕肯是比隆最时尚、最昂贵的区域，乐高的总监们和高层管理人员就住在那里。尽管哥特弗雷德和克伊尔德在一起的时候，很少提到即将到来的代际交接或哥特弗雷德退休的时间，但哥特弗雷德已经给了克伊尔德几个信号。

> 克伊尔德：我不记得爸爸曾直接跟我说过："你想接手乐高吗，克伊尔德？"但我从未误解他的立场。20世纪70年代初，当我还在瑞士的时候，我们重新调整了乐高的股份所有权，这样我在乐高公司里便拥有了名义上的多数股，父亲的股

哥特弗雷德盼望着儿子和儿媳回到比隆的家里来,并设法在比隆的斯科夫帕肯地区给他们买了一幢带花园的房子,那是他事先为他们预订好的。
图片系私人收藏。

份是少于我的,而另一方面,我父亲仍然拥有更大的投票权。他通过这种安排,为我将来加入公司并接管公司奠定了基础。这种处理,即转移股权,显然是我们讨论过的。"克伊尔德,如果我们这样做,你同意吗?"我们对那件事完全同意。

20世纪70年代初,乐高的年销售额依然强劲,但乐高公司似乎失去了以前的一些精神和活力。1973年的石油危机和全球经济衰退是造成这种局面的部分原因;另一部分原因是人们对玩具的需求在下降,所以导致乐高的产品也不那么畅销了。不仅公司发展停滞不前,产品的创新和开发也是原地踏步。以前,哥特弗雷德常以他那极富感染力的声音道："向前！向前！"如今，当工人们在生产和包装的时候，工厂里却再也听不到这样的声音了。

> 克伊尔德：我父亲的工作激情消失了。在20世纪50年代和60年代，他是真正推动公司发展的那个人，似乎无论什么都阻挡不了他。但在70年代，他突然退缩了，不愿意再做太多的事。

哥特弗雷德曾经充满活力，愿意冒险，现在却突然建议谨慎行事。在乐高的员工杂志上，哥特弗雷德解释说，在经济停滞时期，人们很容易进入危险而复杂的区域，不经深思熟虑就发布太多的新产品。

> 哥特弗雷德：过去这些年来，有几个时期，我曾饱受压力，这些压力有一部分原因来自乐高公司，曾有人建议乐高应该将资源分散到更多的产品上。对于那些未能从根本上了解乐高的人来说，这是一种自然的想法。但我认为，我们应该继续专注于乐高背后的理念和哲学。这是我个人的信念，也是乐高公司的共同所有者克伊尔德的信念。

因此，这些年来，乐高正常发展，没有什么大事。自20世纪50年代末以来，乐高不仅激励了零售商、消费者和数百万名儿童，也激励了公司的员工。在比隆的乐高工厂，我们开创了一种先锋精神，建立了一种非常特殊的社区意识。但是在1976年，二十多年来第一次，公司没有引入任何一个新的乐高元素。此外，乐高公司原本打算在德国吕贝克北部的谢克斯多夫（Sierksdorf）新开一个乐高乐园，以重现乐高乐园在比隆的成功。不过，同一年，我们又决定终止这一尝试。这是因为，德国南部乐高乐园开业三年以来，表现很糟糕，我们不得不把它永久关闭了。

乐高以前对新领域和陌生领域的热情和非凡意愿在下降，越来越多的员工觉得目前的管理过于保守、被动。是时候彻底改造乐高精神了吗？无论如何，乐高当时的员工杂志《他的积木块》（*Klodshans*）在1975年提出了一个问题："告诉我们，乐高精神存在吗？谁能描述一下'乐高精神'吗？"

这个问题在乐高员工中引发了极大的反响。乐高的老员工们纷纷怀念起了50年代时的情形。但对于物流部门的托尔斯滕·拉斯穆森来说，怀念往昔岁月却是他难以忍受的。1976年3月，这位克伊尔德的朋友，他在瑞士洛桑国际管理发展学院论文的共同作者抨击了传说中的乐高精神。托尔斯滕认为乐高精神就像一个遭到虫蛀的幽灵，给乐高的未来蒙上了一层阴影。他给杂志的投稿言辞犀利，没有拐弯抹角。这也可以被解读成他在为他的老同学——他未来的老板——的接班铺平道路。

> 托尔斯滕：人们正逐渐唤起一种对乐高过去的略显荒谬的怀念之情——把奥莱·柯克和哥特弗雷德描述为天才，并且从不犯错。有些人坚称，彼时彼刻的乐高精神需要重新灌注到现在公司的各个角落。他们让乐高的历史变成一个闪亮的童话，让大家顶礼膜拜。好吧，这么做确实编造了一个不错的故事。但是，我们不能总是活在往昔的迷梦中。我们应该尽快驱除这种"乐高精神"，让它不要再困扰我们！

1973年，乐高在美国成立了自己的销售公司。两年后，乐高又在美国康涅狄格州创办了一座崭新的包装工厂。从左至右依次是：包装工厂厂长总监杰克·沙利文、哥特弗雷德、康涅狄格州州长艾拉·T. 格拉索、瓦格恩·霍尔克和克伊尔德。其中，州长格拉索在自己的主题演讲中提到，整个州的未来、整个国家的未来，乃至整个世界的未来都取决于孩子的才能是否得到更好的开发。她说，对于成年人来说，玩具是可以玩的东西，但对于儿童来说，玩具是辅助能力发展的工具。

    20世纪70年代中期，乐高公司屏住呼吸，等待着一个信号，这个信号暗示着即将到来的巨大权力转移和乐高这辆列车车长的交班。这一直是瓦格恩·霍尔克的首要议程。从长远来看，乐高会发生什么呢？员工杂志刨根问底的编辑也在1976年2月向霍尔克提出了这样的一个问题："在瑞士，有一位名叫克伊尔德·柯克·克里斯蒂安森的年轻管理者。他是谁？在未来，他会在乐高公司做些什么？"

霍尔克回答道:"自 1975 年 10 月以来,克伊尔德一直全权负责瑞士乐高公司的生产。在那里,他'被赋予了一个经理所要担负的各个方面的责任,实际练习这些能力'。"

员工杂志的编辑继续问道:"克伊尔德会留在瑞士吗?"

霍尔克答道:"不会的。克伊尔德不会留在瑞士。他的计划是在几年后回到比隆,为比隆的乐高集团工作,并逐渐接替他父亲的工作。"

瑞士的乐高工厂发展迅速。这家"乐高股份有限公司"(LEGO Aktiengesellschaft)在 1974 年只有五十名左右的员工,这一数字在三年后扩展到五百至六百名。每当哥特弗雷德和伊迪丝来瑞士看望克伊尔德时,克伊尔德都能感觉到父亲对自己的嘉许。特别是当他有机会走在庞大的工厂里的时候、和汉斯·希斯聊天的时候、与曼弗雷德·穆勒讨论技术解决方案的时候,他更能强烈地感受到父亲对自己的肯定。穆勒还向克伊尔德的父母展示如何在成型车间制作精度达到零点七毫米(零点零三英寸)的工具。

有一次来瑞士,哥特弗雷德注意到儿子克伊尔德桌子上有一台硕大的计算机终端。克伊尔德解释说,这台终端连接着一台霍尼韦尔(Honeywell)大型主机,有足够的存储容量来运行整个公司的数据库。这种电脑是位于美国休斯敦的霍尼韦尔公司生产的。哥特弗雷德可能已经意识到,未来任何一家大型公司恐怕都少不了计算机,不过他个人仍然更愿意看奥拉·约根森制作的纸质版的账表,通过纸质的表格来关注乐高的财务状况。

克伊尔德曾经在奥胡斯商学院学习过编程课程。他对编程很热衷,因为编程跟用乐高积木搭房子有很多相通之处。在瑞士洛桑国际管理发展学院，他继续学习IT技能。在那里，MBA专业的学生每人可以使用一台终端。学校要求他们计算一家公司可能做出的各种决策的结果，并要求他们学习如何在正确的时间做出正确的决策。

> 克伊尔德：当我在巴尔市的乐高工厂拥有自己崭新办公室的时候，我做的第一件事就是买了一台美国霍尼韦尔公司生产的计算机。在瑞士，我的日常工作中都会用到这台计算机，但另一方面，我开始尝试规划乐高的长期战略：在任何特定的市场，我们每年能期望多少用户呢？这将如何影响到我们的营销策略呢？我们能赚到多少呢？等等。所有的这些事情都是以模块的形式来完成的。这些模块是乐高战略规划系统中的一个部分，比隆公司有个年轻人帮我做这些规划。整件事情实际上只是我在瑞士日常工作之外的一个"副业"。做这些规划让我觉得很开心。但乐高在瑞士的审计员却不是很开心，他已经习惯了账册，就是那种坐下来，用手写出来的账册。所以，他对我们所有的账目突然都变成了存储在电脑的数据库里这件事感到很不舒服。但他必须学会接受这种技术。

不仅在瑞士，在克伊尔德参与的其他丹麦和海外的乐高项目中，事情都进展得很顺利。一个柯克·克里斯蒂安森家族全新时代的掌舵人的轮廓清晰地呈现在人们眼前，其成熟的速度之快甚至超过了瓦格恩·霍尔克·安德森的预期。早在1977年夏，克伊尔德和卡米拉就从阿尔卑斯山搬到了地势平坦、四周一片荒芜的比隆居住。和他们同行的还有他们七个月大的女儿苏菲。苏菲出生在瑞士，卡米拉·柯克·克里斯蒂安森（Camilla Kirk Kristiansen）原本取得了律师资格，后来却在比隆做了一名家庭主妇。在那里，这对年轻夫妇从一开始就被寄予了很多期望。

> 克伊尔德：当然，这对我们来说是一个突然的转变，这个转变对卡米拉来说尤为重大。因为她是在哥本哈根北部的大城市维堡出生并长大的。现在，突然间，我们一家不得不在比隆小镇过起日常的生活，而且我们一开始便有了一个小孩，很快又有了第二个。我们周围有很多人认识我和我的家人，但是他们并不认识卡米拉。我觉得，对卡米拉来说，一开始适应起来有些困难。每次去超市，她总会碰到想和她聊天的人，因为她是"克伊尔德的妻子"，也是"哥特弗雷德和伊迪丝的儿媳妇"。她默默地承受并出色地应对了这一切。
>
> 至于我，周围的人都说，我只是"回到家"了，对于面前的重任，我不会感到害怕。事实上，那时候我们还不是一个巨型的全球性公司，所以加入乐高这个组织很容易。我已经认识了许多将要与我一起工作的人。在很大程度上，人们都接受了我所承担的角色。随着时间的推移，即使是那些年长的高层管理者也接受了我的到来，不过在这一过程中多少会有一些闲言碎语和争执，这是因为他们更愿意听我父亲的话，而不是我的。

瓦格恩·霍尔克·安德森此时所面临的代际交接正在紧锣密鼓地进行。当克伊尔德在瑞士忙得不可开交时，哥特弗雷德在比隆受到了相对较小的束缚，而霍尔克则负责决策。他要在这对父子之间波涛汹涌的水域中小心地航行。现在，他们两人近在咫尺。霍尔克发现自己很不情愿地卷入了父子之间的各项分歧之中。

霍尔克：有时候，前一天我还不得不和哥特弗雷德讨论，他让我告诉他是否同意克伊尔德现在的做法。但是第二天，我却必须倾听克伊尔德说的话，并与他交流，他也会问我对他父亲最新计划的意见。有一件事我很清楚：到了周末，我是不出现在他们面前的；在周六或周日，他们会有家人之间的聚会，那时候他们都有机会进行探讨。在这一点上我无法与他们"竞争"。

克伊尔德：1977年，我回到比隆后，负责市场营销和产品开发。这个时候，我对发展公司的各种新方法有了一些清晰的想法。在1976年，事情并没有像预期的那样顺利。尤其是美国市场的销售，虽然我们有很高的期望，却没有取得太大的进展。事实上，美国的收益出现了下滑。类似的事情也出现在了联邦德国。出于各种原因，除了令人兴奋的迷你积木小人儿，乐高的产品开发几乎都陷入了停滞。我觉得我很清楚乐高需要做什么，这是因为，如果我们设法让乐高的产品能满足不同年龄段儿童的需求，就能促进公司的发展，而在这方面，还有很多事情可做。这也会使我们的开发人员面临更大的挑战。总的来说，我父亲支持我的想法。但同时，他也认为我想做的太多了。这导致了我们父子俩第一次主要的对峙。有时，瓦格恩觉得自己像夹在我们父子之间的一只猴子。

1978年，瓦格恩·霍尔克·安德森认为他的使命已经完成。他成

在克伊尔德担任首席执行官（CEO）的第一年里，助他取得成功的至关重要的人物就是瓦格恩·霍尔克·安德森。他成了一位父亲般的人物和管理楷模。

功地确保了乐高公司将继续保持家族所有的状态。法律途径已经铺垫好了，财务状况也相当稳定，而且，乐高的组织架构已经准备好让克伊尔德承担他在高层的角色，并组织起新一代的高层管理者。

当瓦格恩决定离开乐高时，他的正式理由是他接受了丹麦连锁超市IRMA的一份工作。他在一封充满感情的长信中将此事告诉了哥特弗雷德和克伊尔德。在信中，他描述了八年来往返于哥本哈根和比隆的过程如何给他的家庭带来了负担。瓦格恩还把信寄给了伊迪丝和卡米拉，所以这封信实际上是写给整个家族的。瓦格恩在信中说，他喜欢这个家里的每个人，觉得自己就像这个家族中的一员。

这些信件分别被小心翼翼地放入了比隆系统街和斯科夫帕肯的邮箱里，两位妻子和两位丈夫一起读了这些信件。其实两位女士比哥特弗雷德和克伊尔德更清楚地了解瓦格恩的真实动机。哥特弗雷德读后默不作声，而克伊尔德则非常失落。瓦格恩是一位颇受欢迎、堪称楷模的执行经理人，也是一位集倾听能力、激励能力、欣赏能力和执行能力于一身的现代型领导者。失去他几乎让人无法忍受。

> 克伊尔德：在某些方面，他就像我的父亲。同时他也是一位杰出的管理者。他善于与人相处，善于组织工作和鼓舞人心，他总是积极向上。我想我从来没有在任何情况下听他说过："天哪，我们现在该怎么办？"时刻保持镇定自若是他最大的力量所在。

瓦格恩·霍尔克·安德森和乐高之间绝不会分道扬镳的。他的离职更像是一种暂时的分开，因为这位未来的 IRMA 总经理得到了新雇主的许可，继续留在英特莱格公司（INTERLEGO A/S）和乐高玩乐系统公司（LEGO System A/S）的董事会之中。这在接下来的几年里被证明是至关重要的，因为瓦格恩仍然能够支持克伊尔德，为他提供自己的管理经验，并帮助说服哥特弗雷德接受他的儿子克伊尔德作为乐高目前负责人的这一事实。

克伊尔德于 1979 年正式接任他的导师瓦格恩，出任总经理一职。但实际上，他从前一年开始就一直在公司"驾驶员"的位置上。大约在同一时间，第一批乐高的迷你积木小人儿进入市场，打扮成日常的人物角色：警察、消防员、医生和护士。

在这一年的时间里，克伊尔德在瓦格恩的介绍下逐渐认清了乐高的日常工作。两人在公司基本上都是成对出现，直到瓦格恩最终离开了乐高的高级管理团队。父子之间的事情理性地解决了。哥特弗雷德告诉一家报纸，他不想再百分之百地活跃起来，而是宁愿留在幕后，承担一些特别的任务，并支持已经开始做决策的克伊尔德。

展望未来，克伊尔德想要尽可能多地花时间在"乐高未来"上，这是乐高的产品开发部门，现在在公司内部被赋予了最高优先级别。这是乐高发展的关键：充满活力的产品开发！哥特弗雷德支持这种观点，但是，如果这意味着向市场推出太多新产品，他就不同意了。然而，他的儿子克伊尔德不能保证不会推出过多新产品。1978年3月7日星期二，哥特弗雷德的担心得到了证实。当天，克伊尔德走到公司礼堂的舞台上，在一百名乐高高层管理者面前，发表了他作为公司总经理的第一次完整的演讲。演讲提到了市场的划分。克伊尔德认为，在消费者的心目中，乐高不应该只是一种建筑玩具，而是一种"促进创造性发展的高质量玩具"。乐高公司必须囊括广泛的产品线，以适应不同的年龄群体以及他们不同的需求。克伊尔德认为，在过去的二十年里，哥特弗雷德最初的想法和概念（即乐高玩乐系统）受到了削弱。这是因为现在市场上有太多看起来一模一样的积木玩具套装。

> 克伊尔德：在1978年3月的会议上，乐高所有欧洲销售公司的总监都出席了会议。虽然一开始气氛有些压抑，但我还是站了起来，向他们解释了公司未来的发展模式。这个模型在我的脑海中已经存在了好几年。这意味着，消费者将比以往任

何时候都能更容易买到更加适合他们孩子年龄的乐高玩具。这就是乐高的新战略和新愿景。

在未来,乐高的名字将是一把大伞,涵盖了许多小伞。这些小伞仿佛一个玩具宇宙,包括得宝系列、动物乐园系列(FABULAND)、乐高乐园系列(LEGOLAND Town)、乐高城堡系列(Castle)、乐高城市空间系列(Space)、乐高科技系列(LEGO Technic)和乐高洋娃娃系列(LEGO Scala)。其中,乐高洋娃娃系列是专门针对女孩推出的一个珠宝系列玩具。这种产品线之间的清晰划分可以让消费者对乐高玩具系列的可能性有一个大致的了解。克伊尔德的演讲结束时,他说的话使听众的眼睛闪闪发光。

"我们必须向前迈进,不断发展,成为消费者和零售商心目中的第一品牌。并且,我们能够做到这些。这不仅因为我们拥有世界上最好的玩具,更因为我们是世界上最好的玩具公司。"

事实证明,这次演讲是一个转折点。毫无疑问的是,乐高家族的第三代传人想要重振乐高公司。与此同时,三十岁的克伊尔德似乎继承了他父亲的直觉力,即察觉从长远来看什么对企业最有利的能力。不仅如此,克伊尔德似乎也继承了他祖父对产品质量不可动摇的坚持,同时继承了他祖父对员工质量重要性不可动摇的信念。但克伊尔德也有自己的风格。他用字母"K"开头拼写家族姓氏,但是拒绝被人称为"KKK"。他认为,克伊尔德就是克伊尔德。[1]

---

[1] KKK 与美国的三 K 党(Ku Klux Klan,缩写为 K.K.K.)的缩写相同,这是美国历史上一个奉行白人至上主义并歧视有色族裔的组织,也是美国种族主义的代表性组织。——译者注

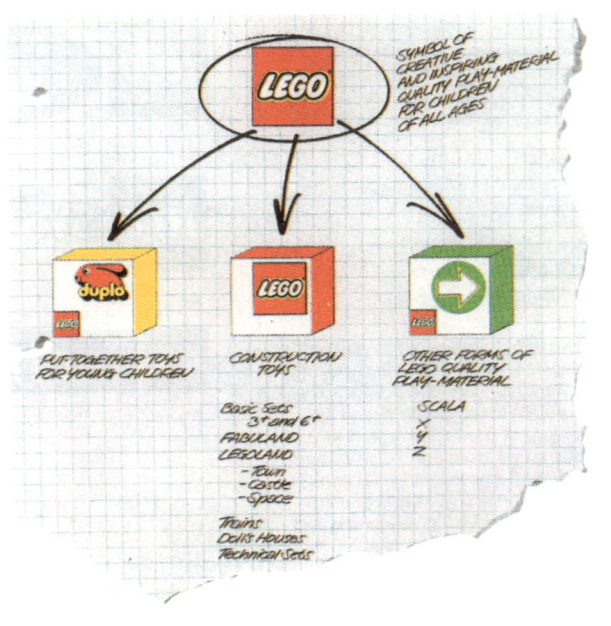

1978 年 3 月，克伊尔德引入了一种崭新的乐高开发模式，按照年龄段划分产品线，创造了一个"系统中的系统"。他做出的最重要的一项改变是，将体积较大的积木与其他积木区分开来，创建了一个独立的产品线——得宝，其目标客户是一至五岁的儿童。这个系列的标志很清晰，就是那个鲜明的红兔子标志。

与克伊尔德笔下的论文不同的是，他的长篇演讲只是间接批评了父亲领导公司的方式，以及父亲在出现危机的迹象时使用的方法。当然，在20世纪70年代，乐高所面临的主要挑战如下：石油危机、全球经济停滞不前、丹麦出生率的下降、国外玩具市场的衰退。但是，正如克伊尔德所看到的，他的父亲缩小了产品开发部门的规模——事实上，几乎终止了产品开发，但这并没有给乐高带来好处。

克伊尔德打算反父亲之道而行之，并立即着手将自己的话付诸行动。他拿出了如此多的新产品，这使得1979年见证了乐高有史以来最广泛的新产品选择范围。这是一个名副其实的乐高新玩具集合体，共有五十三种玩具套装，所有产品都隶属于克伊尔德开发模型中的某条产品线。

那么，哥特弗雷德如何看待他儿子在会议第一天时发表的强有力的演讲呢？他很骄傲，即使那天他把他的骄傲自豪之感藏了起来。就在那天晚上，他给克伊尔德写了一封简短的信。

亲爱的克伊尔德：

我觉得有必要表达我内心的快乐！

凭借娴熟的思维、坚不可摧的信念、勤奋以及清晰表达自己想法的能力，你已经成功地在这次会议上做到了一件极其重要的事情，这也为未来奠定了基础。无论在公司内部还是外部，你都巩固和提高了自己的地位（或是说，赢得了他人对你的尊敬）。那么，对于乐高和我们来说，更重要的是——尤其是现在——你应该得到真诚的感谢，这是我通常不会说的。

你的老父亲

克伊尔德的想法尤其受到了乐高新款迷你积木小人儿的启发。对于这款玩具，乐高已经开发了近十年。这些迷你积木小人儿的"进化"让他意识到，尽管乐高过去开发的一直是建筑玩具，但公司现在也拥有了角色扮演的无限可能性。克伊尔德认为，这是乐高的革命性前景，早就应该实现了。事与愿违的是，这一前景一直未曾真正被实现。乐高展现出的是犹豫、不确定性和过度被动的管理，这让摩比世界（Playmobil）的塑胶人偶在20世纪70年代成了玩具市场的新宠，占据了一席之地。现在，乐高需要向前看，而乐高的反击——灵活的积木小人儿，可移动的胳膊、腿，以及可以抓住东西的手——将乐高玩具提高到一个全新的水平。

克伊尔德：制作迷你积木小人儿的想法最初源于我父亲。从某种意义上说，这个想法可以追溯到1957年乐高二十五周年纪念日。当时，他们画了一幅他们称之为《乐高人》的画：一个穿着工装裤、戴着帽子的胖乎乎的小工人。那时候，这幅画被用作乐高分发给零售商材料的插图。20世纪50年代后期，这幅插图有点像乐高的一个符号。

我认为，这幅插图在我父亲的脑海中种下了一个想法："这样的一幅人像可能是乐高玩乐系统中的一个元素吗？"然而，这个想法直到1970年前后才得以实现。当时的设计师詹斯·尼高·克努森（Jens Nygaard Knudsen）正在用一些高大的"人物积木"做实验。他也是乐高城市空间系列和乐高城堡系列的设计者。事实上，在1974年，有一整个人物家族以及一套乐高玩具套装卖得很好。第二年，尼高发明了"迷你积木小人儿"，身高三点五厘米，有四块积木那么高。迷你积木小人儿符合乐高积木的尺寸。但那个版本的迷你积木小人儿没有可移动的胳膊和腿，所以当时那些迷你积木小人儿有个外号叫"盐柱"。这自然是不够好的。尼高、我父亲和我花了很长时间讨论。我们觉得必须对这些人物做点什么改进，它们至少得有可活动的胳膊和腿。那时候，我百分之百地肯定，如果能生产出那种大小的胳膊和腿能活动的迷你积木小人儿，它们会销售得很好。这样的迷你积木小人儿于1978年面世。

乐高的分析部门负责研究儿童的游戏习惯和他们对乐高产品的反应。在20世纪60年代末，有很多关键的讨论，其中大部分都与迷你积木小人儿的开发有关，而这些争论主要围绕公司的一个挑战不断地进行：女孩。尽管乐高从1953年就开始大力地向女孩们推销，但女孩对乐高从来没有像男孩那样趋之若鹜。表面上，乐高试图将乐高玩乐系统作为一款同时面向男女玩家的玩具来销售。但在私底下，他们早在十多年前就了解到了，男孩和女孩对乐高玩乐系统的兴趣存在着根本性的性别差异。

一份1969年的长备忘录中描述了为乐高宇宙创造一些人形人物的迫切需要。备忘录由分析部门的奥拉夫·蒂格森·达姆（Olaf Thygesen Damm）撰写。备忘录中称，女孩们不会接受只有实物的玩具，不论是玩具家具、玩具房子还是玩具汽车，等等。对于女孩来说，这些东西只存在于人类的环境和活动中，并具有与之相关的目的。另一方面，男孩们只要简单地建造玩具房子、玩具汽车和玩具火车，并让这些玩具运转，他们就会感到很快乐。

他还指出，尽管多年来乐高试图在某些生产线上点缀一些与女性相关的元素，但乐高发现自己正处于一种剧变时期。这种剧变不仅仅体现在年轻人反抗权威这一方面，而且体现在妇女解放和旧式性别规范的颠覆等方面。乐高仅仅针对男孩子的产品开发，现在看来已经是远远不够了。公司以男性为主导的管理层必须认识到，是时候认真对待男女之间想象力和创造力之间的差异了。正如蒂格森·达姆指出的那样，这不是受高尚的性别政治的影响，而是为了提升乐高的营业额。

"如果我们不考虑女孩和男孩的不同，不考虑他们玩耍方式的不同，我们就无法挖掘女孩市场的巨大潜力。"

在乐高的一次会议中，有哥特弗雷德和其他四名男性高管出席。在会上，蒂格森·达姆强调，乐高玩乐系统的设计如今是更适合刻板印象化的男性特征，而不是女性特征。这不仅仅是材料（坚硬、有棱角的积木）的问题，也是建造积木过程本身的问题，以及孩子期望用乐高制作的物品的问题：是制作玩具火车、玩具轮船，还是制作玩具汽车或玩具房子呢？

简而言之，这些房子象征了问题的关键，也象征了乐高的困境。用乐高积木建造的房子是"外向型"的。蒂格森·达姆观察到，建筑的重点在于外部，而内部总是一个封闭的、空荡荡的空间，有一些窗户和门则无法打开。当孩子们玩乐高积木的时候，他们只能与积木建筑的外部互动，而不能与积木建筑的内部互动。这意味着乐高只提供了有限的游戏范围，并不包括生活、个人、人类和情感的游戏。

蒂格森·达姆：在未来，女孩们不会接受只有实物的玩具，她们想要的是生活。女孩们要求玩具实物具有人性感。对于人们来说，这些实物必须拥有一些能够融入游戏中的自然主义符号。这些积木小人儿，或是娃娃，不能是不易弯曲的，也不能是棱角分明的。它们必须能站能坐，并具有适当的比例。上文提到的积木小人儿家庭可以逐步扩大到包括祖父母，并包括更多的孩子，等等。

这正是20世纪70年代发生的事情。1971年，乐高首先发行的玩具是一些娃娃家具和玩具屋。三年后，乐高发行的玩具是"积木小人儿"。这是在乐高历史上，首次出现了人形人物。当然，这么说其实也不准确。在更早的乐高市镇规划玩具中，已经有了静态的塑料小人儿。

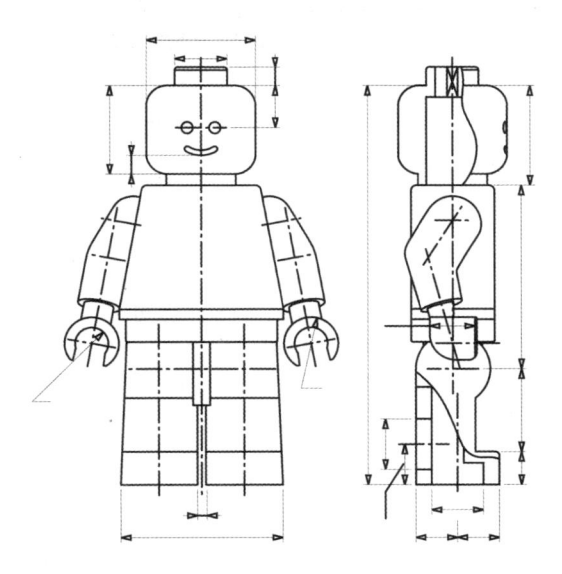

詹斯·尼高·克努森是这款革命性的迷你积木小人儿背后的设计师。在绘制了五十多张草图和原型之后，他确定了迷你积木小人儿的最终形状，这一形状符合乐高玩乐系统的所有标准。2020年克努森去世时，一名乐高忠实粉丝在推特上写道，这位设计师留下了"一个妻子、三个孩子、两个孙辈和八十亿个因孩子的想象力而充满生命力的乐高迷你积木小人儿"。

1978年，乐高公司在员工杂志上展示他们产品的时候表明："在乐高，女孩一直是一个特殊的问题。"为了解决这个问题，他们设计了五种产品，其中包括一个可以打开和关闭的装有开合折页的玩具屋，里面可以安装各种摆设，让女孩们进行角色扮演。

那些塑料小人儿是20世纪50年代发行的，它们骑在自行车、助力车以及摩托车上。尽管这些积木人物很受欢迎，也很畅销，但是1974年生产的这些积木小人儿，与用乐高积木可以搭建的实物比起来体积显得太大了。因此，在1978年，乐高把积木人物按比例缩小了二分之一，最终生产出了"迷你积木小人儿"。在接下来的几十年里，这些迷你积木小人儿风靡一时，受到了追捧。如今，全球有超过九十亿个迷你积木小人儿。

在比隆，人们对乐高迷你积木小人儿的期望值很高。同时，人们更是对乐高未来的总经理克伊尔德赋予了很高的期望。克伊尔德是个有点害羞但总是面带微笑的年轻人，他的穿着和发型都是按照当时的时尚来设计的：厚跟鞋、喇叭裤、合身的衬衫、整洁的长发和浓密的鬓角。换句话说，他无意复制他父亲的管理风格。白天，他不会在公司里闲逛，与他人聊天和交往。他也不会下班后在公司里徘徊，查看当时正在生产什么，或是模型设计师的桌子或架子上有什么新开发的东西。

相反，克伊尔德追随瓦格恩的专业脚步，与一批雄心勃勃的年轻管理者一道，带领乐高走向未来。这些管理者每个人都负责自己的专业领域。克伊尔德的个性将被淡化，他不会随时出现在公司里，也不会插手对员工的管理。尽管如此，1978年年末，乐高的员工杂志请这位年轻的乐高管理者谈谈自己，并谈谈他的管理风格，以及企业的未来。此时的克伊尔德无法拒绝，只得回答："一旦我下定决心做某事，就很难有人能够劝阻我。不过，在大多数情况下，我还是一个开放和民主的领导者。我认为自己主要的工作是帮助公司规划一些长期目标，并为实现目标制定一些策略。我特别想在产品和营销战略方面多花些时间，所以我要尽可能地从日常管理中解放出来，这对我来说很重要。"

在克伊尔德的别墅中，还有另一项人生大事正在酝酿。卡米拉即将迎来他们的第二个孩子。乐高的员工杂志评论说，这对夫妇以一种良好的、传统的方式划分了他们在家里的角色。

乐高未来的首席执行官把照顾两岁大的苏菲和做家务的任务交给了妻子卡米拉。他说："嗯……做饭从来就不是我的爱好，更不用说洗碗了。我必须承认，我很擅长'逃离'家务活儿。"

而克伊尔德并没有远离聚光灯。几个月后，也就是1979年2月，他和另一位丹麦商界继承者彼得·佐贝尔（Peter Zobel）一起出现在了丹麦一家名叫《图片杂志》(*Billed Bladet*)的周刊中。像克伊尔德一样，彼得·佐贝尔是一个大型家族企业的第三代传人。彼得还将出任柯丹保险公司（Codan）的总经理。"他们都是典型的'太子'，生来就是要掌舵企业的，"这家周刊写道，并补充道，"他们有一个共同点——才华横溢，这使他们成为各自职位的最佳候选人。"

多年来，克伊尔德或多或少地会尽其所能避免出现在媒体上，但该杂志确实提到了他私生活中的一两件事。他们注意到，克伊尔德以前特别喜欢骑摩托车，但现在转而开始航海。去年，他买了一艘三十英尺长的帆船，停泊在瓦埃勒。他也偶尔打打高尔夫球。不过他已经很久没有玩乐高了，那是他童年的最爱。克伊尔德全身心投入的兴趣其实是汽车。在瑞士时，他买了一辆金属绿色的保时捷卡雷拉双门911（Porsche 911 Carrera Coupe），现在这辆车换上了丹麦的牌照。

《图片杂志》还告诉读者，克伊尔德对饮食并不挑剔，但不喜欢煮鳕鱼和丹麦黑面包粥。黑面包粥是一道由黑麦面包和啤酒制成的传统丹麦菜肴。他的鞋码是欧码41号。就个人而言，他不是一个挥金如土的人，朋友们形容他"节俭但不吝啬"。除了汽车，他只在一个方面品位比较高，那就是威士忌。他更喜欢纯威士忌，最爱二十五年的芝华士。除此之外，克伊尔德还是流行音乐和摇滚音乐的乐迷，这段时间开始听布鲁斯·斯普林斯汀（Bruce Springsteen）的歌，尤其是关于父子关系的歌曲。

回到丹麦后，克伊尔德和三个朋友买了一艘 BB 型的三十英尺帆船，并在接下来的几年里参加了几次芬伦特帆船比赛（Fyn Rundt）。这就像回到了瓦埃勒峡湾的水上，在那里，克伊尔德还是个孩子，有自己的划艇。在学习如何使用船帆和引擎之前，克伊尔德曾经学习过如何使用船桨。

图片系私人收藏。

海盗，1989 年。

07

玩耍心态

20 世纪 80 年代

1981年春天，世界上最大的餐饮连锁店麦当劳在丹麦首次开业，这启发了乐高的管理者，让他们也产生了一个想法。这一想法最初来自康涅狄格州恩菲尔德（Enfield）的美国销售部门，但被身在丹麦比隆的克伊尔德抓在了手中。克伊尔德在20世纪70年代去过美国多次，旅途中经常在麦当劳吃东西，他面前摆着一大杯可口可乐，大口大口地吃着巨无霸汉堡，边吃边想，这家快餐连锁店之所以成功，秘诀不仅在于巧妙地混合了优质的蛋黄酱、芥末、醋、大蒜、洋葱、辣椒粉和泡菜酱，很大程度上也因为在每个开心乐园餐中都配备了玩具。

> 克伊尔德：当时，麦当劳在欧洲规模不大，主要是些青少年在那里逗留玩耍，而在美国，麦当劳是多口之家带着孩子出门的好去处。当时，很多欧洲人都认为这家连锁店很糟糕。但是根据我赴美旅途中的亲身经历来看，我并不觉得这家汉堡连锁店有什么不好的。我们当时和麦当劳签署联合促销协议，但是听到了不少批评的声音。比如说："我们怎么能做这样的事呢！"我的几位董事对这项计划也不抱太大的热情。

联合促销是乐高的一种市场营销新模式，在20世纪80年代逐渐成熟，乐高依次与家乐氏麦片、高露洁牙膏和帮宝适尿布等著名品牌展开合作。比隆一些年长、经验丰富的老员工对这些联合促销活动嗤之以鼻。他们问："什么，经典的乐高积木质量那么好，我们难道会卖不出去吗？"

当然卖得出去，克伊尔德提拔的年轻高管对此并不怀疑。高管团队成员几乎都三十岁出头，有托尔斯滕·拉斯穆森、尼尔斯·克里斯蒂安·詹森（Niels Christian Jensen）、斯蒂格·克里斯滕森和克里斯蒂安·马贾德（Christian Majgaard），也有几位年纪稍大一点、经验更为丰富的成员，比如财务总监阿恩·约翰森（Arne Johansen）。这个团队将让乐高广受世界认可，他们知道自己额外需要做一些事情，而且这些事情最好是之前的乐高人没做过的，这样他们就可以不断优化销售，让不知道乐高产品的人去买他们的产品，让拥有乐高产品的人去买更多的产品。

乐高于1983年秋天与麦当劳在美国签署协议，协议规定美国方面将负责次年秋天长达数月的宣传、促销和电视广告工作。美国和加拿大的六千五百家麦当劳餐厅，将成为数百万北美家庭首次接触这种新型彩色积木玩具的地方。

而乐高则需生产并交付不少于两千五百万份装在透明袋里的积木，还需提供六千五百个大型麦当劳叔叔（Ronald McDonald）的积木模型，这些模型将放置在所有汉堡连锁店里。他们还将为每个麦当劳门店都配备一个成品模型，以示范孩子们能用袋中的乐高积木做出什么样的作品，这个时间段里，父母可以一边专心聊天，一边吃完孩子们剩下的汉堡和薯条。

1986年和1988年，乐高与麦当劳又开展了两次大规模联合促销。20世纪80年代，乐高为麦当劳生产了近一亿袋积木。终于，他们似乎找到了进入利润丰厚的美国市场的捷径，而乐高自从与新秀丽中断专利使用协议后就一直在寻找这样的捷径。麦当劳的核心客户是有孩子的家庭，乐高品牌现今则通过这些客户在美国和加拿大迅速开拓市场，毕竟，这些家庭是最好的乐高大使。正如乐高美国品牌营销总监克里·费兰（Kerry Phelan）后来总结的那样："如此大规模的促销活动实现了我们所有的关键联合目标，包括增加品牌曝光率、鼓励老顾客收集更多积木、提供体验机会以吸引新买家。"

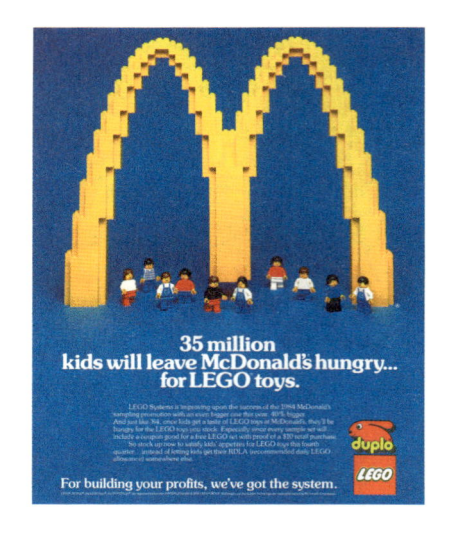

20世纪80年代，乐高甚至大胆宣称，三千五百万北美儿童会从麦当劳里空着肚子离开，因为他们之所以去麦当劳，只是为了得到乐高玩具！与麦当劳的三次成功联合促销，让乐高成功进入了全球最大的玩具市场。

与麦当劳的合作是乐高在20世纪80年代打入美国这一世界最大玩具市场的一个范例。不过，在当时的美国市场，美泰（Mattel）、孩之宝（Hasbro）和泰科（Tyco）这样的大玩具公司可不是什么友好的竞争对手。尤其是泰科，发现乐高的专利已经过期后，马上就给了乐高一个下马威。泰科推出了一种称为"超级积木"的积木系统，这种积木同样由塑料材料制成，是乐高积木的复制品，但售价仅为乐高积木价格的三分之一。

在大型、激进的商业广告中，泰科告诉美国消费者超级积木与乐高积木兼容。1985年，泰科公司采取了极端措施——代表消费者向乐高宣战。他们发布了一则广告，广告中展示了一辆由泰科超级积木制成的可怕坦克，它的枪管瞄准了敌人，而敌人在地球另一边的一个小国——丹麦。广告称："美国泰科向丹麦乐高宣战，赢家是你！"当然，广告寓意着赢家将是消费者。

玩具巨头泰科展开攻势，指控其欧洲"敌人"乐高所生产的塑料积木涉嫌剽窃。

泰科认为这种营销方式是合理的。一来，乐高的专利在美国已经过了保护期；二来，泰科声称，乐高积木之所以能诞生，也是在 1948 年至 1949 年用了别家公司的创意。Kiddicraft 公司的阴影再次笼罩比隆的董事会会议室，乐高的法律团队为该公司迄今为止最大的国际诉讼做好了准备。事实证明，这场诉讼将持续几年。

案件的第一阶段判决对乐高一方有利。此案于 1986 年在中国香港审理，哥特弗雷德在法庭上宣誓后，首次详细讲述了乐高是如何改进了希拉里·费舍尔·佩奇的"自锁建筑砌块"的。法庭庭审记录里写道，哥特弗雷德承认乐高确实"非常谨慎"地仿造了 Kiddicraft 的积木。对哥特弗雷德来说，这是一个艰难的时刻。尽管严格地从法律的角度讲，他从未对佩奇和 Kiddicraft 实施过非法行为，却总是感到几分内疚。

案件在中国香港审理的问讯环节，泰科的律师对哥特弗雷德步步紧逼，讲述了他带儿子参观丹麦乐高乐园的经历。在参观期间，他惊讶地发现乐高在其所讲述的积木成功发展历程中压根儿没提希拉里·费舍尔·佩奇。

"这会让人们觉得，自锁积木的创意和设计整个都来自乐高……这难道不是有点不公平吗？"

哥特弗雷德回答说："可能有些人知道了后会觉得不公平，但就我个人而言，我确实没想过这一点。"

1986年，哥特弗雷德和其随行的律师及顾问在中国香港的希尔顿大酒店预订了十个房间，他们计划在这里待三个星期。而在此之前，比隆的乐高总部里，已经历了不少剧变。

克伊尔德和他的年轻团队在1980年前后进入了高管办公室，之后便立即彻底改变了乐高20世纪70年代的谨慎行事方式，牢牢把握着未来的脉搏。热情、好奇心以及创新思考的勇气再次在产品研发部门得到了回报。

几年来，乐高产品系列经历了小规模的爆炸式发展，产品的套数在整个20世纪70年代一直稳定在每年约一百四十五种，而到了1983年则迅速增加到了二百四十六种。在克伊尔德担任总裁的最初五年里，乐高营业额翻了三番，达到二十亿克朗，员工人数从两千五百人增加到三千三百人，并计划在瑞士、韩国和巴西新建工厂。公司在各个方面都取得了明显的进展。

这不仅是因为管理团队中注入了新鲜血液——乐高在北美市场迅速成功——还得益于四肢可活动、外形可变更的乐高迷你积木小人儿。人们发现，这些迷你积木小人儿放在任何现实或童话场景里都很合适，于

迷你积木小人儿为乐高系统注入了更多的活力和刺激，排在 1981 年产品目录最前列的是一大群来自不同产品线的迷你积木小人儿，这突出了角色扮演的无限可能。

是，很快就有了护士、警察、宇航员、带盾牌的骑士、木腿海盗、发光幽灵等各种迷你积木小人儿。这些在美国被称为"小人儿"（Minifigs）的乐高迷你积木小人儿以前所未有的速度冲击、革新了传统的无人物的乐高积木体系。

  克伊尔德：我们的乐高宇宙需要一点生命力，而迷你积木小人儿确实带来了我们所需的生命力。建筑和角色扮演相结合，大大推动了生产的发展，并为整个 20 世纪 80 年代乃至 90 年代初的黄金增长期奠定了基础。我们有城镇、城堡、太空和海盗，让很多儿童都很感兴趣。

然而，对于乐高而言，现在比之前任何时候都要保持警觉。20世纪80年代初，整个玩具行业意识到前所未有的挑战：那年的圣诞节前夕，手持式游戏机销售火爆，它出现在了不少儿童的礼物愿望清单上，大大影响了传统玩具的销量。在比隆，这一局势一开始压根儿没激起什么水花。一家报纸问乐高集团第二年是否会推出电子产品，当时公关部负责人皮特·安贝特-麦德森（Peter Ambeck-Madsen）回答说："电子产品像黄蜂一样蜇了玩具市场一下，这确实恼人，但我们尚未因此改变我们的产品开发计划，我们对电子游戏的爆炸性增长也保持着警惕。"

克伊尔德：就我个人而言，我对最早推出的掌上游戏机非常着迷，后来也迷上了带有操纵杆的大型游戏机。我不想说，乐高作为一家玩具公司，畏惧新的竞争，但是最起码我们在一开始还是保持警惕的。当然，我们谈了很多有关"如何将数字技术融入乐高体验"的话题，我继承了爷爷对机器和技术的好奇心，确实想了很多。

很快，乐高就发现再也不能对游戏机的兴起置之不理了。20世纪80年代初，丹麦学童在课间都会听到身边游戏机的合成音效此起彼伏，孩子们紧盯着手中紧握的小玩意儿，拇指以闪电般的速度按下按钮，发出各种指令。由日本厂商创造开发的游戏机可以玩很多游戏，其中不乏经典的"大金刚""章鱼"和"马里奥兄弟"等游戏。

掌上游戏机在短时间内成了一种现实存在的挑战。家长和老师们被"哔哔"声吵得发疯，而一些批评家又说这些游戏机破坏了良好、健康的游戏形式。因此，有的丹麦玩具店一开始都不备货。丹麦麦格辛百货公司（Magasin）的首席买手称，这些游戏机除了发出"哔哔"声以外，什么都干不了,和乐高的管理团队一样,相信它们的流行只是昙花一现。许多丹麦儿童托管中心对这种"危害社会发展"的新型游戏也有些提防,一些课外活动俱乐部则禁止儿童携带电子游戏机。例如,1983年春天,科灵儿童托管中心的负责人解释说:"我们已经受够了,电子游戏在圣诞节前不久一下子流行起来,到了复活节,它简直无处不在了。这些游戏让孩子们变得异常消极,他们只顾着自己玩游戏机,再也不想和其他孩子交往。唯一让孩子之间产生互动的情况,只有当一个孩子挡住了另一个孩子的光线时,两个人才会开始互相挑衅。"

今天,类似这样强烈的反应已经成了人们说起那个时期经常会提起的笑话。事实上,手持游戏机的浪潮不过是一个先兆,预示了数字硬件即将掀起惊涛骇浪,康懋达64(Commodore 64)和任天堂革命性的Gameboy等游戏设备随之而来,一直至今,这些设备都在不断涌入大部分发达国家儿童和青少年的卧室。在接下来的十年中,不管是独自一人还是成群结队地玩耍,孩子们的玩耍方式,特别是他们玩的东西,经历了范式的转变。

对这一浪潮,乐高起初持怀疑态度,认为这些电子游戏只不过流行一时罢了。丹麦著名商业报纸《商业新闻日报》(*Børsen*)在1983年春季发布了对乐高这一国际知名玩具公司的专门报道,前总裁哥特弗雷德和时任总裁克伊尔德都公开表示:他们认为电子游戏不会对乐高的持续发展构成威胁。在这个问题上,父亲和儿子只是表面上意见一致。哥特弗雷德说:"在玩具行业,我们是全世界数一数二的公司,绝对不会因为电子游戏的流行而受到冲击。"

然而,《商业新闻日报》的记者感觉到了这两人作为两代人所存在的分歧。因此,他问克伊尔德乐高是否会开始生产电子玩具。这名记者认为乐高生产电子玩具也并非完全不可能,毕竟乐高不久前刚刚宣布要与丹麦最大的出版社合作，发行以乐高动物乐园系列为主题的书籍，甚至还有传言称乐高会推出电影。那么，乐高会生产电子玩具，进一步从核心的积木业务转向其他业务吗？

克伊尔德否认了这一可能。

> 克伊尔德：当然，这并不意味着我们拒绝使用任何与电子游戏相关的新技术。如果我们使用新技术，一定是因为这些技术可以服务于我们的目的，但我们不会单纯为了"使用新技术"而在产品中引入新技术。就像我们多年来一直做的那样，比如把发动机和其他技术用作我们产品系列的合理组成部分，我们也会将电子技术自然地融入产品。

在1984年的一次报纸采访中，父子之间的紧张关系显而易见。在采访中，哥特弗雷德完全是一个冷静而固执的日德兰人形象。"除非我儿子把我赶出去，否则我是不会离开公司的，在我七十岁之前，他也无权把我赶出去。我们配合得很好，就像我和父亲配合得那样好。"克伊尔德只是听着，一言未发。
照片来自弗莱明·阿德尔森。

电子迷克伊尔德已经为乐高在新技术中寻找商机做出了设想，这个机会就在游戏和教育的交叉点，换句话说，就在学校。早在1980年到1981年，乐高的设计师就与教育工作者和各领域专家合作，乐高得宝系列的一则电视广告就喊出了下面的口号："让小能手的学习变得有趣。"

在接下来的几年里，玩具的教育作用得到了进一步的强调。乐高致力于打造更多富含新技术的积木项目，供教师、学生和十八个月以上的幼儿使用，以此开发名为"乐高教育"（LEGO Education）的新产品线。乐高科技1（LEGO Technic 1）于1985年推出，几年后，又推出了乐高得宝系列马赛克拼图套装（LEGO DUPLO Mosaic）。公司甚至还建立了一个学习网站，教师可以在网站里免费下载教育活动设计以及两套积木的搭建说明和课堂活动所需的配套用具。

1982年，乐高发布五十周年纪念册，克伊尔德在纪念册中提了"寓学于乐"这个说法。与此同时，他在一家报纸上发表评论："学生们不必非得依靠书本了解各种技术，也可以通过自己动手搭建乐高积木来接触科技。我们对这个市场充满信心。"然而，当克伊尔德试图解释"乐高未来的重大市场不仅仅针对中小学校园和儿童保育中心，还包括高等教育领域"时，公司领导层并非每个人都认同他的观点。

克伊尔德：我清楚地记得一位高管说："不，肯定行不通。孩子们如果在学校使用积木，他们就会感到厌烦，回家后就不想再玩了。"但是我对他们说："噢，不会这样的，别犯傻了！"

1984年2月底的一天，克伊尔德白天连着开了好几场会议，度过了漫长的工作时光后,晚上和卡米拉在位于斯科夫帕肯的家里休息。电视机开着,一些小学生出现在屏幕上,用电脑让一个像乌龟一样的小机器人完成他们的指令。场景一转,出现了一个留着白胡子的男人,他告诉观众:他本人开发了一种特殊的编程语言,非常简单直观,孩子们掌握起来很容易。这个人就是西摩尔·派普特(Seymour Papert),他把计算机描述为新型教学模式的创造性工具,适合即将到来的数字时代。"教育不在于解释书本的内容,而在于让孩子参与课堂,爱上所学内容。"

克伊尔德一下子就完全接受了西摩尔的观点,或者,按《华尔街日报》(*The Wall Street Journal*)几年后的说法:对于一家"通过让孩子们动手而赚了一大笔钱"的公司来说,这番话无异于天籁。对于"简单的小积木如何在计算机时代占据一席之地"这个问题,这是乐高第一次认真地寻找答案。

> 克伊尔德:西摩尔·派普特说,孩子们可以通过玩电脑和他所创造的"Logo编程语言"来学习,我觉得这个想法特别好。广播后的第二天,我请一些员工联系派普特,很快就得到了回复。有意思的是,他早就想给我们写信了,因为他在波士顿麻省理工学院媒体实验室(MIT Media Lab)里曾经用乐高积木做了好几次实验。早在那时,媒体实验室就已经成为一个跨学科的技术研究室,在编程和数字化方面,其研究范围覆盖了各种各样的研究兴趣,也包容大不相同的思维方式。不久之后,我专程去波士顿和派普特面谈。

克伊尔德见到的这位脾气火暴但具有童心的科学家,拥有广泛的才

西摩尔·派普特认为：儿童在尝试中学习，技术和儿童创造力之间存在协同作用。克伊尔德认同这一观点，而此共鸣正是乐高与麻省理工学院媒体实验室合作的开端，双方最终于1998年推出了乐高"思维风暴"主题产品。

能和天赋。作为数学家、计算机科学家和教育家，派普特深受世界著名的瑞士心理学家让·皮亚杰（Jean Piaget）启发。皮亚杰试图理解儿童如何构建知识，相信儿童是在应对挑战、解决难题的过程中成长的。此外，皮亚杰最基本的观点是：孩子愿意不断实现自我发展。基于皮亚杰的理论，派普特主张"孩子们动手的过程也是构建知识的过程"这一观点。派普特表示，相比于"老师直接向学生描述某物的工作过程、解释其中原理"的学习方式，这种类型的学习发生在孩子的大脑深层，因而很重要。

跟派普特见面，使克伊尔德了解了他关于未来学校的想法：在那里，游戏和学习在本质上是相通的，计算机将与铅笔和书籍处于平等的地位。这对克伊尔德来说是一个转折点。克伊尔德从来都没有多喜欢自己在学校里度过的时光，但是他现在却看到了学校发展的潜力：在学校里，孩子们应该像派普特所描述的那样自己掌控学习，利用学习材料探索世界，以新的方式了解自己。

> 克伊尔德：西摩尔向我介绍了智能积木的概念，玩这种积木的时候，用户可以自己对积木进行编程，他还给了我灵感，让我知道这些智能积木如何能成为乐高历史上的第三大技术创新。我们最初的创新性建筑体系在1955年成型，在此基础上，我们在1962年创造了轮子，组合好的积木从此可以移动。1966年乐高积木中出现了电动马达，积木从此可以带给人们更多活力和更大乐趣。按照我和西摩尔的设想，下一个阶段是这样的，乐高玩家可以让乐高模型做一些动作，并为乐高机器人编程。

1985年5月，西摩尔·派普特来丹麦参观。在前往比隆与克伊尔德会谈之前，他在克里斯蒂安堡宫为三百名小学教师做了一次讲座，讲座的主题是"儿童在未来科技社会中的学习"。派普特所传达的信息是，如果人们想用计算机来抑制儿童创造力的话，这种东西确实可以是"绝佳"工具，但与此同时，计算机也可以用来帮助儿童释放创造力，促进儿童更加独立。

演讲结束后，西摩尔·派普特对与会记者透露，麻省理工学院媒体实验室已经开始与乐高合作，双方正在研制具有内置红外光电管传感器的积木，由此可以实现机器人的编程。比如，在接触到墙壁或其他物体时，机器人就可以做出反应。派普特还告诉记者，该项目将在几年内投入美国教育市场，他们将向学校提供与先进技术相结合的新型积木，孩子们可以用乐高积木制作机器人、起重机和车辆，并使用Logo语言在计算机上控制积木模型。

> 克伊尔德：我们在波士顿建立了一个乐高研发机构，该机构将与麻省理工学院媒体实验室密切合作。我真切地感到自己与西摩尔在思想上有种血缘关系，这听起来可能有点夸张，但我们每次见面，都能沟通得很好，而且在之后的数年之中，我们又见了好几次面。我们从不使用华丽的词语和漂亮的长句，而只是坐在一起，聊一聊各自的理念。西摩尔话其实并不多，但不管他说些什么，他的话总是有意义的。

20 世纪 80 年代末，乐高和麻省理工学院媒体实验室为乐高科技系列模型开发了软件，克伊尔德对"寓学于乐"的信心高涨起来。此次海外合作的首项成果在 1986 年到 1987 年出现，名为乐高 TC，其中"TC"是"技术控制"的意思。使用多种乐高积木、控制器和软件，学生们可以搭建由苹果计算机或 IBM 兼容机控制的机器人。

1986 年，人们可以用乐高科技 1 搭建类似于机器人的模型，这些模型由计算机控制。奥勒·格伦鲍姆是一名记者，同时是一名计算机专家，他非常欢迎乐高科技系列 TC-1 的推出，但也指出了当时那个年代的局限性："你需要先有一台电脑，才能控制这个模型，而只是买电脑就得花几千克朗。"所以乐高机器人激起的市场反应并不强烈，此类产品主要都是学校在使用。

早在1990年，此类乐高套装的使用就在美国学校取得了进展。那时，现代技术的使用和演示已经成了必修课。学校的一大教学目标是把儿童培养成问题解决者和发明家。派普特在《华尔街日报》上撰文写道："史无前例的，计算机给了我们的社会一个选择机会，我们得以决定是要培养出从事重复性工作、服从命令的角色学习者，还是要培养出具备批判性思维和创造能力的智者。"

西摩尔·派普特并非克伊尔德20世纪80年代的唯一灵感来源。有位商业记者曾说，比隆总部的设计让人想起"云杉种植园中的老人之家"，回到这里，有一只相当奇怪的"鸭子"在这座深棕色砖造建筑的大厅里游荡。20世纪80年代，与推崇优雅、专业的管理方法的其他高薪高管不同，佩尔·瑟伦森（Per Sørensen）对于管理和乐高有一套令人惊讶的表达方式。

> 佩尔·瑟伦森：当哥伦布出发横渡大西洋时，他不知道自己要到哪里去。当他在大洋的另一边上岸时，也不知道自己身处何处。等到他回了家，他甚至不知道自己到底去过哪里。说起来我们的管理团队的发展，我们在乐高的处境不比哥伦布好到哪里去。

1979年，克伊尔德任命佩尔·瑟伦森为乐高董事，负责人事、组织、培训和工作条件等事务。瑟伦森的工作职责虽算不上固定，实际上却在长达二十年的时间里手握管理权，长期以来都在协助总裁拓宽对自己和自己的角色的认识。

　　克伊尔德：佩尔曾在奥胡斯商学院任教，教授计算机科学和组织开发课，是一名非常善于启发他人且反传统的教师，我上过他的课。我们在招聘人事主管时，佩尔递交了申请，我为他安排了一次工作面试，而我父亲当时一点都不想出席那次面试。

人事工作负责人佩尔·瑟伦森（左）对管理工作的看法不同寻常，他在接受媒体采访时表达了自己的观点："如果客户认为商品价格太高，我们的员工认为他们的报酬刚够过日子，供应商说和我们做不下去生意了，我们的股东说他们的回报太少，那么就说明我们管理者的工作做得还不算差。换言之，所有利益群体都必须适当地感到不满。"
照片来自埃里克·杰普森。

哥特弗雷德曾经认为："佩尔这样的人在乐高绝对干不下去。"但他还是在佩尔面试时轻轻地走进办公室，坐下来看他的表现，结果发现佩尔的想法都很不错。佩尔很特别，该怎么形容呢，就是有一种阴阳辩证的思想，喜欢把事情完全反过来看。

"好吧，但我们为什么不这样看这件事呢？或者，我们还可以那样看。"

"父亲确实很喜欢那些从未涉足过玩具行业却具有挑战精神和反传统思想的经理。"

佩尔·瑟伦森受过高等教育，对乐高的精神和企业价值有着明确的认识，在整个20世纪80年代，他在塑造乐高企业文化上发挥了关键作用，影响之大不亚于20世纪60年代的索伦·奥尔森。事实证明，他是克伊尔德和其他高管宝贵的切磋对手。瑟伦森博览群书，喜欢引用老子、毛泽东、克尔凯郭尔（Kierkegaard）、格伦特维格（Grundtvig）和詹森·克里斯蒂安·霍斯特鲁普（Jens Christian Hostrup）等人物的妙语。比如说，瑟伦森提醒乐高需要沟通和创新时，经常用到詹森·克里斯蒂安·霍斯特鲁普的旧诗《北方高原，自由之家》（*High North, Freedom's Home*）中的三句话：

> 让它破碎，让它发酵！
> 不要阻挡水流，忍受它的咆哮！
> 夏天，将会结出果实。

这些高调的台词意在表明，乐高欢迎不同意见的出现，尤其珍视那些不盲从而选择站出来阐述自己意见的人，实现这一点的前提是员工能表达自己的真实观点，而不仅仅做自己的"角色"应当做的事情。就这样，克伊尔德曾经的老师成为他作为新任总裁所发起的许多培训项目的灵感来源。在这些项目中，乐高年轻的管理团队逐渐习惯了一路高歌猛进，有时可能因发展速度过快而失控。

> 克伊尔德：20世纪80年代，我真正开始思考管理哲学这个问题。我想，这确实有必要，因为我们发展得太快了。最后，我们举办了一系列研讨会，借助外来的沟通专家的帮助，得以采用新的组织和思考方式，在涉及我们多元的管理风格时则尤为如此。我一向信奉合作，所以我们在那几天开了很多会议，一起讨论这个问题。我想确定的是，我可以说服我身边的同事以及任何想进一步发展我的理念的人，让他们相信我的管理理念不仅仅是我自己的，也是他们的。我也希望这一理念能够在管理层传递，并在整个公司传播。从某种程度上说，此次管理理念的探索是成功的。

这方面佩尔·瑟伦森的功劳很大，他认识到所有任务本质上都是辩证的，应该从不同角度加以考虑，再在此基础上形成自己的管理方法。瑟伦森以其道家管理理念为基础，提出了十一条信条，名为"管理的十一条悖论"（The Eleven Paradoxs of Management）。这套简单易记的规则印在一个巨大的阴阳鱼符号上，制成了海报，送给乐高的所有高管。每一对悖论都由看似矛盾的两条陈述组成，通过矛盾，人们可以窥得崭新而深刻的见解。例如：

领导者必须冲在前面 —— 也必须退到后面。
领导者必须富有活力 —— 也必须小心翼翼。
领导者必须富有远见 —— 也必须脚踏实地。
领导者必须相信自己 —— 也必须虚心谦逊。

> 克伊尔德：这些悖论推出至今已经三十多年了，我仍然喜欢它们背后所反映的态度。回想过去，这些悖论激发我们进行了很多次妙趣横生、火花四射的对话。这些悖论实际上产生于一次管理团队会议，当时，我们刚刚开始讨论一个好的乐高经理所应满足的条件。
>
> 大家一开始谈的只是一些陈词滥调，突然，佩尔·瑟伦森建议我们把自己的话组织成一系列悖论来表达。这个办法极具启发性，当时我的一位优秀的董事说了句活跃气氛的话，很有意思，让人听了就忘不了："具备远见卓识而又脚踏实地的领导者不是树上长出来的！"

对克伊尔德来说，这些悖论不仅是乐高新管理哲学的起点，也是对他个人的告诫。这些悖论一来涉及了保持随和、开放、与公司精神和文化相一致的人生观，二来也符合克伊尔德长期以来深信的观点——生活中的大多数事情的意义只能通过其对立面来解释。这是一种基本的世界观，也是一种对待环境的方式，但并非完全没有问题。毕竟，他管理着一家拥有五千名员工的公司，员工希望自己的老板重视行动、能够直截了当地表达观点并制定明确的路线。

> 克伊尔德：我一直都明白，在这个世界上，"两者兼顾"比"非此即彼"的情况更普遍。这一点，我年轻的时候就有所感触。当时，我还不过是被派驻瑞士的一个经理。但正如瑟伦森和我过去常常说的玩笑话那样，在乐高的管理中，我们需要更多的"此"、更多的"彼"，并且需要两者同时存在。我们举办了一些很棒的研讨会，但并非所有人对这些研讨会都同样热

情对待，并能得到启发。

有人会说："我们'说'得太多了，不是吗，克伊尔德？"他们说的可能确实对，但当时我的观点是我们得作为一个团队来做出决定，这一点至关重要，每个人不该感到自己被甩在后面。这几乎就是我在20世纪80年代的管理哲学，事实上，我将其沿用至今。

佩尔·瑟伦森在乐高工作了近二十年。卸任时，他曾经的商学院学生克伊尔德送给了他一块金怀表。乐高公司内刊派代表出席了他的荣休招待会，问佩尔希望乐高公司记住自己哪一点。

"你只要写下这句话就行：多年来，我一直帮乐高避免形式化，让乐高不至于成为受指挥家和乐谱拘束的交响乐团，而是让其成为兼顾整体演奏和即兴演奏的摇滚爵士音乐即席演奏会。我们就是这样来保持乐高文化、乐高精神的。"

翻看20世纪80年代的年度账目，可以发现乐高的营业额和利润在这段时间里直线上升，以至于管理层感觉这十年间他们成了一群"塑造奇迹的工作者"。正因为公司发展势头强劲，哥特弗雷德以乐高股份公司董事会主席的身份要求召开一次全体会议，以提醒年轻经理们小心，"不要让成功冲昏头脑"。

乐高公司要一往无前地往前冲，奔向未来。1988年，乐高首次获得大名鼎鼎的"形象奖"（Imagepris），这是《商业新闻日报》根据丹麦商界领袖的投票结果而颁发的奖项。在20世纪90年代，乐高又五次获得该奖项。引领这一切的是时年四十岁的克伊尔德·柯克·克里斯蒂安森,虽然多亏了他才有乐高的快速发展,但是克伊尔德做得最多的是在幕后默默付出。克伊尔德1989年被《日德兰邮报》推选为"影响20世纪90年代的丹麦年轻高管"。新一代高管在丹麦产业界占据了绝对的优势地位,包括:A.P.穆勒公司(A.P.Møller)的杰西·瑟德伯格(Jess Søderberg)、诺和诺德公司(Novo Nordisk)的麦德斯·欧丽森(Mads Øvlisen)、丹尼斯克(Danisco)的莫根斯·格兰伯格(Mogens Granborg)和乐高的克伊尔德·柯克·克里斯蒂安森。这些人都代表着与传统的决裂:在丹麦的大型公司里,权力和金钱不再全部囤积和控制在年长的人手中。

马士基·麦肯尼·穆勒(Mærsk McKinney Møller)也是一位与众不同的丹麦总裁,据说他和克伊尔德关系很不错。他们有不少共同点。第一,两人都拥有一家基于家族企业建立的大型跨国公司。第二,两人喜欢同一种领导风格。在他们的领导下,公司里的每名员工都经过训练而习得了同一种企业文化:人们只有通过集体合作才能取得成就,而且合作中的每个人的贡献都很重要。第三,年长的航运巨头"马士基集团"(A.P. Moller-Maersk A/S)和年轻的玩具制造商"乐高集团"都没有在树立公众形象方面有什么大动作。关于克伊尔德,《日德兰邮报》有过相关的评述。

> 《日德兰邮报》:在一般的政治辩论中,他一直都很低调;但在幕后,他的影响力是不可否认的。在比隆,下一年的地方预算在地方议会批准之前,是由乐高总裁管理的;而在比隆以外,乐高还与丹麦政府和议会联系密切。克伊尔德·柯克·克里斯蒂安森是丹麦工业委员会高级董事会成员。除此之外,他

还是丹麦银行董事会成员,与商业界的几位关键人物关系很密切,这些人物包括:马士基集团的杰西·瑟德伯格,丹麦最有权势的商人保罗·J.斯万霍尔姆(Poul J.Svanholm)——他是嘉士伯董事会主席兼董事总经理。

尽管克伊尔德作为乐高总裁在20世纪80年代末被视作丹麦最具影响力的商人之一,而别处对他的描述也是"管理五千八百名员工、运营一家在比隆不断增建大型工厂的企业,对他来说构不成任何压力"。但是,在个人方面,克伊尔德所要应付的比当时大多数人想象的要多得多。在整个20世纪80年代,他不时怀疑自己的领导魅力和领导能力。父亲仍在幕后工作,常常质疑儿子的领导能力,这又加剧了克伊尔德的不安全感。这一切都损害了这位年轻高管的精神状态和自尊。

> 克伊尔德:这种状态在我1977年从瑞士回来的时候就开始了,一直持续到1995年父亲去世,在20世纪80年代最为严重。一方面,爸爸为我感到骄傲,他明白我必须推行某些举措,但他同时又要求我留出时间和他举行一对一的会议。例如,他想让我们每周去一次他在尤托夫特(Utoft)森林里的狩猎小屋,就在比隆和格林斯泰德之间,去和他谈一谈跟公司运营有关的一切事情。
>
> 结果导致我在思考父亲的想法和要求上花了太多的时间,他总想让我多多听从他的意见,而我也容许他有这种想法。但与此同时,我不得不常常思考,如何才能让他对由我所掌舵的乐高的发展感到满意。整个20世纪80年代,我们常常在长期意见相左后摊牌。我必须非常明确地摆明立场,告诉他:"我

是做最终决策的人,亲爱的爸爸,你不要再背着我去给这个人或那个人下命令了!"

让人难过的是,这也意味着我们私下不能频繁见面,因为我们一见面就会争执,当然,这也伤害了卡米拉和我母亲。我的孩子们也开始慢慢发现我和他们的祖父关系不对劲。我们父子俩几乎总是陷入某种愚蠢的争论,而且一旦争论起来,双方都停不下来。在这方面,我们可能同样固执。

在内心深处,他当然想要最好的结果,我当然也是这么想的,但我们是两代人,想法很不同。

父子之间的分歧在 20 世纪 80 年代继续加深,克伊尔德发现自己常常对最爱的鲍勃·迪伦歌曲中的一个问题深感共鸣:"一个男人要走多少路,才能称得上男子汉?"照片来自弗莱明·阿德尔森。

1981年，哥特弗雷德在接受《管理学》(Management)杂志的父子联合采访时宣布，他已经进入了自己作为企业家的"第二人生"，希望能实施一些对比隆和所在地有益的项目。他所做的工作将会通过科尔克比股份公司实施。

记者问道，这意味着克伊尔德在母公司乐高的董事会主席的角色有哪些变化呢？毕竟，哥特弗雷德必须确保儿子克伊尔德在乐高表现良好。

哥特弗雷德回答说："这么说吧，对于我们意见不一致的事情，他肯定得把整件事情都彻底解释清楚，才能说服我。"

记者接着问道，作为董事会主席，哥特弗雷德是否喜欢插手那些非常琐碎的事务。

"我不能百分之百保证。当然，永远都不应该妨碍新的管理层，但我必须根据经验提供不同的观点。目前有些事情的运作确实和我最初的想法不一致，但我仍然可以说，我赞同所有的重大决定。"

这位记者随后详细询问了"父子两人如何共同确定乐高未来计划"这个问题。

克伊尔德回答说："我们一致认为，'持续、健康的增长对未来很重要'，但对于'什么是健康增长'这个问题，我们的意见可能不一致。我们不能一味地开辟新市场，扩张业务，而是需要确保乐高在现有市场健康增长。"

但未来战略将基于什么呢？

哥特弗雷德接着回答了这个问题，他强调：最重要的是要让增长受控。"必须是由我们来经营公司，而不是反过来，成为被公司发展推着走的人！"

克伊尔德听罢说道："我完全同意。"

克伊尔德：我一直以来非常尊重父亲，直至现在也仍然如此。幸运的是，我们过去关系亲近的时候，也度过了很多美好的时光。引起我们争吵的几乎总是与公司经营有关的事，但这毕竟是他一生都为之付出心血的工作。无论从哪个方面来看，乐高都是他的生命，所以他很难接受自己被一把推出公司这件事。我当然可以看出来他有这种顾虑，也理解他，但这也意味着我经常看到父亲消极的一面。

人们经常告诉我，当父亲谈及我和我为乐高所做的事情时，他的自豪溢于言表，但是实际上，我和他在一起时从来没有过类似的感受。即使事情进展得非常顺利，他也很少表扬我。

1982 年 8 月，乐高公司庆祝公司成立五十周年。这一庆祝活动在很大程度上成了哥特弗雷德的个人表演。他出现在报纸和电视上，在周年纪念日当天，他在比隆乐高公司总部外的草坪上发表了一场极具个性的演讲，草坪上还摆了一排椅子，搭了一个舞台。然而，那天天公不作美。乐高航空公司的三架飞机——一架塞斯纳（Cessna）飞机和两架空中国王（King Airs）飞机——在乌云密布的天空中盘旋，发出轰轰声，却盖不住乐高乐园花园里的喧闹。在花园里，游行乐队在湿漉漉的地面上合奏，而哥特弗雷德正准备向一百五十名受邀嘉宾、记者和摄影师致欢迎辞。

大雨倾盆而下，柯克·克里斯蒂安森全家在前排的雨伞下扎堆站着。中间是八十五岁的苏菲，围着苏菲的是她与奥莱·柯克的五个子女和子女的配偶。这是这个大家庭二十年来的首次团聚。哥特弗雷德在聚会中对家人表达了热烈感谢。

> 哥特弗雷德：我很高兴全家都能聚在一起。我还要特别感谢您，我的妈妈。您在父亲最初的艰难岁月中扮演了重要的角色。1932年，许多人都会对父亲的玩具生意提出疑问：这真的会成功吗？
>
> 今天，我们正处在另一个危机时期，似乎应该提出一个类似的问题："我们能继续走下去吗？"

哥特弗雷德的哥哥卡尔·乔治和弟弟格哈特当时作何感想，我们就不得而知了，两人二十年前将自己所持有的乐高公司股份全部卖出了。格哈特五十六岁了，他并未像人们预测的那样，将木质材料和塑料结合制成的BILOFix打造成轰动全球的玩具。他最终卖掉了自己的发明，把所有的精力都投入到了一家玩具连锁店——GK玩具商店，他的生意多年来一直做得很好。当格哈特的连锁店庆祝周年纪念日时，哥特弗雷德到场致贺，《垂钓杂志》（*Fyske Tidende*）的记者趁机询问两兄弟关系如何。

格哈特回答说："我们在家里相处得很好，但在商场上却像是陌生人一样。这两件事一码归一码。"

六十三岁的卡尔·乔治1982年回归了乐高，负责给汽车、火车等模型制造数百万的车轮。生产地在科灵，卡尔·乔治曾在那里经营自己的塑料公司，雇有五十多名员工。然而，该公司在20世纪70年代不得不关闭，此后卡尔·乔治又经营了一家贸易公司，但最终又接受了乐高提供的工作。

1982 年 8 月，哥特弗雷德在乐高五十周年庆典上向家人和员工致辞。公关总监皮特·安贝特-麦德森为他打伞。
照片系私人收藏。

哥特弗雷德在伞下为周年纪念演讲接近尾声时，他表示，乐高有理由保持乐观。"我们有一支专注而充满活力的管理团队，这是由你所领导的，克伊尔德！"

哥特弗雷德当天又对着一名记者重复了他对克伊尔德罕见的表扬。

"自从克伊尔德接任总裁职务以来，公司各方面都得到了提升。他比我更大胆，但说实话，我更希望公司不要变得规模太大，现在大得我都记不住所有员工的名字了。"

哥特弗雷德对另一位记者说，克伊尔德在公司内部激发了一种全新的、充满活力的力量，但克伊尔德也做了自己永远不愿意去做的事情，所以，自己偶尔也会全盘否定克伊尔德的做法。

"我必须学会不再干涉他！不过，我觉得有必要提一下，在我上任的头几年，乐高账目上出现过赤字，而在克伊尔德管理下从未出现过这种情况。我认为我们俩面对的决策环境是非常不同的。"

与儿子不同，哥特弗雷德从不排斥成为聚光灯下的焦点，他以引发关注的乐高周年纪念日为契机，发表在全国引起回响的政治声明，同时强调乐高的前任总裁仍然颇有影响力。在《日德兰邮报》商业副刊的头版上，哥特弗雷德宣称乐高可以是丹麦的企业，但并非永远都必须是。

> 哥特弗雷德：丹麦的商业环境变得非常严峻。所以，我们为了确保乐高的生存，不得不重新考虑乐高的处境。一方面，将乐高传给第三代会引发难题；另一方面，财富税也是巨大的负担。当有人像我一样，挣了一克朗的钱，扣完税后只剩十七欧尔时，我们不能说丹麦的营商环境是友好的。

但是，哥特弗雷德每一克朗的收入只剩下区区十七欧尔这件事情扫不了人们参加庆祝活动的兴致。克里斯蒂安森家族已为8月的庆祝活动拨出了数百万克朗的经费。事实上，全体员工都非常期待他们一家准备的周年纪念礼物，人们早已对礼物展开了热烈预测，甚至在暑假之前，传言就开始满天飞了，有人打赌四千名员工每人都会得到一台VHS或Betamax制式的录像机，两者都是当时最热门的商品。

最后谜底揭晓，礼物是每位员工获得六千克朗的奖金。人们很快就把这笔钱花掉了，大大地促进了当地的消费，正如当地报纸所写的那样，"当地消费重返春天"。

比隆有两家无线电产品经销商，其中一家经销商告诉媒体，从彩电到立体声电视机和视频播放器，几乎所有的产品都被抢购一空，"人们竟然都是用现金付款！"另外一家无线电产品经销商，霍夫杰达敦（Hovedgedaden）的扬声机卡尔（Loudspeaker Kaj）也满意于人们疯狂花钱的景象。在当地经营肉店的尼森说，乐高周年纪念刚结束之后头几天的景象，让人看了都会认为是除夕前一天。"人们狂热地购买牛排和昂贵的葡萄酒，狂热的状态前所未有！"

克伊尔德也给自己、卡米拉和孩子准备了一份礼物，是一处地产，位于丹麦中部名为菲英的海岛上。该地产名为舍伦堡（Schelenborg），位于凯特明讷（Kerteminde）北部，其历史可追溯到13世纪。这块土地历史上的所有人是臭名昭著的马斯克·斯蒂格（Marsk Stig），此人又名斯蒂格·安德森·赫维德（Stig Andersen Hvide），他在芬德鲁普莱德（Finderup Lade）被判弑君罪，财产被没收，法律权利也被公开剥夺。到1982年，舍伦堡的地产包括马厩、小型附属建筑物和一千二百英亩土地，其中有一千多英亩是耕地。

1982年夏天，乐高一家开着哥特弗雷德和伊迪丝的露营车来到菲英岛东北部的费恩斯豪（Fyns Hoved）度假，发现了这个美不胜收的地方。暑假后，克伊尔德某天碰巧看到马措夫特（Martofte）附近的舍伦堡正在待售，便代表全家提出了报价。为了纪念这次引发轰动的地产收购，《瓦埃勒民报》刊登了一幅漫画，在画里，新主人站在舍伦堡外面，还有两个失望的小男孩怒气冲冲地看着这座历史建筑——这座建筑并不是用乐高积木搭建的！漫画下面还有一首小诗：

> 乐高老板克伊尔德，
> 用他的权力买下了豪宅一座。
> 这么好的房产他怎么买到？
> 简单得如同挑挑他的眉毛！

克伊尔德和卡米拉从朱尔-布罗克多夫家族手中买下了位于凯特明讷北部的舍伦堡。两人把舍伦堡庄园变成了一个与比隆隔离开的地方。在这里他们和三个孩子可以远离比隆那种重复的生活,不用再被乐高的经营琐事所打扰。
图片系私人收藏。

> 买下这房子并不困难,
>
> 他又不似教堂里困苦的小老鼠。
>
> 他的钱全靠积木搭出来,
>
> 舍伦堡地产全靠真金白银买过来!

克伊尔德:我们很快就开始把舍伦堡当作周末和假日的去处。这对我的家人来说是件好事,对我来说尤其如此,因为我需要一定的空间,从乐高和比隆的事务中解脱出来。

我当时的生活方式和我父亲很像。我晚上通常都会回家吃饭,但还是会一直想着公司的事情,经常工作到深夜。很多时候，当卡米拉和孩子们想要我们一家人一起做点什么的时候，我都不得不让他们失望。除此之外，我还常常出差去很远的地方！当时，我觉得我们应该到那些主要的市场去，打个招呼，让人们知道我是谁，以及我们乐高的这些人是干什么的，我一度觉得这非常重要。

作为总裁和乐高所有人之一，我一直声称乐高是一家"团体"公司，但我们的外国同事并不都是这么认为的。所以我也把我在比隆的经理派到了世界各地。我去过非洲、北美洲、南美洲和澳大利亚、新西兰、东南亚一些国家以及日本。今天，我有时会后悔，因为在我孩子们成长的岁月里，就像我父亲在我童年里缺席那样，我也缺席了他们的童年。

1988年1月初，克伊尔德和卡米拉在比隆为高层管理人员举办了一年一度的新年聚会。二三十名男性总监、副总监和董事会成员都带着妻子参加这一活动。哥特弗雷德和伊迪丝、克伊尔德的姐姐甘希尔德和丈夫莫根斯也受邀参加在乐高乐园举行的庆祝活动。

和往常一样，克伊尔德准备了一场新年演讲，但这次的讲话比之前的长了一些。克伊尔德先是欢迎大家，并介绍了一些新面孔，之后他谈到了刚刚结束的一年。乐高1987年的春季销量意外下降，但是这一趋势很快得到了明显扭转，这得益于管理团队的有效合作，克伊尔德对管理团队做出非凡成绩背后的原因进行了深入的论述。

克伊尔德：在乐高集团，我们与孩子共事，而就是这一点

让公司变得非常特别。我们有一种基于孩子无限想象力和创造力的产品理念,这在一定程度上可以激励经理和员工坚持孩子的某些品质。例如,对新的可能性持开放态度,随时为不断学习新事物做好准备,不受外界的限制,不逆来顺受……我们成年人常常不记得运用想象力,往往过早放弃,仅仅就因为反复听人说"你不可以这么做""我们已经尝试过了,不管用"之类的话。我们必须记住,不要忽视你内心中深藏的那个"孩子",即心中的"赤子"。

在演讲的后半部分,克伊尔德在向所有人内心的"孩子"致敬的同时,也在期待着一个激动人心的1988年。乐高将走向何方呢?克伊尔德说,他们将在乐高国际年度会议上讨论这个问题,他计划在那次会议上探讨乐高直至2000年的愿景、理念、目标和战略。

八个月后,在8月的最后一周,来自二十多个国家的一百名总监来到了埃伯尔措夫特(Ebeltoft)的韦德胡斯酒店(Hotel Hvide Hus),乐高公司管理层向其展示了乐高的总体战略提案。着眼于过去十年所取得的进步和乐高在全球的发展,全体与会人员将在接下来的四天时间里,针对把乐高带入新千年的拟议战略进行辩论。

克伊尔德先是重复自己在新年演讲里的做法,描述了儿童和童年的一切美好特点:心态开放,充满好奇,具有以不同方式思考以及发现可能性的能力。提案所采用的形式是一部时长十分钟,名为《愿景》的电影短片。在短片的前半部分,只有总裁自己出镜,他坐在斯科夫帕肯住处的起居室里,思索乐高在接下来的十年里所应主张的理念是什么。"在我的愿景、我的梦想中,乐高这个名字不只与我们的产品和公司有关,也不受具体目标和战略框架的限制,而是已经成为一个通用的术语，可以用'想法''鼓励'和'价值观'这些词来描述。"

电影的后半部分则换了个场景。克伊尔德不见了，取而代之的是一个脸上刷着白色油彩、戴着手套的表演者，他用表演的方式诠释出这三个流行词的丰富内涵。这场无言的表演还穿插着乐高纪录片《玩耍的时刻》的精选片段。该纪录片是诗人兼电影制片人乔根·莱斯（Jørgen Leth）在几年前为乐高制作的，是将在全球各地拍摄的六十一组镜头拼接起来的结果，是对于玩耍的本质的诗意审视：我们为什么要玩耍？玩耍的目标可能是什么？是什么驱动我们去玩耍？

对于这些问题，纪录片中没有做出任何具体的解释说明，只给出了几幅图像和一些文字，表明"玩耍本身是对现实的探索"。玩耍就是学习。

> 《玩耍的时刻》：
> 我玩耍，我就能做任何事，
> 没有什么是不可做的。
> 我创造自己的世界，
> 在混乱中建造秩序；
> 我保持平衡，
> 只要我认为自己可以一直玩耍下去。
> 我玩耍，世界便存在，
> 这就是我玩的游戏。

> 克伊尔德：我一直喜欢对我们的价值观进行哲学思考，尤其是"保护你的赤子之心"这条价值观。这些年来，我一直试图按照这些思路来主导乐高的发展。

我记得父亲曾经怀疑过我,他说:"克伊尔德,这有必要吗?"我的回答是,人们即使对某个事物有强烈的本能,也不只是靠自己本身就能得到那个东西的。有些事,你必须意识到,你也必须想要它。

对我来说,乐高不仅仅是一家玩具公司——这绝对是我的核心思想。我们在父母和孩子心中的地位远远超过了公司按其实际规模所应有的地位。当我们在最大的市场——当时是德国——调研时,我们可以看到乐高远远领先其他的玩具品牌。所以我开始宣扬我们应该如何专注于自己的品牌。

许多人说,"好吧,虽然你说得有道理,但很明显,积木本身才是成功的关键"。积木确实很重要,但我的看法是,如果我们用阴阳辩证的理论来看待这个问题,我们会发现这是"两者兼具"的情况,而不是"非此即彼"的情况。乐高有一个产品理念,这个理念在积木中得到了实实在在的体现。但乐高的这个名字也代表了一种更持久的东西。我周围的人都不太容易理解这种辩证的思想。

对于乐高的员工来说,还有其他一些事情不容易理解,最不能理解的当属1983年和1985年的突然裁员。比隆人一向不习惯裁员这种事情,当然对乐高这样盈利能力强的公司的裁员就更不习惯了(即使乐高不如以前赚得多了)。丹麦的报纸都密切关注这一事件。

《土地和人民报》(*Land og Folk*)是一家由财政状况日益堪忧的丹麦某党派出版的报纸。此报在1985年夏天发表了一篇深入详尽的文章,回溯了乐高的发展故事,题为《乐高叔叔:一个像钉子一样坚强的跨国乡村男孩》(*Uncle LEGO: a hard-as-nails multinational country boy*),试

310

20 世纪 80 年代，儿童成为乐高的榜样，童年的创造力则成为乐高广告的主题。

图以此篇文章切入问题的核心。记者做出推论的前提是明确无误的,但得出的结论是这家全球性的丹麦公司能够操纵公众舆论,让人们相信公司生意突然出现问题,但是实际上,它的利润却还在一直增长。正如《土地和人民报》所写:"这个来自荒野的家族正试图改善其穿木屐的淳朴形象,尽管公司利润前所未有地飙升,却连续两年使出裁员的手段。"

早些时候,比隆乐高公司首次宣布裁员二百三十人,比隆当地的几个报社就对相关传闻展开调查了。总监斯蒂格·克里斯滕森(Stig Christensen)代表公司出面否认"裁员是因为新技术的发展"这种传言。

"有人说我们购买机器是为了减少生产工人的数量,这当然不是真的。我们之所以裁员,出发点是这样一个事实:1982年,我们的销售额增长比之前预期和计划的低了百分之十五。"

托芙·克里斯滕森(Tove Christensen)是工会代表,人们常常称她为"值得托付的托芙"或"工会托芙",她可不买乐高的账。她以一种不失礼貌的方式展开攻势,从员工的立场、着眼更宽阔的背景来分析这个事件。她认为这是一场文化之战。

> 托芙·克里斯滕森:我们工人正身陷与机器的极不平等的竞争中。如果公司发展放缓,等到供给方面的生产能力超过了市场所需要的时候,我们就会失业。技术的发展只会推进这一过程,公司每一次投入使用新机器,我们的工作时间就会缩短。

托芙·克里斯滕森还指出,受到裁员打击最大的是比隆当地人,许多被解雇的当地人在乐高工作还不到五年,在附近也找不到其他的工作。女性更是如此,在此次裁员中,百分之八十都是女性。

那名扬四海的乐高精神去哪儿了？此次裁员难道不是和乐高精神背道而驰吗？

佩尔·瑟伦森是人力资源总监部门的负责人，《商业新闻日报》的报道说，佩尔评估了工厂员工的情绪之后，做出了评论：总的来说，员工们明白裁员是必要的，尽管乐高不久后发布了一份年度报告，报告显示其财务状况仍然可观。"员工们非常清楚，如果没有足够的消费者购买积木，乐高就不可能持续不断地生产这种产品。总不能让几百位员工在一家公司闲着什么也不做吧。"

员工来了，员工走了，员工又回来了。乐高挺过了开支削减和利润

1983年，乐高公司解雇了二百多名员工，其中大部分人都是比隆居民。这一事件对比隆造成了冲击，工会代表托芙·克里斯滕森选择从双方的角度看待这个问题："我不想贬低这家公司，因为它不得不采取变革。但是，'没有足够的工作分给每个人'是一个社会问题，我认为乐高应该为此做点什么，比如，缩短工作时间。"

减少的那几年，在1989年隆重推出了乐高海盗系列积木，以此标志着20世纪80年代的结束。问题是，这一新的乐高主题之下是否还埋有可待发掘的宝藏？

乐高总部对此抱有很高的期望，但公司里也有一丝紧张的氛围，从乐高公司内刊对新产品的详细报道就可见一斑。消费者会怎么看待那些全副武装的玩具海盗呢？它们可不再是面带微笑、神色平静的普通迷你积木小人儿啦。这些玩具海盗有没有带着乐高杀回商场呢？

> 乐高公司内刊：乐高集团不生产与现代战争有关的玩具，我们也绝对不想鼓吹暴力或推崇带有攻击性的游戏，但我们推出海盗、大炮、步枪和弯刀可能算是打了擦边球。有些成年人"极其崇尚和平"，甚至到了虔诚地信奉和平的地步，他们坚决认为，让孩子们玩任何与战争有关的游戏都是有害的，甚至是危险的。

但乐高大可松一口气，温柔可爱的玩具已经过时，同样过时的还有20世纪70年代斯堪的纳维亚教育理论中的清教徒思想。该理论曾通过丹麦保护青少年和家庭的组织DUI-LEG og Virke打击以战争为主题的玩具，甚至在第一次世界大战后禁止瑞典地区武器玩具的生产。

海盗主题的积木在丹麦、斯堪的纳维亚地区和世界其他地方大受欢迎，销量超过了预期，这十一套积木套装成为乐高迄今为止最成功的产品。这也标志着克伊尔德一贯持有的想法在1978年后取得又一次胜利，即一个大主题下应有多款产品，角色扮演可以为建筑组装类玩具注入新的活力。

在十年内，克伊尔德和乐高跟上了现代化的脚步，让人们可以用积木做更多的事情。玩乐高的儿童数目达到了历史最高，他们年龄大小不

一、拥有不同的文化背景，甚至在丹麦、英国和美国的一些学校中，乐高玩具成了教学材料。与此同时，得益于与西摩尔·派普特和麻省理工学院媒体实验室卓有成效的合作，传统的乐高积木开始进入了计算机和机器人时代。正如克伊尔德在1988年接受《商业新闻日报》形象奖时所说，"比起彻底的变革，我更相信渐进演变的效果，我希望看到乐高在我们根本理念的基础上有机自然地成长"。

1989年，西摩尔·派普特担任乐高学习研究教授，他和麻省理工学院的研究团队获得了二百万美元的资助，这一举措不仅可以为1989年的合作、研究和开发活动提供资金支持，还让乐高拥有了麻省理工学院一个冠名教授职位的权利。当有人问及授予派普特教授职位这件事时，乐高的公共关系主管评论道，公司以这种方式捐赠学者教授职位对双方都有利，这是典型的美式做法。他还补充道："丹麦的高等教育机构没有看到其中的优势，这是一件憾事。"从乐高的角度来看，捐赠不仅仅是为了给西摩尔·派普特和他的团队更多的资金支持，也是乐高新品牌战略的一步。

克伊尔德一直试图专注打造乐高品牌，这也是他在1985年成立并首次颁发乐高奖的原因。设置这一奖项的目的是："童年时期以及儿童生活成长的环境非常重要，因此我们需要不断提出新的想法和新的倡议。乐高愿意支持有助于改善全球儿童生活的努力和倡议。"

该奖项包括七十五万克朗奖金和一个"尤克特拉希尔"（Yggdrasil）乐高模型。尤克特拉希尔是北欧神话中的生命之树，这棵树的树根延伸至地心，树顶的枝干直插天空。

> 克伊尔德：设立乐高讲席教授和乐高奖都是我的想法，旨在强调乐高品牌不仅仅在于玩具。事实上，从某种意义上说，

这是迈向我后来提出的目标的第一步，而这一目标受到了强烈的批评，即到 2005 年，乐高应该成为世界上有孩子家庭心目中的第一品牌。

20 世纪 90 年代即将到来，乐高和玩具业的其他公司一样，好奇地窥探未来儿童和青少年的卧室。在那里，电脑、键盘、操纵杆和带遥控器的电视逐渐成为常见家具，而电脑游戏和电影则成为童年时代越来越重要的一部分。有家丹麦报纸给西摩尔·派普特起绰号为"了不起的计

乐高海盗系列积木成为乐高有史以来最成功的产品。这些迷你积木小人儿极具表现力，标志着乐高公司对"武力"游戏的态度正在发生变化。

1986年,瑞典著名儿童文学作家阿斯特里德·林格伦获得乐高奖,斯堪的纳维亚儿童文化中的两位巨星由此相遇。在晚宴上,长袜子皮皮的"妈妈"和乐高家族的"爸爸"坐到了一起。她感谢哥特弗雷德授予自己这一奖项,并开玩笑说:"你们丹麦人真是大方,尽管瑞典在足球比赛中赢了你们这么多次,但你们还是愿意把这么一大笔钱奖给一个瑞典人!"

图片来自本尼·尼尔森,瓦埃勒档案馆。

算机嬉皮士",虽然并非所有人都像他一样,认为儿童看上去有操作电子媒体的天赋是一件极好的事情,但在一个问题上,他绝对是没错的。当成年人还在争论这种新的文化现象会对儿童和青少年产生什么影响的时候,儿童和青少年已经开始应用这项技术实现自己的目的,并且是按照他们自己的方式。

围墙就要倒塌了……

乐高机器人，1998 年。

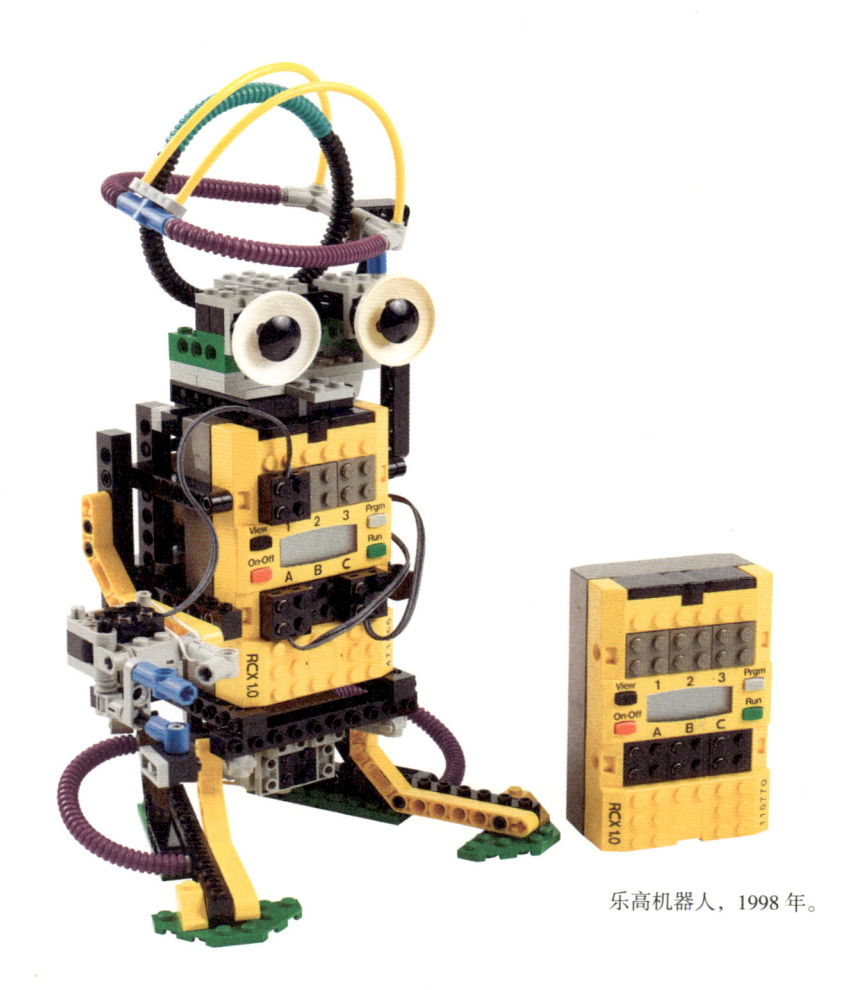

08

发展惯性

20 世纪 90 年代

1989年11月9日星期四，这一天柏林墙被推倒，这是历史性的一刻。接下来的一周，《旗帜晚报》(The Evening Standard)引用了刊登在另两家英国周日报纸上的广告，该广告占了原刊登报纸上的一整个版面，十分抢眼。《旗帜晚报》宣称，柏林墙倒塌后，对这一重大事件最好的回应分别来自德国总理赫尔穆特·科尔（Helmut Kohl）、英国首相玛格丽特·撒切尔（Margaret Thatcher）以及乐高公司。

一个丹麦玩具公司是如何得以和德国总理、英国首相相提并论的呢？其实，这背后的故事恰恰证明了乐高仍然拥有互动性和驱动力，而这两种素质，正是它的负责人最关注的素质。

11月10日，周五下午，乐高英国营业部接到了来自老商业伙伴WCRS广告公司的电话。电话是该公司的创意经理打来的，他刚刚传真过来了一个广告创意，关于当时全球热烈讨论的柏林墙倒塌事件，创意经理请乐高当时的英国区销售主管克莱夫·尼科尔斯（Clive Nicholls）尽快看一眼这个广告创意。

尼科尔斯和当时全球几十亿人一样，也在关注这件在柏林发生的历史大事。周五一大早，尼科尔斯就目不转睛地盯着电视，东柏林民众欢喜雀跃，有的握着锤头和凿子，爬过柏林墙，还有的涌入无尽人潮，穿过边界进入西柏林，这样的片段播了一个又一个。

尼科尔斯看到广告公司发来的带有创意涂鸦的传真文件后激动不已。这个创意简直是精彩绝伦！一群群造型各异的乐高迷你积木小人儿高高跳起，翻越积木搭成的柏林墙。墙上有更多迷你积木小人儿，把锤子抡向这面惹人憎恨的墙，背景部分可以认出是勃兰登堡门，远远的，这座由多利克柱所支撑的门上赫然挂着"最棒的圣诞礼物"几个大字。这些都是用乐高积木拼搭成的。

这绝对是个千载难逢的促销良机。克莱夫·尼科尔斯心里很清楚，通过广告传递"柏林墙倒塌"这个天大的消息，能提醒数以千万计的消费者乐高准备好圣诞大促了，这样的好机会，自己和乐高公司都不可能再遇见第二次了。

只要乐高采纳这个广告创意，WCRS公司可以让这个广告在下周一登上报纸。但是，克莱夫·尼科尔斯回应说，周日是庆祝热情最高涨的时候，广告必须在周日就上报纸。要不惜一切代价让广告周日见报。此时，眼看就快到周日了，只有《星期日电讯报》(*Sunday Telegraph*)和《星期日通讯报》(*Sunday Correspondent*)这两家报社还能为这个广告挤出一整版的版面。等到最终敲定刊登的报纸，已经是周六上午九点半了。这两家报纸的读者加起来能有一百多万了，WCRS相信效果还是会不错的。

事实是，当时距离报纸出刊只剩十八个小时了，这是尼科尔斯的一大顾虑。而高昂的花费则是另一大顾虑。三万英镑不是一笔小数目，乐高的广告预算根本不够。那个周五下午，尼科尔斯前所未有地犹豫起来。这个广告不仅贵，还违背了乐高公司的指导思想，涉及了政治上的表态，他是否愿意为这样一个广告押宝并负责呢？尼科尔斯拿起电话打给了上司戈登·卡朋特（Gordon Carpenter）。电话没通。卡朋特在度假，一时联系不上。

尼科尔斯做了个深呼吸，然后毅然决然批准做这个广告。许多员工一时间异乎寻常地忙碌起来。过境通道、柏林墙和勃兰登堡门的整个场景都要搭建起来，还得放满几百个乐高积木小人儿，这些都做好后又得安排摄影。最大的挑战在于搭建材料是否能凑齐。大约在周五五点钟，广告公司的四名员工搭乘出租车到了摄政街的哈姆利玩具店，寻找一切材料来呈现向着自由跃起的欢喜人群，乐高积木、积木小人儿、标志、树木、红白铁轨屏障等都要，他们把货架上放置的所有此类商品一扫而

1989年11月12日，星期日，乐高刊登在《星期日电讯报》上的广告。

空。在接下来的六个小时里，这些人搭好了模型，完成了摄影，并最终刊登在了报纸上。忙完这一切，整个周六克莱夫·尼科尔斯基本都在蒙头大睡，周日起床一睁眼，发现乐高广告竟然与科尔和撒切尔针对柏林墙倒塌的官方声明所吸引的关注和积极评价不相上下。

乐高在接下来的日子里饱受赞誉，其他媒体也频频重提、讨论那则广告。从普通民众到广告商都为乐高鼓掌，就连玩具行业的竞争对手都点头称许。从澳大利亚的布里斯班到泰国的曼谷、从美国的波士顿到德国的柏林，乐高玩具毫无疑问地成了最棒的圣诞节礼物。

之后几年间，东欧地区的边界一个接一个地开放，乐高的销售额在曾经的铁幕拉开之后迅猛增长。每年夏天都能看到一辆辆旅游观光车载着游客来到乐高乐园，大多数游客都是波兰人，也有一部分来自匈牙利和民主德国。通往比隆的道路本来就不多，如今客流压力更是陡然增大了。

> 克伊尔德：柏林墙倒塌之前，在苏联和东欧国家其实就能买到乐高积木，我们的商品甚至还摆在苏联红场最大的吉姆百货商场里。20世纪80年代中期，我去苏联了解过乐高在当地的销售情况。当时情况算不上差，但也说不上特别好，因为我们的产品根本卖不到当时的普通消费者手里去。相比苏联人的平均收入，乐高产品太贵了。我们在苏联确实有一个代理商，就好像在波兰、捷克、匈牙利都请了代理商一样。但是商品的销售面有点小，而且只在苏联所称的"美元商店"里销售。

柏林墙倒塌极大程度上打开了苏联和东欧市场，这对乐高公司而言至关重要。针对当时的情形，我们马上采取了行动。乐高在莫斯科和华沙找了同一家代理商，这家代理商在整个东欧地区的实力都很强，在柏林墙倒塌之前，就采取了一些我向来不愿意用的商业手段。但在当时，你要是想进入紧闭的东欧市场，并且形成比较大的经营规模，确实得通过"对销贸易"这个办法。举个例子，乐高必须得买一大批苏联和东欧产的诸如雨衣、皮带之类的商品，再把这些商品转手卖到丹麦去。

所以我们成立了一家小公司，名为 Almo 股份公司，和乐高公司的名字 LEGO 一样由四个字母组成，是"Alt i Modkøb"的缩写，意为"对销物品"。糟糕的是，我们压根儿找不到人来买这些转售的苏联货。到了 20 世纪 90 年代，情况就大不相同啦，确确实实大不相同啦！今天，俄罗斯已经成为乐高全球第六或第七大市场。

美国的销售情况也很好，单单在 1989 年，乐高在美国的销售额就暴涨了百分之三十八还要多。20 世纪 80 年代，乐高尽管屡次在国际法庭上败下阵来，但最终还是赢得了与 Tyco 公司的拉锯战。因为其他竞争公司长期以来的玩具质量比不上乐高公司。像是克伊尔德在采访里说的那样："我们前阵子输掉了与某些美国剽窃者的案子，这让人很恼火，但是我们的产品就是最好的，我们说到做到，所以我们会在市场上而非法庭上痛击他们。"

与麦当劳合作的三次大促销里，大约三千七百万块乐高积木通过麦当劳的开心乐园餐而分销，大促销的效果如今真正显现了出来。消费者调查显示，百分之九十五的美国人知道乐高品牌；在一项对主要美国品

乐高公司总裁克伊尔德在 1990 年 1 月的新年致辞中毫不掩饰地展现了自己的骄傲和喜悦："20 世纪 80 年代，乐高集团总收益在不考虑通货膨胀的情况下翻了四番，成交量翻了三番。这一进步超过了玩具市场的总体发展，也就是说，我们的市场份额更大了。"

牌形象调查中，乐高公司排名第八，仅次于奔驰、李维斯、迪士尼、可口可乐、苹果和 IBM 这些商业巨头。1989 年 11 月乐高公司内刊得出结论："积木薯条，实乃绝配。"[1]

克伊尔德在对员工的长篇新年致辞中如此兴高采烈是有多重原因的，他回顾了过去精彩的十年，对于当前世界的整体状态有几分激动。

---

1 这句话是对"炸鱼薯条，实乃绝配"这一说法的戏拟。薯条配炸鱼是英国最流行的食品。——译者注

  克伊尔德：我们正见证着，在这样一个时代，自由与和平越来越近。这一过程肯定是充满了艰辛的，但仍给予我们希望，世界会变得越发和平，武力威胁和侵略会由民主、对个人权利的尊重和自由国家之间的互动代替。我衷心希望，对于彼此依赖的认知和迫切需要的合作可以让我们认识到：地球是一个小小的星球，我们都有责任不要毁掉它。作为"世界公民"，我们靠得更近了。而我想，这预示着20世纪90年代会有光明的未来。

  新年致辞的题目为《充满动能的延续》。乐高多年来发展稳定，一路上只经历了几次"颠簸"，且所受的影响都不大，这要格外感谢全体员工的忠心和努力。克伊尔德的演讲以对员工的呼吁结尾，而呼吁的内容却让不少员工有点惊讶："不要忽视你内心的赤子！"

  克伊尔德说，这是1988年埃伯尔措夫特会议上讨论的"乐高视野"战略的核心思想。不过，之前除了最高管理层以外没人听说过这个思想，但克伊尔德保证："很快你们就会听到了。"因为儿童（赤子）会在未来变成所有乐高员工的榜样。

  克伊尔德：孩子们充满好奇心，无时无刻不在问问题——为什么要这样做，或者为什么不要这样做？孩子们总看到机会，而我们大人总看到问题。孩子们不害怕尝试，也不怕犯错，因此总能从经验里学到规则。我们大人当然也从经验里学习，却对某些事缩手缩脚，畏首畏尾。必须记住，我们要坚持终生学习。另外，也要终生玩耍。即便是在做正事的时候，也要像做游戏那样开心。当然，我们也需要当大人，但是不要忽视自己内心的那个孩子。

我还想提醒大家，作为大人，我们忘记了很多童年的美好。我一直以来都有一个梦想。那就是，我最亲近的同事能以一种游戏玩乐的方式来对待他们的工作。成为总裁并不仅仅意味着："我之所以做这些是因为这是我的工作，我不关心其他人做什么。"我一直乐意看见的是，员工想要改进和发展他们所从事的工作，不管是自己去改进还是和同事一起改进。我认为，这样你就可以持续在公司里创造更多可能。

1990年夏天，哥特弗雷德过了七十岁生日，庆祝活动有几分怀旧色彩。丹麦的报纸形容哥特弗雷德时用的都是"帝国缔造者""乐高之王"等了不起的称号，和之前很多次一样，这个红极一时、面带微笑、永远叼着雪茄或抽着香烟的男人有机会在聚光灯下耍一下滑稽。毕竟，生活总得有点乐趣吧？

克伊尔德给人感觉总是内向害羞的，但他的父亲哥特弗雷德却是外向型的领导者，是让人打眼一看就会喜欢上的那种类型。哥特弗雷德也遗传了克伊尔德的爷爷奥莱·柯克喜欢玩闹的特点。7月8日，哥特弗雷德生日当天，比隆镇议会授予他"城市荣誉居民"称号，哥特弗雷德是获得该荣誉的第一人。人们在市政厅满怀激动地等待着，突然，门一下子开了，一个握着手杖、戴着草帽的老人走了进来，脸上还戴着《布偶秀》里那个起哄老人沃尔多夫的面具。

这个乔装打扮的人正是哥特弗雷德，透过面具，哥特弗雷德向比他小二十岁的泰森市长问好。"市政府授予我这个荣誉称号，恰恰说明我如今是老迈年高了。我之所以戴上这个面具,是为了让你们以后一眼就能认出来这个老家伙就是哥特弗雷德。"

之后他接受了南日德兰电视台(TV Syd)的采访。记者按照记事本上写好的问题提问,摄像机打开后,哥特弗雷德放下了手里的雪茄。

"您的美好精神是否一直都在驱动着乐高呢?"

"与其这么说,倒不如说是我父亲的精神影响着我们。"

"基督教对您来说真正意味着什么呢?"

"意味着一切。我来自一个基督教家庭,基督教可以说是直接影响了我。"

"您觉得为什么事情都这么顺利?"

"其实,大家是知道答案的。我一直都努力让时间走得慢一些,我更喜欢小工厂,那时人们彼此都非常熟悉,了解彼此。我记得,我们在比隆这里扩大规模的时候,非常慎重,因为不想让工厂的规模无限制地扩大。"

"最后一个问题,您身为'乐高之王',是如何一直保持为人谦逊的呢?"

"就像今天站在这里和你交谈一样。"

随后,在这个时间不短的生日访谈中,哥特弗雷德评论了新的管理文化,谈了对于雇用咨询公司的看法,而雇用咨询公司,在哥特弗雷德执掌乐高的20世纪60年代几乎是不可想象的。按哥特弗雷德的说法,即使自己现在"被炒了",他干的活儿可没怎么少。

> 哥特弗雷德:我脑子里只要一想事情,就总是顺着乐高的思路去想。我很难一下子就松开手,把所有事情都交给别人来做。尽管克伊尔德和他手下的董事,还有其他员工,在过去十

哥特弗雷德喜欢出乎别人意料。在他七十岁获得比隆"城市荣誉居民"称号时,他戴上面具,乔装打扮成电视节目《布偶秀》中的坏脾气老人沃尔多夫出现在市政厅庆典上。图片来自约翰·兰德里斯。

年到十二年接管了大部分工作,也干出了很好的成绩,这些我都心知肚明,但我觉得自己既然从一开始就打理乐高的事务,就应该还是承担责任最多的那一个。我不能逃避责任,所以我还是每天都到办公室上班。今年春季的一天,伊迪丝提议我们一起到比隆的街上散散步,但是我没同意。工作日出去散步,人们看到了指不定说什么呢!

克伊尔德:父亲七十岁的时候,依据家庭协议,我掌握了主要股权,父亲不再掌权了。父亲一直以来都对公司倾注了全部心血，所以不希望一下子觉得自己彻底脱离了公司，所以他没能按照他本来的意愿，在晚年过上清闲日子，但这个意愿其实也是我和我母亲的意愿。她本以为父亲的工作少一点，夫妻俩可以多出去旅旅游，但父亲很难完全放开公司。现在，我比当时更能理解父亲了，因为我也开始有这种感觉了。

1993年春天，哥特弗雷德卸任乐高股份公司董事长一职，由瓦格恩·霍尔克·安德森接任，这个时候，正赶上苏菲·柯克·克里斯蒂安森去世了。她是奥莱·柯克的妻子、乌拉的母亲，是几兄弟的继母，同时是乐高公司最早的所有者。之后不久，克伊尔德因病休假，也就没怎么在《儿童新闻》五月份"金刊"里露面。当时，乐高五年内第三次获得"形象奖"，包括克里斯蒂安·马贾德在内的其他高管代替克伊尔德讲话，讲述他们接手乐高品牌之后计划从什么地方开始推进工作。其实，他们所说的目标已经在克伊尔德心里扎根几年了。"克伊尔德认为，我们必须不断创新，并以长远的眼光看待我们的品牌，乐高公司业务还大有扩展空间。"

克伊尔德要扩展乐高业务，他所提出的几大宏伟计划的关键部分在于打造乐高世界。乐高世界是基于"乐高乐园"概念建立的家庭公园系列，包括在全球范围内选址设立的四到五处公园，计划在接下来几十年里建成。乐高1991年特别成立了一个有限公司，这是其所采取的第一步实际行动。不过，为了防止哥特弗雷德突然发觉并提出异议，公司改名为乐高世界股份公司，以此掩盖项目的实质。哥特弗雷德去世后，该公司名字很快就改为乐高乐园开发有限公司。

> 克伊尔德：我们提到它们的时候，只说是"公园"，假装不确定它们是室内的还是室外的。对于"公园"和"乐高乐园"的概念我们含糊其词，而后者正是父亲主管的领域。但对我们来说，这绝对是非常明确的一步。比隆的公园曾经持续成功，二十五年来对乐高的品牌建设做出了积极贡献。温莎乐高乐园是乐高世界的第一个乐高乐园，在伦敦城外不远处。直到最后一刻我才敢告诉父亲这个公园叫作乐高乐园。当时是1994年了，不能再拖下去，迟迟不告诉父亲了，英国乐高乐园即将全面开始施工了。出乎意料，我父亲倒是很容易就接受了。他大概也不觉得这个想法有多离谱。

1993年5月，《儿童新闻》（*Børsens Nyhedsmagasin*）封面上印了克伊尔德·柯克·克里斯蒂安森的照片，照片中的男人冷静自信、沉着自若，这实际上传达了某种虚假信息，在他圆润的脸庞和快乐的表情之下，藏着的却是不尽如人意的事实。克伊尔德很早就开始觉得身体不适了。他总是出奇地累，消化不好，体重不停地下降。一开始以为只是沙门菌感染，最后发现是溃疡性结肠炎，一种引发出血症状的肠道发炎。溃疡性结肠炎需要持续治疗，严重了还得做手术。而且，医学专家认为这个病没办法彻底根治。

在做了几次全面检查，又和专家聊过几次之后，克伊尔德停工开始休假，假期的期限也不确定。病情没严重到让克伊尔德卧床不起的地步，为了不让比隆居民过度揣测自己的身体状况和病情，克伊尔德搬到了舍伦堡。他在那里寻得了自己所需要的平静，不用再应付人们的关注、回应评论或是履行职责。

克伊尔德：瓦埃勒医院一名出色的主任医师给我做了检查，说："你得做好心理准备，这次休假的时间可能短不了！"

然后，我大概是这么说的："也就是说，暑假过了，我可能都好不了？"

"嗯，溃疡性结肠炎是个慢性病。要想有起色，你得准备好花很长时间。"

那个主任医师真的很出色，外科医生当时很想让我直接做手术，是那个主任医师让我免遭此罪。药物效果不错，疗程虽长，但确实有用。他给我开的泼尼松龙（Prednisolone）是一种肾上腺皮质激素，服用后会让人的脑子昏昏沉沉的。

1993年5月，《儿童新闻》封面图片上，是外表强壮、自信、双眼奕奕有神的乐高总裁。事实上，克伊尔德当时刚刚被告知自己患上了难以治愈的溃疡性结肠炎。照片来自《儿童新闻》。

1993年的整个夏天和秋天我都是在舍伦堡度过的，直到圣诞节，我才回到比隆。那时我有大量的时间来反思生活中的许多事。第一件事当然就是余生都要被肠道炎纠缠无休的惨淡前景了，还有就是我到底能不能回到原来的工作中去。

刚到菲英岛的庄园时，克伊尔德劳累忧郁，照顾他的是妻子卡米拉和卡米拉的母亲，克伊尔德健康状况不好，体重持续下降，让他的妻子和岳母都很担心。哥特弗雷德也很焦急，他自己心脏不好，腿脚也不利索，却还是从比隆赶到了菲英岛。看到儿子病成这样，他很心痛。

哥特弗雷德对儿子说："克伊尔德，看你这个样子，我心里很难受！"那是克伊尔德头一次见父亲眼里含着泪。

除了影响克伊尔德精力和情绪的身体症状外，他一直以来所抑制的许多问题如今也显现了出来：工作、生活失衡，管理大型公司造成了巨大压力，尤其明显的问题是和父亲的紧张关系。虽然他没有陷入忧郁之中无法自拔，没为此觉得惊慌，也从没觉得自己将因此失去行动能力，但是正如他的当医生的姐夫莫根斯·约翰森（Mogens Johansen）在下文所解释的那样，疾病确实触发了他的个人危机。

"克伊尔德发现自己不是坚不可摧的。疾病让他开始思考自己是否愿意延续以前那样的工作作风，思考像以前一样玩命工作到底值不值得。"

远离公司给克伊尔德思考的机会，也让他更加清晰、客观地看待这个组织。公司在20世纪80年代确实运营得很好。但是，克伊尔德认为，公司现在开始式微了。大家完全沿用之前的套路，从上而下管理公司，被细节束缚住，还不停地扩张，招募新员工。

克伊尔德：早些年我就开始看到公司发展式微的迹象了，发现有问题这件事和我的疾病毫无关系。公司内部出现了发展滞缓、依靠惯性的迹象，在个别海外市场，我们的发展速度也开始放慢，但这些都在一定程度上被美国等其他海外市场的蓬勃发展的现象掩盖了。我确实觉得这让人有点担心，但公司总体上运行得还算顺畅。

由尼尔斯·克里斯蒂安·詹森、克里斯蒂安·马贾德、托尔斯滕·拉斯穆森组成的"乐高代表团"时不时地出现在舍伦堡。托尔斯滕·拉斯穆森是克伊尔德早些年在瑞士就认识的老朋友，被看作乐高的二把手，也因此在几次探访中说得最多。三人来看望克伊尔德时，自然会询问他的健康情况，但也会做工作汇报，就一些问题咨询他的意见。

克伊尔德：他们当时就坐在我面前谈公司的进展，我常常会心里暗自想："也不至于说得这么细吧！难道就不能说重点吗？"这一下子就让我想到：我们当时用上各种图表，在横纵坐标上列出各种数据，以此严格管理乐高的各项工作，事无巨细，却拖住了公司的发展。从根本上来看，这就是惯性定律，不少多年屹立潮头的公司都会受此影响。人们完全按着老路子做事，而不知道换种方式思考。有时候听着听着我就不想再听他们三个说下去了，这时候，我会站起来，问他们愿不愿意出去看看马。

秋天快过去了，克伊尔德渐渐明白，他的"存在危机"在于自己不再愿意担任乐高总经理一职了。克伊尔德在许多采访中说过："乐高公

1993年克伊尔德在舍伦堡"自我放逐"的七个月里,和自然、马匹为伴。他起初因为强力药而疲惫不堪,但又逐渐恢复力气,能骑上马背。
照片系私人收藏。

司不再有趣了。"之后被问到"乐高公司20世纪90年代后期出了什么问题"时，克伊尔德也常常重复这句话。

"有趣"这个词，克伊尔德一生中曾用过许多次。成年以后，这个词始终是他心目中理想生活的精髓所在。20世纪90年代和21世纪早期，乐高陷入管理危机，克伊尔德需要思考"其作为总裁最重要也最珍贵的一点是什么"，他也说了同样的话："必须得有趣！"

例如，克伊尔德在2000年2月接受《日德兰西海岸报》(*Jydske Vestkysten*)的采访，他当时刚刚任命了一名副总裁，得以从众多管理工作和职责中稍稍抽身。"日复一日的管理工作并不是我最擅长的，也不是我觉得最有趣的事。"

从克伊尔德1988年第一次向其管理层展示"乐高愿景"战略以来，"有趣"这个词就频频成为他对乐高未来展望的主题。在前文提到的新年演讲里，"有趣"也是在字里行间发挥作用的隐形驱动力量。"有趣"还是强力黏合剂，凝聚"乐高愿景"的五项核心价值：创造力、想象力、热情、自发性和好奇心。

克伊尔德在舍伦堡逗留期间，也是想法不断涌出的一段自由时期，他有机会放松玩耍，思考问题也不用那么理性。克伊尔德把正装和领带放在了斯科夫帕肯区住宅的衣柜深处，还蓄起了胡须。克伊尔德听1968年前后创作的摇滚爵士乐，散步远行，和马匹交谈，总之完全是兴之所至，随心所欲。

克伊尔德：我听了很多音乐，听约翰·列侬、吉米·亨德

里克斯、鲍勃·迪伦、查尔斯·明格斯等音乐家在20世纪60年代创作的作品。20世纪60年代，那时我正青春年少。另外，我还在种马场雇了一个骑手，她母亲过去常常驾一辆四轮马车。我还让骑手带我去买了一辆漂亮的旧马车。在格雷诺和腓特烈西亚，我找到了两匹"马力十足"的拉车马。它们原本分别名为西蒙和拉达，但我很快就给它们重新起名为"西蒙·斯柯达"和"劳拉·拉达"。然后，我就开始驾马车。20世纪60年代我曾经在一家骑术俱乐部驾过马车，那以后，我就再也没这么干过。有时候，我会有种如梦似幻的感觉。一方面，我的身体非常疲惫，另一方面，我又因为吃的药而精神亢奋，而在这种不稳定的状态下，我做了很多有趣的事情。其中一件事情就是，我着手做了一项地下室大工程。我建了一个休闲室，装满了我这些年收集的藏品，有一套旧铠甲，拉斐尔（Raphael）的天使教堂天顶画，还有古时候的工作长台，中间则摆了一张台球桌。和玩马车一样，我之所以做这些，都是因为我发自内心地想去做。这些事情都很有趣。

克伊尔德最终联系了拉瑟·扎尔（Lasse Zäll），这个人是他之前在乐高研讨会上认识的一位培训师。在20世纪80年代，扎尔成功应用其团队建设和心理训练经验提供培训服务，服务对象有顶尖的运动员，也有来自PFA养老基金（PFA Pension）、于斯克银行（Jyske Bank）、诺和诺德（Novo Nordisk）、诺维信（Novozymes）和乐高等公司的高管。克伊尔德喜欢扎尔未经验证、有点另类的风格和他对于管理的独特看法。扎尔所用理论的来源广泛，有脑部研究、丹麦精英作战部队"猎兵中队"（Jæger Corps）的规范、印第安人的生活态度、中学教学法和运动心理学。但他去舍伦堡拜访克伊尔德时，带去的却不是独木舟船手、特种部队士兵、课本教材或是巫医，而是自己的个人危机。此时的他已经有五个孩子，可是他的第二次婚姻也即将破裂。他发现自己和乐高公司罹患疾病的总裁一样，也面临着巨大的生存挑战。

拉瑟·扎尔所写的《探路者》(Stifinder)一书讲述了他自己的故事，也阐述了克伊尔德和拉瑟后来合伙成立的探路者培训公司（Pathfinder）的理念。在该书中，克伊尔德曾这样说："我在想可以和谁进行个人层面的交谈时，很快就想到了拉瑟。当时他也在经历人生的巨大转折，这一事实肯定会让我们的交流更加有意义。我们对于生存、对于如何向前走、对于我们想要怎样的生活进行了深入交流。他也有自己要应对的挑战，这一点大概让他能更好地理解我。"

用拉瑟·扎尔的训练术语来说，两人在舍伦堡的谈话在克伊尔德内心激起了一种积极力量，帮助克伊尔德更好地思考自己的疾病、工作、生活之间的平衡和在乐高公司的职责。

> 克伊尔德：能跟拉瑟交谈简直是太棒了。在他的帮助下，我更多地思考了关于公司的事情，考虑我回去之后公司应该走上一条怎样的道路。当然，前提是我确实又回到了公司。乐高当时已经很庞大，有一整套类似官僚体系的组织架构，我不愿意成为其中一部分。我想，如果我愿意再回去担任总裁职务的话，首先要改变的就是这种僵化的体系。尽管那时我的病已经好多了，但我也知道，我无法保证自己的身体会完全康复，好有足够的体力开展这项工作，因为这件事实在是太耗费心力了。

秋天过去了，不安和疑惑的情绪在比隆流传开来。克伊尔德的身体问题到底有多严重？是压力太大造成的吗？难道是抑郁症？他什么时候会回来……公关总监皮特·安贝特-麦德森在一封语气欢快的信中总结了这些忧虑，寄给了克伊尔德。

> 皮特·安贝特-麦德森：我们想念您，怀念您在公司的日子，倒不是说现在公司的运转出了什么问题，只不过呢，状况的确有点混乱，让人骚动不安。当然，这份不安，顶多也不超过里氏二级或者三级。我们对此不太习惯……

克伊尔德并不急着回到公司。事实上，他刚刚想到了一种大规模的管理措施改革，用来解决前人力资源总监佩尔·瑟伦森曾称为"犀牛化"的现象。这个说法源自欧仁·尤内斯库（Eugene Ionesco）的戏剧《犀牛》，讲的是某法国小城居民接连变成厚皮犀牛的故事，受此启发，瑟伦森描述了一个常见现象：随着时间的推移，公司的管理层团体往往会变为犀牛这种行事拘谨、行动滞缓的动物，只知道缓慢笨拙地往前挪动身子，不敢脱离兽群。克伊尔德在和拉瑟·扎尔交流过程中产生的另一个想法是：在问题发生之前，打造新的管理课程，释放乐高内部逐渐郁积的能量。这一想法后来由几位部门总监落地实行。

> 克伊尔德：我决定称其为"罗盘管理"。从舍伦堡回去后，我在1994年春天一点一点恢复职权，同时在拉瑟和我现在的几位董事的帮助下，"罗盘管理"项目成型了。我们见了几次面，在愉快轻松的场景下讨论这个项目。我告诉他们，我想换一种方式管理乐高。必须得简化之前的经营方式，重新关注旧的价值观，关注"企业家精神"。实行这种管理办法的方式就

是给每个员工更多工作自由，不用再在长会上等每位员工都就某件事情达成一致了。在未来，世界的变化越发迅猛，整个公司都要更加迅速地判断世界上各种事情的轻重缓急，并灵活迅速地加以应对。

圣诞节假日后，克伊尔德回到比隆，1994年1月渐渐回归工作，一天工作几个小时。当时，乐高看上去仍处于鼎盛时期。他按照惯例在新年宴会上给整个管理团队致辞，讲话中，克伊尔德迫不及待地要跟大家讲一讲他刚刚看过的一部电影。电影名为《长大》（*Big*），汤姆·汉克斯（Tom Hanks）饰演十二岁的艾略特——一个渴望长大的男孩。艾略

重回乐高和比隆的克伊尔德比以前更安静了，胡子也更长了。很明显，在家里和在办公室里，他有更多的时间思考人生。
照片系私人收藏。

特的愿望奇迹般地实现了，他一下子就变成了一个青年男子，在一家玩具公司上班，玩具公司里的大人不懂孩子们的憧憬和想法。然而，艾略特懂。克伊尔德也懂，正如他向所有盛装打扮、聚集在乐高乐园的大人说的那样。他重申："孩子是独特的生物。应该是我们模仿他们，而不是让他们模仿我们。"

1994年，乐高已经成了欧洲最大的玩具生产商，也非常有可能成为全球最大的玩具生产商，和美泰、孩之宝、世嘉、任天堂等巨头公司比肩。乐高彼时在美国占据了百分之八十的拼搭玩具市场，在一百三十多个国家的六万个商店中销售其产品，所雇的员工在四年内从六千人增加到了八千人，收入达到接近九十亿克朗。起码从外部来看，一切都在顺利地往前推进。

在夏末，随着肠炎复发次数减少，间隔期变长，克伊尔德减少了用药量，在外界看来，他开始看起来和以前一样了，充满活力，重新充满激情地管理自己的家族公司。但是，从内心来说，克伊尔德期待有一天，可以有人接手日复一日的运营工作，让他得以专注于他认为有趣的事情：专注于大局、价值和乐高品牌的发展。

> 克伊尔德：我并不觉得我当时的团队里有谁能确确实实懂得我想要对公司做什么。有一天，团队里有个人来到我面前，说："克伊尔德，我知道你想要什么，你说我们已经种出了一棵大树，我们现在需要修剪这棵树，让它变得更简单一些。但是我们大多数人做的，包括现在仍然在做的，是在大树旁种植新的树，我们做的这些事情都不在点子上，对吧？"就当时的情况来看，确实如此。但是，对我而言，很难让人们懂得改变的想法必须由内而发。

公司不能通过无休止地讨论自己的情况、策略和管理原则而赚钱，还需要生产产品、不断创新、继续研发新产品。在玩具市场尤为如此，因为在 20 世纪 90 年代，玩具市场越发变得像硝烟弥漫的战场，全球玩具和娱乐产业的超强选手都加入了竞争。

乐高积木、美泰芭比娃娃、孩之宝桌游等经典玩具很快面临严重压力和激烈竞争，这些压力和竞争不仅仅来自世嘉和任天堂的电脑游戏和

1994 年 8 月，新的管理团队成员在霍森斯峡湾附近的会议中心见面，讨论克伊尔德新的"罗盘管理"理念。在这里，他们晚上在炉火旁畅饮冰镇啤酒。后排从左向右站的是：克伊尔德、克里斯蒂安·马贾德、尼尔斯·克里斯蒂安·詹森、克伊尔德·莫勒·佩德森（Kjeld Møller Pedersen）和培训师拉瑟·扎尔。前排蹲着的是约翰·本德加尔德（John Bøndergaard）和托尔斯滕·拉斯穆森。
照片系私人收藏。

光盘游戏（他们的营业额占到整个市场的百分之三十五到百分之四十），也来自电影和软件产业，这方面的主要竞争者是迪士尼、华纳兄弟和苹果。

所有这些公司都帮助塑造和改变了市场，市场在短短几年时间里从传统玩具转向针对儿童、少年和家庭的电子娱乐产品。在这个大大扩张了的竞技场上，一场争夺战展开了，乐高不仅为赢得儿童的时间而战，还为获得年轻家庭的金钱和关注而战。在当代，游戏玩耍的途径模糊了儿童、少年和青年的界限。儿童是增长最快的消费者群体。正如人们说的："小孩越来越早熟。"

在这一范式改变之中，千禧一代接近并根本性地改变了玩具市场，乐高必须寻找新的收入来源。在这个市场上，不仅仅是品牌，还有数字世界，都提供了巨大的机会。自从看到西蒙·派珀特和他的《说话的海龟》(*Talking Turtle*)电视节目时，克伊尔德就意识到了这一点。

乐高已经投资了一大笔钱尝试将积木数字化，整个20世纪90年代，自少年时代起就对计算机系统感兴趣的克伊尔德，已经准备好把模拟乐高系统延伸至网络空间了。但是他将近一年都没有来工作，比隆地区管理团队一直以来都在等着他们的上司重新站起来。这段时间的等待使他们变得有些消极，结果是，在这个玩具行业前所未见的快速发展时期，乐高却有些止步不前。

> 克伊尔德：我将近一年都没有关注公司的详细状况，一旦我真正回来了，我就应该对我的管理团队做一些改变。我们在20世纪80年代总体来说都有不错的成绩，但是这可能让我们变得有点过于保守。市场行情已经开始变得不太乐观了。当时我们处在这样一个阶段——孩子们在电子产品上花了太多

时间,也即将花费更多的时间;可是反观我们,这个阶段却没有推出任何一款引人注意的新产品。因此,大家都感觉公司似乎陷入了停滞状态。作为一个组织,我们确实需要找到新的信仰。

1994年的一个秋日,一个矮个子男人突然出现在乐高总部的接待处,他留着披肩发,长着络腮胡,穿着登山鞋和旧式马裤,还戴着宽檐帽。他提着一个手提箱,坚持要求和克伊尔德·柯克·克里斯蒂安森面谈。这个人说着一口流利的英语,介绍自己是登德里昂·杜米蒂(Dent-de-Lion du Midi),对接待员解释说,他的名字听起来像法语,意思是"中间的蒲公英"。他还补充说,自己带了一个特别的视频,想要给乐高的总裁看,可能会让他感兴趣。

最初,这个陌生人必须先屈尊和公关部门经理以及乐高科技系列产品的软件设计师见一面。

如愿见到软件设计师后,他说:"叫我丹迪就行。"他给两人看了自己带来的视频,视频描绘了这样一幅画面:几个电脑生成的、发光的乐高空间模型,在太空高速移动。这两名乐高员工惊呆了。两人赞赏地点头,承诺给克伊尔德看过视频后马上回复他。

原来,杜米蒂(丹迪)是个美国人,住在瑞士,大多数提及他的资料都说他有几分放荡不羁的艺术家气息,对音乐、视觉艺术、发明创作、创业、3D图像和电脑动画都懂一些。半年之后,他回到了比隆正式面见克伊尔德。在这次会面中,丹迪展示了一个计划,从传统的积木和轮毂,到积木小人儿和最小的螺栓、齿轮,将乐高系统的所有元素,进行数字化并重制为三维数字模型。丹迪的想法是,很快就可以在网络空间打造乐高了,在电脑屏幕上给孩子们创造性乐高体验,赋

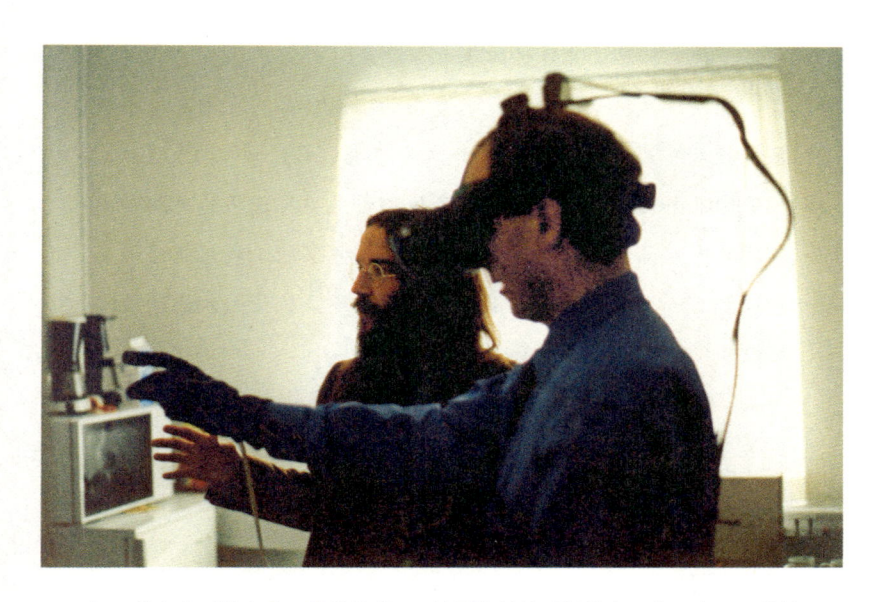

1994年，杜米蒂不请自来，带着装满 3D 效果资料的手提箱出现在比隆。这就是"达尔文计划"的开端，该项目把乐高带入了一个新的发展阶段。从那开始，娱乐时间就被设置在网络空间了！克伊尔德对杜米蒂所有的疯狂实验都很好奇，那些实验有的需要佩戴 VR 眼镜，有的不需要。有一次，他对这个项目的开发团队说："你们这些人是乐高公司的未来。"

予孩子们制作 3D 故事片、卡通片、搭建指南，甚至是制作广告的能力。

> 克伊尔德：丹迪有几个关于如何进行数字化开发的疯狂想法。我确实可以在他的展示中看出某种潜能。我们将有自己的包含乐高所有部件元素的 3D 数据库，这也意味着整个公司可以利用这个项目，但也要求我们必须获得更多的运算能力。我们按这个计划去做了。我认为，一时间，我们在比隆拥有的硅

图计算机比世界上其他任何地方都要多。

这些计算机专门用来完成复杂的绘图任务。我们在这个项目上投入了几个亿,该项目命名为"达尔文计划",丹迪立刻雇了十来个留着大胡子的家伙,他们都是虚拟现实和电脑动画领域的专家,由丹迪领着这些人做了多年实验。我记得我们有一次做了一个电视节目,我戴着VR眼镜,在丹迪和他的团队创造的乐高建筑交互世界里散步。

"达尔文计划"在当时是一个很有嬉皮士精神的项目,乐高管理团队里有几个人认为在"达尔文计划"项目上投这么多钱简直是疯了。但是我相信这会给我们带来好的结果。

项目的名字"达尔文"意味着进化、发现、发展。克伊尔德做事从不半途而废。该部门慢慢发展壮大,雇了好几个国外的专家,其中甚至包括全世界最有天赋的3D动画制作师,大多来自美国苹果公司。

"达尔文团队"的名声很快就在比隆传开了,人们都叫他们"电脑迷"。他们工作一段时间后,软件研发部门原本美观的办公区乱糟糟地放着高科技硬件,挤着几个穿着T恤的大胡子男人,到处摆放着空可乐瓶和比萨包装盒。乐高又投了更多钱提高算力,包括买了一部美国硅图公司的ONYX超级计算机,乐高公司内刊里提到这台计算机,说"把它描述成一个让人一进去就兴奋的紫色小酒吧就很贴切,里面的图像让人看了就会惊掉下巴"。

克伊尔德:我们制成了首个附有光盘的乐高积木套装,"达尔文计划"为这款产品发挥了一定作用,这个套装是一个可编程、可操控的潜水艇,光盘的绰号为"橡皮艇"。"达尔文计划"为进一步的开发播下了种子。至少,乐高积木能以数据形式出现,我们可以在电脑上搭建乐高模型,这些主要都是仰仗这一项目的研发。丹迪的部门人数一度接近一百人,我们可以说,丹迪和他的队友当时都冲在时代发展的最前沿。当时有家用电脑的人不多,但我们乐高却有很多台,我们通过计算机获得了很多好灵感,还收获了不少乐趣。

丹迪来比隆那年之后,作家道格拉斯·柯普兰(Douglas Coupland)出版了小说《微软奴隶》(*Microserfs*)。这本书讲述了几个电脑怪才朋友的故事,他们本来在微软工作,但是有一天突然辞职了,一起去硅谷开发 3D 计算机乐高系统。他们小时候都玩过乐高塑料积木,现在则像西蒙·派珀特在麻省理工学院的媒体实验室团队、丹迪在比隆的达尔文团队一样,探索玩耍和计算的技术边界。

1991 年,柯普兰出版了《X 世代》(*Generation X*)一书,并因此书享誉全球。他可能也没有意识到,自己笔下的故事居然这么真实。柯普兰比丹迪早几个月来过比隆,那是他首次参观丹麦,第一件事就是来乐高乐园"朝圣",他还在《新共和》(*The New Republic*)杂志上发表了一篇描述乐高乐园的文章。柯普兰在文章里说,自己从硅谷直飞比隆,在硅谷,他整天跟富有天赋的、卓越的软硬件设计师交谈。他们在生活里,除了与计算机和高科技零件打交道,还像孩子一样沉迷于搭乐高。就像是《微软奴隶》里的人物一样,如果要他们选,是要和乐高积木一起玩,还是要和比尔·盖茨一起玩,他们会选乐高积木。

"现在,我想我们可以自信满满地说,乐高是强大的三维建模工具,它本身就是一种语言。无论是视觉语言,还是听觉语言,只要孩子们长时间接触这些语言,一定会改变他们感知世界的方式。"

1994年秋天，克伊尔德结束了在菲英岛的自我放逐，回到比隆，他似乎完全康复了，开始落地实行他的新管理概念——罗盘管理。这个想法很吸引人，不管职位高低，每个经理都获得了更大的决定权。几位高管认为这条路有风险，因为在乐高这么大、这么复杂的公司里，指挥链条很容易就变得不够明确，最后也就容易找不出最终决策者。

克伊尔德决定让扩充后的高管团队打扮得整整齐齐，以爵士乐队的形式在1994年10月的乐高国际大会上亮相，他觉得这样一定很有意思，虽然高管团队对罗盘管理的看法不一，但还是每个人都出现在了照片

昏暗的灯光下，管理团队扮成爵士乐手。从左到右依次是：克伊尔德、约翰·本德加尔德（低音提琴）、克伊尔德·莫勒·佩德森（萨克斯）、尼尔斯·克里斯蒂安·詹森（架子鼓）、托尔斯滕·拉斯穆森（小号）、克里斯蒂安·马贾德（单簧管）。

里。伴着艾灵顿公爵的经典曲目《乘着 A 火车》(Take the A Train)，他们也开始同步演奏乐高公司的新旋律。

当时四十七岁的克伊尔德在乐队的后面，那里是他最喜欢的位置，他在弹奏钢琴，这项乐器是他小时候从格林斯塔教堂的管风琴师那里学会的。五十五岁的托尔斯滕·拉斯穆森吹着小号，他当时是乐高的生产主管，人们都认为，他日后会接任克伊尔德的职位。尼尔斯·克里斯蒂安·詹森打着架子鼓，他负责销售和产品开发工作。吹单簧管的是四十六岁的克里斯蒂安·马贾德，他负责乐高教育工作，协调开展在全球范围内设立乐高乐园这项伟大计划。五十岁的约翰·本德加尔德弹低音提琴，他负责乐高财务管理工作。四十六岁的克伊尔德·莫勒·佩德森吹着萨克斯，他在公司负责信息处理和人力资源工作。

这些人中，唯独拉斯穆森脱离了克伊尔德的乐谱，没有跟随指挥的爵士主旋律演奏。从克伊尔德 20 世纪 70 年代初在瑞士洛桑（Lausanne）算起，到后来在乐高比隆总部掌权，经过了 20 世纪 80 年代的黄金期、"不够专心"的 20 世纪 90 年代，托尔斯滕·拉斯穆森一直都是克伊尔德漫长征途的一部分。一路走来，他在乐高集团任何岗位都干过，很多时候都是克伊尔德最亲近可信的诤友。

但是现在有些事情发生了一些变化。两人在"如何发展和引领乐高"这一基本观点上出现了分歧，这些年来，两人的性格内核也开始背离。托尔斯滕·拉斯穆森当过兵的背景在工作中开始显现出来。克伊尔德认为，托尔斯滕过于相信自上而下的领导，而托尔斯滕则认为，自从克伊尔德生病以来，他说的话时常模糊不清、自相矛盾，变得越来越像口号。

托尔斯滕·拉斯穆森虽然也参与罗盘管理，但是一直都对这一方向心存疑虑，认为克伊尔德再也不能完全控制乐高的发展。新的管理观

20世纪90年代，克伊尔德和托尔斯滕友情破裂。照片摄于1983年，两人一起下棋，财务总监阿恩·约翰森做裁判，当时两人关系还很好。

念在全公司推行了几年后，没能产生预期的效果，他对这几年如此评论道："我们所面对的计划、预算和战略都不切实际，而且很明显会引发问题。公司还进行了一些冒险尝试，这些事情，要是搁哥特弗雷德身上，他是绝对不会允许的。现在乐高的管理团队被要求同时兼顾所有事。我告诉克伊尔德，我不同意这一战略，一个月后，我们决定不再共事。"

拉斯穆森离职不仅仅代表着从大学开始持续了二十年的深厚伙伴关系结束了，还代表着两人友情的破裂，1997年1月，托尔斯滕·拉斯穆森离开了乐高。

克伊尔德：在整个 20 世纪 80 年代以及 90 年代早期，托尔斯滕都扮演一个重要角色。乐高能不断研发出新产品，确保生产高歌猛进，这都多亏了他。也正因如此，他不能理解改革的必要性，而他的不理解大概是实行罗盘管理最大的阻碍。然而，市场在这些日子里剧烈变化，我想要确保乐高能够更加快速地应对变化中的市场，但托尔斯滕认为我们应该等到必要的时候再采取行动，他不想让乐高"抢跑"。

托尔斯滕的想法也许有道理，但我也觉得我们之间的分歧很深，觉得他总想站在我的对立面。可能根本上还是因为我们两个人性格不合。我们是老朋友了，以前感情很好，多年来我一直很高兴托尔斯滕能是管理团队的一员，但是现在他的管理理念已经对公司生产力的发展没有好处了。

三位总监来舍伦堡探望我的时候，我就明白了这一点。当时的乐高股份公司董事长瓦格恩·霍尔克·安德森说："克伊尔德，你回去后如果不能继续担任总裁，托尔斯滕是唯一可以接任你的人。"可我并不认为让托尔斯滕接任我是个好选择。当然，这也是我们起冲突的原因之一。

1995 年夏天，哥特弗雷德七十五岁生日，这次却没有搞庆祝活动。在生命的最后几个月里，哥特弗雷德身体虚弱，大多时候都待在家里，只是偶尔到露台上透透气。他的腿不再能支撑他站起来了，他的心脏也一天天衰竭。1995 年 7 月 13 日，周四，这个让乐高实行工业化，让比隆从小农村变为欣欣向荣的商业、娱乐、工业、航空中心的人，走完了

人们最后一次在大型生日聚会中看到哥特弗雷德,还是 1993 年夏天,在乐高乐园二十五周年庆祝典礼上,他和伊迪丝在切蛋糕,卡米拉和克伊尔德在他们左手边(照片右两人),甘希尔德和莫根斯在他们右手边(照片左两人)。
照片系私人收藏。

人世的旅程。

除了他父亲奥莱·柯克,哥特弗雷德是对比隆及比隆周边地区影响最大的人。在乐高乐园中,花园乐队奏着哀歌,人们把哥特弗雷德的棺材从他主张修建的教堂中心抬出来,比隆镇的孩子们成群地聚在教堂对面的人行道上。孩子们站在栅栏前,背对着哥特弗雷德和伊迪丝的房子,到那时候,那依然是当地最大、设计最前卫的房子。

灵车在小镇缓缓行驶,老老少少都挤在街角,想在棺柩远去、埋进格林教区家庭墓区之前再看一眼。当地一家报纸之后写到，那一刻，大概很多比隆民众都想起了一个故事，故事里，外地人问："比隆地方这么小，怎么有钱建露天游泳场地、室内游泳池、体育馆、教堂和文化中心、跑道、家庭公园和机场呢？"一位本地人回答说："都是依靠了哥特弗雷德！"

哥特弗雷德委托建造且目睹建成的最后一座建筑是乐高创意之家（LEGO Idea House）。1986年，乐高和美泰在中国香港打了那场官司，在法庭上展示了公司的早期历史，回来后，哥特弗雷德随即让人建造了这座企业博物馆兼档案馆。那次经历对乐高而言有利有弊，让哥特弗雷德意识到，留住公司的"根"，保存好旧产品样品、专利申请书、合同、信件以及会议纪要至关重要。

同时，哥特弗雷德一直以来都渴望公司里能永远有一个讲述乐高历史的地方，在这个地方，员工可以学到或者想到乐高产品背后的理念和乐高精神。换句话说，他在建造一座"讲述企业故事"的专用建筑。很久以后，"企业文化叙事"这个术语才被引入丹麦商界。1990年6月14日，伊迪丝主持乐高创意之家开幕。哥特弗雷德说过："当我们了解了过去，我们就可以更好地懂得现在；当我们可以更好地懂得现在，我们就可以更好地应对未来。"他的话就像是这座室内博物馆兼档案室前的一条看不见的路。今天，展厅在主街路边奥莱·柯克的房子里，至今参观乐高创意之家仍是新的乐高员工入职的一部分内容。

灵车载着哥特弗雷德的棺柩穿过比隆镇，许多人都向他致以无言的诚挚感谢，其中一位是乐高前工会代表、乐高系统股份公司董事托芙·"工会"·克里斯滕森，她后来成了丹麦女性工会的资深成员。在托芙眼中，哥特弗雷德比乐高历史上任何一个人都能体现该公司的社会责任感，这种社会责任感对于在乐高工厂工作的人而言简直是一个惊喜。她后来跟当地一家报社的记者说："哥特弗雷德总是对员工非常热情，我之前也在别的地方工作过,但是从来没见过像他一样热情的老板。"

托芙·克里斯滕森尤其记得,1983年乐高第一轮裁员时,哥特弗雷德有多么担心员工的生计。当时,二百三十名员工被解雇,乐高士气大减。有一天,哥特弗雷德找到托芙,告诉托芙说,对他而言,失业员工的家庭不会破裂是一件非常重要的事情。"哥特弗雷德说:'托芙,如果有问题想要帮忙,你一定要来找我!'我作为工会代表,能有他的大力支持真是再好不过了。"

1982年,托芙·克里斯滕森主持成立了乐高员工周年纪念基金(LEGO Employees' Anniversary Grant),当时,她收到临时通知,哥特弗雷德请她一同乘坐乐高航空的飞机去哥本哈根。哥特弗雷德获得了丹麦商会颁发的十万克朗奖金。托芙永远都忘不了那场在丹麦股票交易所举行的颁奖典礼,场上丹麦名流云集。

> 托芙·克里斯滕森:我身边都是商业大腕,其中最出名的就是马士基·麦肯尼·莫勒先生。哥特弗雷德感谢商会授予他这个奖项,接着他突然郑重地说他带来了自己的工会代表托芙·克里斯滕森女士。随后又用平常聊家常的语气继续说:"托芙,来我这边,拿些钱,作为你的工会基金。"
>
> 之后,莫勒先生来到我面前,握着我的手说:"很高兴认识你!"
>
> 我激动坏了,只知道说:"谢谢,谢谢!"

乐高的老员工在20世纪90年代后五年谈起哥特弗雷德的管理方式

时，常常提到清楚地沟通这一点，他们认为这是现在的总裁兼第三代乐高拥有者所欠缺的一点。20世纪80年代，乐高持续向好发展，人们可以忍受克伊尔德主张凡事务必达成共识的处事风格、对于"阴阳"的兴趣、十一条管理悖论以及所有关于以孩子为榜样的理想之谈。但是现在，乐高已经在玩具市场上受到压力，有人觉得乐高有点过于强调开展团队课程，乐高举行了太多研讨会来讨论有关大人的游戏，也觉得乐高从旧童书上引用的话太多了。

> 克伊尔德：我总是会从长远看，倾向于向前多看一大步，不过有的时候，步子确实迈得太大了。别人有时很难跟上我的思路，也很难理解我的做法。这也意味着，在20世纪90年代的人眼中，我可能永远都不会是一个好的"日常"总裁。也是这个原因，尽管我们为所有员工都制作了宣传册，给所有经理都安排了课程和研讨会，罗盘管理也不会取得太大的成果。两位来自瑞士国际管理学院的教授负责开发这些课程，我记得有一节课是让学生用积木搭建他们心中乐高未来的样子，用这种玩耍的方式表达他们的战略性理念。我能感觉出来，很多经理对这些不感兴趣，有些还开始说我是过于不切实际的老嬉皮士。

1996年5月，克伊尔德突然向他个人最喜欢的记者艾吉尔·埃弗特（Eigil Evert）宣布了乐高的最新目标，让这位记者差点惊掉了下巴。埃弗特立即反问道："等等，乐高的最新目标是什么？是疯了一般不切实际的伟大幻想吗？"

这是一个全新的战略计划：截至2005年，乐高将成为对全球有孩子家庭而言知名度最高的品牌——必须要成为最出名的那个。然而，直到 1997 年，克伊尔德和他的高管才拿出一个完整的书面计划书，计划书文件夹上写着"奔向 2005 年"几个大字，全体员工人手一份。展示会上又重复了那些宏伟重要的目标和纲要。克伊尔德在接下来的五六年里，常常发现自己不得不对乐高公司内部及外部为这种想法做辩护，因为这种想法似乎完全取代了哥特弗雷德的旧信条："我们不想成为最大的公司，只想成为最好的公司。"

> 克伊尔德：2005 年目标有点被误解了，人们将其误读为——我只想获得公司发展，其他什么也不顾。首先，我想要乐高成为全球有孩子家庭心目中最强的品牌。我在更早之前就这么说过了。20 世纪 80 年代，我们和兰令自行车、劳力士手表、迪士尼、可口可乐公司不分上下。我们在各种国际调查中都位居榜首，因为各国家庭都说乐高产品对他们来说意义重大。所以，我的想法并非完全不切实际，这一野心也并没有违背乐高"不求最大，只求最好"的旧信条。
>
> 很多人对我说："乐高要想达到这一点，还有很大的成长空间。"
>
> 我的回答是："乐高当然得成长，但是打造一个以儿童和儿童成长为中心的品牌更为重要。我们的每个行动都必须体现出乐高就是这样的品牌。"
>
> 把乐高打造成这样的品牌就是 2005 年目标背后的愿景。在很多人听来，这只是一个宏大且不切实际的幻想。不过，我相信我们可以做到，所以，我从不认为这是幻想。时间会证明一切。

照片摄于 2001 年，却用来象征克伊尔德在 20 世纪 90 年代后五年思想和行动的速度之快、势头之强。照片里，他踏着赛格威平衡车去新闻发布会现场。

1997 年夏天，克伊尔德在员工杂志上撰文向乐高员工展示这些目标，他推荐员工关注并理解《爱丽丝漫游奇境》里出现的一句话。克伊尔德相信，这句话会像一座灯塔一样，指引乐高员工共同理解并实现这个目标：让乐高成为全球有孩子家庭心目中最强的品牌。

爱丽丝问："请问你可不可以告诉我，我应该走哪条路？"
那只猫说道："这得取决于你想到哪里去。"
爱丽丝回答："我不在乎去哪儿……"
猫于是说道："那么，你走哪条路都行。"

——刘易斯·卡罗尔《爱丽丝漫游奇境》

克伊尔德：书里的这句话可能确实有点晦涩难懂，但是，猫最后说的那句话意味着我们要跟随我们内心的指引，这符合我关于罗盘管理的想法。

我很喜欢《爱丽丝漫游奇境》，就像我很喜欢《小熊维尼》一样。这两本书都有着可爱、单纯的思想，我们大人也可以从书中学到些东西。同样，大人也可以通过聆听孩子的想法受到教育，学着在我们做的事情中找寻天真和单纯。

我现在再读这句话，也少不了诧异："天知道到底有几个人能明白我的意思！"但是，必须要说明一点，我的展示会立足实际，紧紧围绕与商业相关的问题，只是用爱丽丝和猫的对话增添点趣味罢了。

克伊尔德在会上用微妙的方式传达思想，让他的雇员难以捉摸、一头雾水，而这并非他第一次这么做了。另一次生动的例子是上文中提到的他1988年的新年演讲。当时，他呼吁员工关注内心的"赤子"，希望乐高办公区能像他后来所说的那样，"更像孩子们开始玩我们的积木套装的样子"。

并非所有人都能明白克伊尔德的意思，哪个跨国公司总裁敢像克伊尔德一样以如此开放、天真的方法夸奖童年的本质呢？尤其在20世纪80年代，像电影《华尔街》(*Wall Streets*)中戈登·盖柯（Gordon Gecko）那样生活优裕、手段残酷的商人格外多，而像克伊尔德一样的总裁则是少之又少。

克伊尔德：我当时说到把孩子当成榜样，在整个20世纪90年代都坚持这一愿景，这不仅仅是我们思考产品和品牌的一种抽象的方式,也关系到公司具体的日常管理。我清晰地构想,也热切地渴望能有一种不那么严肃的管理哲学,能激发我们作为人类的全部潜能。

两位来自瑞士国际管理学院的教授帮助我们执行罗盘管理,他们非常热情,告诉我:"愿景通常意味着公司在未来十年里想变得多大、想实现多少增长。但是,克伊尔德,这还不能是你的全部愿景。对你而言,你所抱持的愿景,还要包括乐高是哪一种公司,你想在外界、在员工面前呈现出怎样的形象。"

员工并不能很好地接受克伊尔德的管理哲学,在1996年至1997年,他发现自己比以前更孤独了。父亲哥特弗雷德去世了;他心中父亲一样的人物瓦格恩·霍尔克·安德森退休了,不再担任乐高董事长;好朋友托尔斯滕·拉斯穆森离开了他俩共同分析、共同推动使之变得现代化的公司。还有一点,在家里,他的三个孩子:苏菲、托马斯和阿格尼特,谁也没有表现出想追随父亲的脚步,继承家族事业的意愿。

三个孩子一想到乐高和比隆就头疼。他们在小镇学校里的日子都不好过。所有人都知道他们是谁,班里很多同学的家长就在乐高工作。所以,乐高几次裁员的时候,他们都不敢露面。现在,他们只想离比隆和乐高远远的,在其他中学、大学、训练项目和旅游中体验自由。他们想要骑上马,消失在晚霞里,或是开上赛车,一溜烟的工夫就消失不见。克伊尔德和卡米拉当时注意到了这一点,他们也理解孩子们。但克伊尔德尤其觉得伤心,他和孩子们很不一样,在成长过程中没有遇到过什么麻烦,在他小时候,比隆镇和工厂就像一个大家庭一样。

1997年,克伊尔德参加了电视节目《丹麦首富》(*Denmark's Richest*

Man）的录制。节目最后，工作人员问他，他的孩子，也就是乐高的下一代所有人，会不会接任乐高总裁。克伊尔德回答说，不能这么早下结论，保证孩子们快乐、自由才是最重要的事情。

瓦格恩·霍尔克·安德森1996年退休后，另一个人以乐高股份公司董事长的身份加入了乐高团队，他名为麦德斯·欧里森（Mads Øvlisen），原本是诺和诺德公司的总裁。欧里森娶了诺和诺德公司的一位所有人。因此，他更容易理解乐高等家庭公司所面临的困难。20世纪90年代，欧里森是丹麦商界备受尊重的人，如今，担任了多年乐高股份公司董事的欧里森即将帮助克伊尔德把公司带上稳定发展的轨道，扭转此前公司营业额连续几年下跌的颓势。多年下跌的趋势在1995年落到谷底，乐高公司当年的利润是十年内最低的。1996年春，麦德斯·欧里森开始担任这一职务时，瓦格恩·霍尔克给了继任者一些好建议。

瓦格恩·霍尔克：当有说"不"的必要时，就一定要说出来！乐高集团的目标是继续保持增长并保持健康、财务独立的公司状态。克伊尔德需要时刻保持克制。他很有活力，但他也非常尊重董事会的首要使命。在这一点上，他和他父亲大不相同。

欧里森做的第一件事就是引进麦肯锡咨询公司（McKinsey & Company）。咨询公司的评估结果在同年9月发布——乐高公司宣布裁员和削减百分之十至百分之十二的预算。成立五十年以来，乐高公司很少有接连裁员的情况。当地媒体走上街头，了解大众的情绪。

> 比隆当地媒体：乐高的高管们宣布了裁员名单，整个比隆都屏住了呼吸。此次公司精简颇具历史意义，裁员只是其第一阶段，有二百人被解雇。比隆乐高公司的四千五百名员工中有几千人就住在这个镇上。在许多家庭中，父母两人都在乐高工作，每个人的家庭和社交圈中都至少有一到两名乐高员工。

这是一个颇具不确定性的时期，工厂里的工人不仅面临被解雇，乐高公司也在进行重大重组。谣言四起，年长的工作人员说："在哥特弗雷德执掌乐高的时代，这种事永远不会发生！"

在麦肯锡的顾问返回哥本哈根之前，他们还得出结论：乐高的管理团队可能不愿做出改变。在许多公司，这样的评估会产生立竿见影的效果，但在乐高却没有。后来有人问克伊尔德，乐高最近几年的成绩都非常令人失望，他是否应该解雇自己，克伊尔德回答说："我已经考虑过这件事了。但我认为乐高这几年的业绩之所以不好，是因为我们启动了很多新项目，现在我们必须谨慎对待我们的优先事项。所以我还得在总裁这个位子上多待一段时间！"

《乐高岛上的恐慌》(*Panic on LEGO Island*)是丹麦版的动作冒险PC游戏，在国际上被称为"乐高岛"。这个游戏是乐高公司与Mindscape公司合作开发的，在1998年取得了巨大成功。另一方面，罗盘管理则举步维艰，推广和启动了三年，这一项目还是被终止了。项目结束时没有轰轰烈烈地宣告失败，只是悄悄地停止了。这次失败的教训似乎是，任何人都无法在一个看不到变革必要性的组织中发起变革。克伊尔德试图消除的惰性和普遍的自满似乎变得更加根深蒂固。

世界各地的传统玩具公司都发现，他们与游戏和电影业陷入了一场不平等的斗争，很难维持之前的发展速度了，而后两者占据了西方儿童的大部分空闲时间。仅仅经过了两代人的时间，男孩和女孩玩耍玩具的时长缩短了四年，研究人员称，20世纪90年代的儿童在十岁时就不再玩传统的儿童游戏了。

1998年1月，克伊尔德宣布，乐高未来几年面临的最大挑战不是其寻常的市场竞争对手，而是"寻找引发孩子们消磨时间方式不断变化的原因"。

孩子们日益青睐数字和计算机控制的娱乐方式，是时候认真弥合乐高与新方式之间的鸿沟了。乐高准备投资一百亿克朗开发面向未来的玩具，但公司仍然需要把传统的积木作为其基础。"新媒介提供了一些振奋人心的机会，让实体玩具变得更加刺激好玩。"克伊尔德当时在接受

1997年12月，圣诞氛围浓厚，克伊尔德在一辆无线遥控的卡车前蹲下身子，这是当年乐高科技的重要新品。

采访时说。

在乐高与西蒙·派珀特和麻省理工学院媒体实验室的合作中，这一战略最为明确，产生的效果也最好。1998年，经过十三年的合作，他们推出了乐高机器人（Mindstorms）和乐高科技"网络主宰者"（Cybermaster）。最初，他们与信息时代的特定重点人群——儿童和年轻人——进行了交谈。"网络主宰者"是乐高科技积木产品的计算机化扩展。举个例子来说，用户可以构建一个机器人角斗士，通过编程让它具有不同的个性，孩子玩耍时还可以与其对话。

到目前为止，乐高机器人是20世纪90年代末最受关注的乐高产品。它比"网络主宰者"更先进，年龄较大的儿童和年轻人可以用它制作带有电机和电子传感器的模型，这些模型都可以通过红外技术控制。在乐高实验室试用乐高机器人的孩子们创造了彰显丰富想象力的各式机器人。比如说，一个女孩用乐高积木搭建了一张桌子，在上面安装了一台数码相机，拍摄降落在那里的鸟儿。克伊尔德在国际演示会上介绍这两套具有开创性的乐高积木时，说这两套积木的特色是"智能"。

> 克伊尔德：这些产品是为习惯使用电脑的新一代儿童开发的。我们的目标一直以来都是为儿童创造最新的产品。有趣的产品可以激发孩子们的想象力和创造力。现在，孩子们能够使用电脑进行富有创造性的玩耍，这个过程不是发生在一个孤立的电脑世界里，而是在电脑世界之外真实的人类世界里。

克伊尔德指出，最重要的是，乐高机器人反映了公司的普遍价值观，即激发孩子的创造力和想象力。"孩子们通常会发现机器人并没有完全按照自己的期望去做，然后他们必须弄清楚是编程的问题，还是机

1998年，乐高机器人的发布是一个国际性的活动，来自世界各地的记者飞到伦敦参加新闻发布会。克伊尔德展示了这项具有里程碑意义的发明，它既是儿童的玩具，也是成人的玩具。

器人自身的问题。这非常锻炼孩子的创造能力。"

尽管零售价很高，但乐高机器人一上市就取得了成功。有趣的是，百分之四十的买家和玩家都是已经身为人父者或其他成年男子，他们小时候玩过乐高积木，只不过那时候的乐高积木能做的事情不多，只是把积木拼在一起搭建个模型，然后再拆开。

在伦敦乐高机器人发布会上，一名记者问道："旧产品还不够好吗？为什么那么好的老式乐高积木需要走向数字化呢？"克伊尔德的回应是，数字化是乐高自然发展的必由之路。

克伊尔德：我们的产品开发进入了第四个阶段。从20世纪50年代的砖块，到20世纪60年代的车轮和马达，这预示着乐高产品从此可以动起来了。20世纪70年代的迷你积木小人儿又将人物和背景带入了积木搭建，而现在我们看到积木与计算机的交互。这五十年来，我们每个阶段都会增加一个新的产品维度。

　　到1998年，除了乐高机器人和"网络主宰者"，乐高还推出了许多其他的前瞻性计划，包括软件、公园、电脑游戏、童装、鞋子、手表等，就连克伊尔德也开始迷失方向，在乐高公司内刊杂志上承认，现在同时开展的项目太多了，"也许按照优先级依次开展这些项目会更好"。

　　另一方面，克伊尔德也知道，这么多的产品系列巩固了乐高品牌，也为公司提供了大量新机会，而同时，玩具行业的每个公司都必须采取这种分散重点的方式。

　　"很难想象什么时候这种情况才会结束。"他在一份报纸上评论道，强调乐高现在愿意支付高额的成本，以确保未来的收益。换句话说，乐高愿意砸钱进行新项目的研发。克伊尔德补充说，乐高将投入大量资金，在"教育娱乐"领域保持竞争力。教育娱乐是一个将学习和娱乐相结合的市场，这一市场正在迅速扩张。最后非常重要的一点是，乐高越来越关注新的数字合作伙伴，当然也有可能与好莱坞的一家或多家电影公司达成许可协议。

　　克伊尔德：有些事情，我只是开始得太早了，之所以会造成不确定性,部分原因是我们的核心产品在那几年销量不佳。与此同时,我们还得在媒体产品、授权产品、儿童服装、手表等各种各样的东西上花时间。我们今天也做这些事,但现在会让其他人为我们去做。20世纪90年代末我确实犯了一些错误——我愿意为此承担责任——我让公司涉足了太多领域。虽然我从未有过开创独立的业务领域或进入时尚行业的打算,但人们确实以为我有这种打算,即使是公司内部的员工也会这么想。我们举办研讨会时,员工不知道我到底想要什么。

"积木还是最重要的东西吗?"

我的回答是:"当然是。"我试图这样解释:有很多孩子、年轻人和父母想要表达他们对我们品牌的喜爱,所以我们应该把积木以外的产品看作粉丝商品。

在这些年里,克伊尔德从未怀疑过积木的威力。《日德兰邮报》问克伊尔德:"基于个人电脑的新玩具、许可协议和其他非传统乐高产品的收入最终是否会远超积木所带来的收入?"克伊尔德回答说:"不,即使在十年后,积木仍将是我们的核心产品。我们仍然坚信,作为一种家庭产品,我们的概念可以帮助孩子们开发自己的想象力,而不是助长外界强加给他们的幻想世界。"

然而,所有这些新举措、取悦各大媒体和娱乐公司所做出的努力以及开发包含无数特殊新元素的乐高新款积木,都得花很多钱。乐高面临过度扩张和资金流失的风险。

直到1998年年初,克伊尔德和董事会主席麦德斯·欧里森才开始应对这个问题。人们越来越担心乐高的财务状况会出现问题,这两人也开始为乐高找一名首席财务官,这名首席财务官要帮助乐高走出低迷,并引导乐高实现其雄心勃勃的目标,即到 2005 年成为比迪士尼更受欢迎的品牌。

猎头最终将候选人范围缩小到两位,乐高最终选择的是四十九岁的保罗·普劳格曼(Poul Plougmann)。他有"公司名医"的名号,专门拯救那些陷入危机的公司。普劳格曼在 20 世纪 90 年代初参与扭转视听公司铂傲(Bang & Olufsen,简称 B&O)的命运,从此声名大振。

> 克伊尔德:我很清楚,乐高必须尽快引进新鲜血液。我们

当乐高邀请保罗·普劳格曼担任公司首席财务官时,普劳格曼还住在巴黎,正考虑退休,但他无法拒绝乐高。

自己无法应对这种情况,所以我们要寻找一位身体强壮、精力充沛、注重行动的经理,当我选择保罗·普劳格曼时,董事会和欧里森都支持我。他在铂傲的时候就有很好的声誉,但是与此同时,人们也管他叫"微笑杀手",所以我们聘请他的时候也并非没有一定的顾虑。

普劳格曼自己所说的话也没有打消人们的顾虑。即将入职之前,克伊尔德在《日德兰邮报》上读到了一篇采访,他的新首席财务官在采访中描述了他自己的性格和他的方法:"(我)一旦做出了决定,采取了战略,就会全力以赴!我从不回头。"

乐高一直珍视谦逊,但这位1998年加入乐高的新高管却是个自信满满的人。即便如此,普劳格曼接受这份工作的原因只在于乐高本身。他非常喜欢这个品牌和家族企业,后来他说,他渴望证明这种所有权形式比让公司上市好一百倍。然而,商界的许多人都等着看热闹,毕竟,普劳格曼的"决不反对冲突"的方法与克伊尔德低调的管理风格很难共存。

怀疑论者打错了算盘。东方哲学的核心在于尊重两极对立和万物固有的二元性。事实证明,新的二人组合——强硬的保罗和温柔的、强调意见求同的克伊尔德——似乎真的能做大事。

1998年,普劳格曼上任半年后,乐高正面临极其糟糕的财务状况。这是乐高六十六年来第一次出现亏损,而且数目不小!亏损数额达到两亿八千二百万克朗。在年度报告中,克伊尔德表示"不满意""不接受"。乐高需要"急救",而他请来的"公司名医"立即采取了行动。普劳格曼根据他入职后对乐高的观察和研究,决定在未来一年里,削减不少于十亿克朗的支出额。他和克伊尔德齐心协力,想出了一个计划来精简和收紧整个公司的财务支出。这项计划与乐高史上的其他伟大行动一样，也有自己的名字："健身计划"。这个词也许听起来有点轻率，但是，克伊尔德在当地电台为其辩护。

> 克伊尔德：我们之所以选用"健身计划"这个词，是因为我们真的是在考虑"健身"的概念，乐高作为一家公司，不仅需要多减掉几公斤，还需要保持更好的体形来实现长期目标。我认为这实际上是一个很好的比喻。

事实证明，用"放血"来描述这个计划可能更合适。乐高集团的一千名员工（约占员工总数的十分之一）很快就要失业了。首先，普劳格曼把重点放在了高管的良好管理上。普劳格曼认为，"过度管理"和内部管理人员招聘导致了持续数十年的"近亲繁殖"现象，现在是时候终止这些做法了。他相信这将对外发出一个好信号：在乐高，过去的美好时光终于结束了。

在大型会议上，他对员工说的第一件事就是，在媒体上听到的有关糟糕的结果、无聊的管理和大规模裁员的言论造成了悲观的气氛。普劳格曼声明："我们需要重拾自信。"

他还发现可以从另一个具有象征意义的重要领域下手，来节约资金。

"去年，我们花了二点五亿克朗聘请外部顾问。也就是说，我们把所有重大问题都交给了顾问。太荒谬了，这表明我们十分缺乏信心。没有什么问题是乐高自己解决不了的。"

普劳格曼以积极乐观的态度对待乐高历史上最差的财报，开启了该公司历史上颇具戏剧性的五年动荡，这五年里可谓跌宕起伏，但大多是"伏"。

克伊尔德：保罗所做的事情都有必要，但我可以看出，这剂猛药对乐高来说实在难以下咽。正如保罗在谈到管理团队的几次裁员时所说的那样，"最好从高层开始裁员。"诚然，保罗是一位出色的演讲者，是一位非常积极、充满活力的经理，但他也很残忍，这与我们的文化不太相符。

后来，我也很后悔乐高解雇了那么多在20世纪80年代和90年代一直陪伴我们的优秀员工。这也让公司的管理资源左支右绌。为了填补空位，我们引入了新的经理，新经理有自己的想法，从完全不同的方向进行产品开发、营销等工作。

起初，克伊尔德支持首席财务官的提议，但同时，他一再拒绝接受"健身计划是危机干预"这种观点。1999年4月16日，星期五，两位高管轮流站在讲台上，在当天举行的六次入职培训会议上，向一千六百名员工介绍了公司的新架构和新战略。

两人非常乐观，向其他高管团队强调，裁员没什么好"紧张"的，也完全不至于造成恐慌。克伊尔德说，这是"一个精心制订、雄心勃勃的计划，将成为我们实现目标的跳板，帮助我们成为有孩子家庭心中名气最大的品牌。我们需要'身轻体健，适应未来'"。

大家都听明白了。关于即将到来的一轮裁员，即使目前还无法公布日期，但大家也都心知肚明了。所有员工都必须紧张地等待几个月，到时候才能知道自己的处境。工会的发言人说："这种局面显然不那么理想。这造成了不确定性，因为每个人都在想，他们自己，或者是他们的工友，是不是在被裁的行列里。"

但事实证明，许多员工都和乐高以及拥有和运营公司近七十年的柯克·克里斯蒂安森家族站在一起，乐高之前遭遇危机时，员工们就是这么做的。没有人罢工，一位年轻人总结了比隆工厂工人的总体感受，他在发布会后告诉乐高公司内刊："当你亲耳听到克伊尔德说出裁员的消息时，裁员这件事情听起来就会让人感觉没那么残酷。"

保罗·普劳格曼创造了奇迹。经过了裁员、重组，又经历了大规模裁员所造成的长期动荡期，他成功地让乐高填补上创纪录的资金缺口并创造了五亿克朗的利润。所有的旁观者和评论人士都同意，这一成功的、闪电般迅速生效的治疗方法应该归功于他这位"公司名医"。一位不愿透露姓名的消息人士对丹麦《经济周刊》（Økonomisk Ugebrev）表示："普劳格曼有着乐高之前从未有人拥有的坚定意志、分析能力，以及行动力。"

1998年春天，在保罗·普劳格曼来到比隆之前的几个月，乐高谈成了一笔非常有利可图的交易。这桩交易也是乐高能够快速走出亏损困境的另一个重要因素：乐高和著名导演乔治·卢卡斯（George Lucas）的卢卡斯电影有限公司（Industrial Light and Magic）之间的一份合同。这份为期多年的独家许可合同，允许乐高开发、生产《星球大战》的相关产品。事实证明，与《星球大战》宇宙有关的乐高产品可以创造巨额的利润。

1999年5月，《星球大战》科幻史诗的第四部在美国上映，不过当时比隆的每个人都更关注乐高公司的"健身计划"，还没有出现"星战热"。[1] 但是两款新的乐高星球大战系列产品在美国的商店里销路火爆，

---

[1] 指的是《星球大战前传1：幽灵的威胁》，《星球大战》系列电影不是按照故事的时间先后拍摄的，故而影片命名的次序有些乱。——译者注

包括传奇的X翼战斗机在内的套装也很快售罄。在《幽灵的威胁》(*The Phantom Menace*)首映当天，仅玩具反斗城（Toys'R'Us）就售出五万套乐高星球大战套装。当年乐高星球大战产品在美国本土的销售总额达到一亿三千万美元。1999年晚些时候，这部电影开始在美国以外上映。随之，乐高星球大战产品在世界其他地方的销量激增。

乐高当时也正与迪士尼和华纳兄弟谈判电影授权协议，其中有利销售的一个条款是，这些跟电影相关的玩具套装可以在一年中的任何时间段销售，而不仅仅是在圣诞节前夕才投放市场。与《星球大战》合作产品的成功对克伊尔德来说也特别重要，因为它向管理团队中多年来一直反对授权交易的传统主义者证明，是时候改变旧的乐高理念了。此前，乐高一直不愿和玩具市场的其他参与者合作，更愿意独立生产产品，以便始终保持全面的质量控制。

> 克伊尔德：最初提出与卢卡斯电影公司合作的是美国分公司，但在丹麦总部一开始肯定没有广泛地同意这个想法。有人认为，这部电影里关于战争的场景太多了。
>
> 然后我说："好吧，别说了，你回家去好好看看电影吧！"
>
> 《星球大战》讲的是发生在幻想世界的现代冒险故事，讲述的是善与恶之间的永恒之战。对孩子们来说，考虑《星球大战》的场景，并且玩一些与之相关的游戏，根本就不会有什么不健康的影响。我想，我们可以很容易地将《星球大战》纳入乐高品牌，所以我批准了与卢卡斯电影公司的交易。

《星球大战》最终帮乐高赚了一大笔钱，尽管该电影的分级是"限制级"[1]，儿童不能独自前往电影院观看这些电影，但年纪小的孩子仍然可以通过游戏机、电视屏幕和 DVD 在黑暗的家庭影院里了解卢克·天行者（Luke Skywalker）和达斯·维德（Darth Vader）的故事。克伊尔德在一份报纸上对此评论说："今天的孩子深受大众媒体的影响。在过去，当我还是个孩子的时候，我们几乎从头开始创造我们的想象世界。我们只知道牛仔和印第安人，所以我们玩的也就是这些东西。但今天，孩子

乐高星球大战产品于 1999 年发布，在第一波星球大战中最受欢迎的是卢克·天行者传奇的 X 翼战斗机。

---

1 《星球大战》系列电影一般是 PG 级或 PG-13 级的。PG 级是普通级，建议在父母的陪伴下观看；PG-13 级是特别辅导级，十三岁以下儿童要有父母陪同观看。——译者注

2000 年秋天,乐高宣布了名为"沙漠风暴"的战略。乐高想要专注于每年数量更少但规模更大的全球发布。普劳格曼说:"如果我们以前每次新品发布都要花费四千万克朗,那么现在我们通常会花费一点二亿克朗。"一众商业记者听了之后都摇起头,在新闻中写道:"这个战略听起来就像空中楼阁。"

图片来自佩尔·莫顿·亚伯拉罕森。

们在很小的时候,各种信息就扑面而来。影响有好有坏,但我认为好处还是比坏处多一点。他们即使才五六岁,就非常了解社会上的潮流,知道人们都在谈论什么,知道《星球大战》之类的东西。"

就这样,这十年,连同整个 20 世纪,都结束了。不少媒体为逝去的 20 世纪发表了"讣告",怀念随 20 世纪一同逝去的童年、儿童读物和所有被遗忘的游戏。1999 年 12 月,乐高积木被《财富》杂志(*Fortune*)和英国玩具零售商协会(British Association of Toy Retailers)

评为"世纪玩具",与之并列的是芭比娃娃、机动人玩偶和经典泰迪熊等玩具。

在比隆,乐高公司内部喜气洋洋,人们纷纷预计,公司未来的财务业绩会一路高歌。在董事会上,松了一口气的麦德斯·欧里森非常高兴,他认为,普劳格曼和克伊尔德之间的伙伴关系,远远不止于他俩一同抽烟斗、在烟雾弥漫中开会以及乘坐飞机长途出差所表现出来的交情。这时,普劳格曼已经完成了"健身计划"中让员工感到受伤害的部分,确保了日常运营能有更严格的把控,克伊尔德可以更加关注全局。

在经历了几年的失望之后,克伊尔德确信未来会有良好的年度业绩,于是正式将日常管理职责移交给保罗·普劳格曼。普劳格曼于1999年11月晋升为公司的首席运营官。在新千年的头几个月里,克伊尔德这位总是面带微笑的乐高所有者评论道:"现在我正在做自己多年来一直想做的事情。我处理前瞻性的事务,以及公司的价值观、发展等方面的事情——总之,是所有有趣的事情。现在,我让别人来经营这家公司。"

乐高星球大战系列的千年隼号模型，2008 年。

09

转折点

21 世纪初

2004年1月8日上午，乐高在比隆邀请各方有关人员参加记者招待会，此时一切都已经准备就绪。活动原定于当天一点钟举行，一架飞机将在哥本哈根机场等候，负责把商业记者和摄影师带到比隆。几天来，高级管理团队和董事会成员一直在讨论宣布消息的措辞和在新闻稿中的内容，努力达成一致意见，新闻稿将宣布三件事：创纪录的亏损、保罗·普劳格曼当场辞职以及克伊尔德决定再次担负起全部管理职责。

> 克伊尔德：这几年来，经营公司的的确是保罗，但是他的那一套已经不管用了。我在2002年就关注到了约根·维格·克努德索普（Jørgen Vig Knudstorp），第二年，我们让杰斯珀·奥维森（Jesper Ovesen）加入财务部门。我能看出来，他们将引领我们走向光明大道，2003年圣诞节，我们就如何组建新的管理团队以及如何行动提出了最终计划。协议是我将继续担任一段时间的总裁，但是实际上大部分事务将由他们两人来管理，并负责使公司运营恢复正常。新年后第一天上班，我和保罗谈了一次话，但谈得并不顺利。他立即收拾走了办公室里的东西，我把这一情况告诉了我们的主管们，第二天我们就召开了新闻发布会。

四十六岁的杰斯珀·奥维森资历深厚，曾担任诺和诺德和丹麦银行（Danske Bank）的首席财务官。2003年秋天，奥维森按要求评估乐高的财务状况，这位经验丰富的数字运算专家看到糟糕的结果后吓了一跳。他初到公司，不想因为别人的错误而受到指责，他坚持认为乐高应该在新闻发布会上公开一切，那些不好的消息也要包括在内。

董事会主席麦德斯·欧里森不同意这一点。他是在董事会和管理层

克伊尔德在白板上涂涂写写，宣布他目前正从普劳格曼手中接手日常管理事务。"我们需要重新采纳过去那些良好的价值观，理性利用商业知识。在做事之前，我们会思考这些行为是否会有回报。"

都很受尊崇的丹麦商业界领军人物，时年六十四岁的他需要顾及自己的声誉。他在乐高期间，主要担任主席职位。他不想牵连其中，在一群丹麦商业记者面前受到指责。

这两人态度都很坚决，夹在中间的是稍微不那么自在的两个人：五十六岁的克伊尔德·柯克·克里斯蒂安森和三十四岁的约根·维格·克努德索普，后者自 2001 年以来一直在乐高工作。他从普劳格曼手下的一名业务开发人员开始，一路稳扎稳打，成为公司的管理人员之一。2003 年夏天，善于分析、思维敏捷的克努德索普让普劳格曼、欧里森和克伊尔德意识到乐高的核心金融资产受到了严重侵蚀，公司可能快要还不起债了。

为了解决新闻稿上存在的分歧，也为了更全面地安排整场会议，乐高聘请了经验丰富的沟通顾问杰西·迈尔图（Jess Myrthu）。迈尔图是丹麦最有能力策划这类事件的人，他可以把一个悲惨至极的故事讲得没那么惨。

迈尔图让奥维森和欧里森各退一步，建议他们在新闻稿中使用诸如"当地图和地形之间存在差异时，应该遵循实际的地形行动"之类的话。他还建议，在记者招待会上乐高的管理者必须坚持使用"我们正在转动方向舵"和"踩刹车"等比喻性的措辞。他也有一些视觉辅助的办法，包括让克伊尔德"不由自主地"走到挂图前，画一幅图，分散听众的注意力，使得巨大亏损听起来不必像世界末日一般吓人。

哥本哈根那天有雾，航班出发的时候有所延误，但所有的记者仍准时赶到。克伊尔德·柯克·克里斯蒂安森走进房间，随后是一脸严肃的欧里森、奥维森和克努德索普。这时，全体观众都意识到传言是真的了。"公司名医"保罗·普劳格曼已经离开了乐高公司。与此同时，人们看到克伊尔德脸上没有其一贯的笑容；他的穿着也很谨慎，以前常扎的那条显眼的乐高领带这次并没有戴。他向来宾表示欢迎，其中不仅包括记者和摄影师，还包括数百名乐高经理和工会代表，他们在附近礼堂的大屏幕上跟进发布会实况。克伊尔德首先表示，公司预计2003年业绩不佳，管理团队对这一事实没有刻意掩饰，这也就解释了为什么公司对圣诞销售结果如此在意。不尽如人意的是，结果并没有像他们希望的那样有所缓解。

> 克伊尔德：我必须承认，我们的损失确实很大，甚至是公司前所未有的数字。我们的税前赤字约为十四亿克朗，营业额下降了约百分之二十五。当然，这是完全不可接受的。这些数

据不仅仅表明我们去年的进展很不顺利,受到了一系列外部事件的负面影响;此外,我们还必须承认,我们一直追求的战略是错误的。因此,我同意首席运营官保罗·普劳格曼的想法,我们应该各奔东西。我现在的任务是对公司进行必要的调整,并改变战略。

说到这里,远处突然传来了欢呼声和阵阵掌声,观众们听到这一消息后欣喜若狂。克伊尔德听到这些声音,心里有了一丝喜悦,但他仍专心演讲,并阐述"为什么事情会变得如此糟糕"这一关键问题。在这里,他提及了之前演习过的部分,此时他应该走到挂图前,展示乐高过去五年遇到的一系列危机。

克伊尔德站起身来,拿起蓝笔,开始在挂图纸上画了起来。然后他后退一步,让每个人都能看到纸上的内容:这幅画看起来很像环法自行车赛道最艰难的山地赛段。"我们一直在曲折中前行。"他指着波峰和波谷说。1998年亏损,1999年利润可观,随后的2000年和2001年利润尚可,2002年遭受重大亏损,现在,2003年,亏损数额又创了纪录。

克伊尔德解释说,造成乐高损益不稳定的原因在于玩具市场,在过去五年中,个别新潮产品对玩具市场造成较大影响,有时给乐高创造有利环境,有时又让乐高遭受损失。乐高搭上新《星球大战》和《哈利·波特》电影的顺风车,确实产生了预期的好效果,在过去的几年里创造了巨额增长,但不尽如人意的是,其他基本款乐高产品没能获得更多关注,销量未见增加。

> 克伊尔德:我们的增长战略完全失败了。因此,我们现在已经开始设计一个新战略,专注于公司的核心产品理念,以乐

高积木和乐高品牌的价值观为代表，着眼于永恒普适的价值。我们2004年的目标是实现收支平衡。这确实不容易，但考虑到已经采取的措施，这是完全可以实现的。我们必须主动出击，夺回市场份额！

房间里的记者听罢，大多数都在想："好吧，但是你真的能做到吗？"

一些记者已经开始编派带着批判口吻的故事，描述乐高家族的第三代是如何失败的，并提出了一个具有前瞻性的重大问题，而每个读者都想知道这个问题的答案："克伊尔德·柯克·克里斯蒂安森是拯救公司的那个人吗？"

克伊尔德确实在领导乐高这一方面取得过骄人的业绩，1978年到1993年他的业绩斐然，但在过去十年里，乐高命运飘摇、不断出现新的问题，克伊尔德不正是最终责任人吗？乐高所经历的组织变革、高管替换、技术诀窍流失、昂贵的数字热潮投资等波折难道还不够多吗？最重要的是，乐高的增长目标难道不是定得太高了吗？

此外，乐高还做出了一些糟糕透顶的决策。比如说，最近决定给乐高得宝改名。乐高得宝是公认的成功品牌，为了在美国市场试水，取悦美国消费者，突然更名为乐高探索（LEGO Explore）。其效果"立竿见影"，收入一下子就跌了百分之十。

有一次，一位记者问克伊尔德，哥特弗雷德的在天之灵如果知道今天的情况，又会作何反应。

克伊尔德坦率地回答："父亲会失望的。"记者听罢，竟无言以对。

另一名记者问麦德斯·欧里森"董事会是否应该解雇总裁"。

董事会主席还没来得及回答，克伊尔德就抢先说："大家最好都别忘了，乐高是我名下的公司！"

欧里森后来圆滑地表示，他并没有因为克伊尔德打断他而觉得自己被忽视或受到了羞辱，一点都没有。这是顺理成章的事情，毕竟克伊尔德生来就有乐高的血统。克伊尔德负责运营，这不仅理所应当，也是最合适的方案，因为他是唯一一个能够让乐高回归其根基的人。"他是乐高的负责人，在公司里深受尊敬。人们需要的只不过是一条明确的道路，而克伊尔德会给他们指明这条路。"

新闻发布会开过几天后，麦德斯·欧里森接受了《日德兰邮报》的长时间采访，他当时承诺公司不会裁员，也不会关闭工厂。不过后来他没能信守诺言。欧里森强调，董事会将全力支持新的管理班子，新的管理团队由克伊尔德、克努德索普和奥维森组成，他们现在打算让乐高重返其核心业务——积木。

《日德兰邮报》问：乐高的新任财务总监杰斯珀·奥维森像普劳格曼一样有过在危机中重组、整顿公司的经验，他是否基本上已经被任命为副首席执行官了呢？欧里森的回答简短而明确："乐高没有王储。"

其实他说的这话并非实情。克伊尔德早就把目光投向了约根·维格·克努德索普。2002 年 6 月，克伊尔德在德国南部城市金茨堡（Günzburg）新开张的乐高乐园内举行董事会会议，那时他发现这个年轻人是一位杰出的分析师和沟通者。当时，克努德索普来到乐高不过十二个月，他的上司是普劳格曼，工作内容则是解决公司的战略问题。例如，当时这个在德国巴伐利亚州董事会会议的首要议题：乐高品牌连锁零售店应如何扩展开店？

乐高已经有了一些品牌商店，计划在未来几年迅速扩张。这是个宏

在解雇普劳格曼后、提拔克努德索普前,克伊尔德组建了临时管理团队,让乐高得以复兴。在他身后,从左起是汤米·古德伦德、杰斯珀·奥维森、亚瑟·吉波、亨里克·鲍尔森、麦德斯·尼珀、瑟伦·托普·劳森、多米尼克·加尔文和约根·维格·克努德索普。

伟的目标,克努德索普按要求进行财务和战略评估。品牌零售店是普劳格曼在铂傲工作期间就常常使用的战术,乐高商店是克伊尔德"使乐高成为带娃家庭心中的第一品牌"计划的关键一步。

  结果,克努德索普的发言完全颠覆了两位老板的计划。在克努德索普看来,这个想法在经济上产生不了效益,还可能会让乐高付出高昂的代价,尤其是现在这个时候。克努德索普没有按人们的预期用幻灯片、注解、一大堆缩写词和外来语去洋洋洒洒地阐释,而是用任何人都能理解的话径直把评估结果摆了出来:这一切到底是怎么回事,风险有多大,乐高会损失多少钱……

转瞬间，他的展示变成了"皇帝的新装"现场，而他扮演的角色就是那个孩子，他揭露了成年人对自己的虚假认知。会议桌周围一片寂静，人们却觉得这种"寂静之声"震耳欲聋。普劳格曼大发雷霆，克伊尔德更是震惊，他密切注视着克努德索普。克努德索普则认为他毁掉了乐高高管想要实现的宏伟目标，他们本期望这位年轻的乐高新星能够为目标的实现奠定基础，以便继续争取全球品牌优势。

在返程的飞机上，克伊尔德去上洗手间，普劳格曼死死地盯着这位年轻同事，说："你的脑袋一定是被门挤了！"

后来，在返程的路上，两位上司一位忙着抽烟，一位忙着看文件，克伊尔德突然抬起头说："约根，你解释得太好了！我以前从未听过如此清晰的陈述。"

> 克伊尔德：我当时开始觉得他了不起了。他所做的计算都非常精确，而且他还敢于以自己简单、克制的方式表达真实的想法。这让我印象深刻。我一直想知道谁应该是我的继任者，有时候，这个问题让我辗转反侧，彻夜难眠。我知道，不会是保罗，因为他和我年龄差不多，而且我当时就已经清楚地认识到，他并非真正适合我们的文化和做事风格。

两年后，2004年10月，约根·维格·克努德索普被宣布成为乐高的新任总裁，克伊尔德当天就离开了办公室，离开了乐高总部。他不想让任何人担心自己会干涉公司的日常运营，尤其不想让新的首席执行官克努德索普这么想，这种感受在父亲让出总裁职位后的十五年间他已经尝过了。

消息宣布后，丹麦商界的许多人都大吃一惊，几位业内人士直言不

2004年10月，三十五岁的约根·维格·克努德索普被任命为乐高的首席执行官。

讳地表示，克努德索普经验不足，无法扭转乐高的颓势。来自美国猎头公司罗盛（Russell Reynolds Associates）的一位合伙人称，如果是他们向乐高董事会推荐了约根·维格·克努德索普作为首席执行官候选人，该提议一定会被立即否决。

> 克伊尔德：我很清楚，我们要是提拔约根为首席执行官，很多人都会直摇头，所以我在这一年里迟迟没有行动。我希望他和杰斯珀·奥维森都能有机会取得成就，他们当然做到了这一点，但我一直希望约根接我的班，也确保他明白我的心意。最后正式选定他的是董事会，一些董事会成员事先确实有所怀疑。他会不会太年轻了？会不会没怎么经受过考验？是不是应该再等一等？

但我还是让他当时就当上了总裁。我相信约根一定是那个对的人，不仅仅是因为他很有能力，还因为他的心真的在乐高里面，他真的理解乐高是什么。

但这家伙到底是何方神圣呢？克努德索普身材高大，脸上总是挂着亲切的微笑，胡须打理得很整洁，戴着一副粗框眼镜，有一种知识分子的气质。根据克努德索普的简历，他是个好学深思的人，以优异的成绩毕业，又在奥胡斯大学（Aarhus University）攻读并获得了商业经济学博士学位，还在那里教过书，做过研究。他曾荣获"金指针奖"（Den

克努德索普这位新首席执行官在上任之后做的第一件事就是参观公司，了解公司惯例和员工群体，并按几年前克伊尔德接受采访时说的话付诸行动："乐高精神将通过管理层与员工公开且密切的对话得以延续，员工必须感到自己受到了认真对待，当他们提出好想法时，管理层得采取行动。"

Gyldne Pegepind），只有启发能力极强的讲师才能获得这个奖项。1998年，他受雇于麦肯锡公司，随后公司派他前往巴黎给法国公司提供咨询服务，为期三年。后来，克努德索普回到丹麦，并于2001年秋天加入乐高。两年内他获得了五次晋升。他妻子名叫凡妮莎，两人育有四个孩子。

这一消息宣布时，克努德索普告诉记者，他的一大挑战是如何能照顾到八千名员工每个人的想法。"我会诚实到毫不留情的地步，并且对每个联系我的人都予以回应。现在，我开始意识到自己需要考虑的人有很多。"

因此，克努德索普上任后立即启动公司内部在线聊天，邀请世界各地的乐高员工向新任总裁提问，给出评论或建议。他的新年目标是与员工保持这种持续的全球对话，让每个人都能觉得新的管理层可以挑起大梁，引领乐高克服所面临的巨大难题。

"我每天都会收到三四封关于这种对话的汇总邮件。我非常重视这种对话，对我来说，为乐高设定一个方向至关重要，我们正走向企业文化和管理上的转变，我不能只是坐在办公室里等着转变发生。"

几位记者也发现，现在更容易联系上乐高总部的首席执行官了，他们还注意到，克努德索普比隆办公室的角落里有一件救生衣，而比隆地处内陆荒野，救生衣基本用不上。这是几位员工在一次大型会议后送给他的礼物。在那次会议中，克努德索普试图用"一艘轮船撞上巨大冰山"的故事来比喻自己所面临的艰巨任务。他说，船长的任务是让船远离冰山，就算他做不到，也有责任让尽可能多的人登上救生艇。

克努德索普担任总裁的第一年，就遇上了一座"大冰山"。正如预期的那样,虽然克努德索普和奥维森忙着减记资产、艰难维持、削减开支、设定限额、重组公司、解雇员工,甚至出售一部分资产,但2004年还是出现了巨额亏损。在裁员面前,没有什么是神圣不可冒犯的,也没有人能毫不费力地走过这一遭。

这些举措部分组成了记者口中的"克努德索普疗法"。管理层不得动手干这种"脏活儿"。严格地说,叫作"克努德索普和奥维森疗法"才更贴切,因为杰斯珀·奥维森才是提出这场生存之战的大部分具体举措的人。克努德索普解释说,这种方法的灵感来自通用电气传奇老板杰克·韦尔奇(Jack Welch),他建议优秀的管理者"直面眼前的现实,而不是过去的现实,也不是你希望的现实"。韦尔奇补充说,当事情开始不对劲时,管理者应该毫不犹豫地选择对公司的情况"残忍地坦诚面对"。

克努德索普和奥维森"残忍地坦诚面对",出售了从飞机到工厂和土地的所有资产。当克伊尔德和他年迈的母亲听说两人还想出售狮屋时,一贯平静温和的伊迪丝气得直拍桌子。

她表明态度:"除非你们踏过我的尸体!"并威胁要自己买下这座传奇建筑。狮屋不仅仅是她已故丈夫童年时的家,也是乐高纯洁无瑕的历史起点。

伊迪丝如愿以偿,保住了狮屋,但比隆镇面临失业风险的工人却没有如愿以偿。2005年4月7日,董事会和高级管理层宣布乐高这一年又遭受了巨大亏损,这一次损失金额将近二十亿克朗。克努德索普和奥维森警告称,他们将采用"外包"生产的方式,将生产转移到两大市场美国和德国附近的低薪地区,而这一行动的代价是上千名比隆员工将要失去工作。

克努德索普并非多愁善感,但也充分意识到乐高对比隆市政府和当地人的社会责任之大,他知道自己再也经不起拐弯抹角了。他以残酷的诚实态度回答了几个简短的问题,他的言论在第二天登上了日德兰半岛西部地区龙头报纸的头版新闻。

"你能向比隆人做出保证吗?"

"不能。"

"比隆会永远都有乐高的岗位吗?"

"现在看来,是的。但是也说不定乐高以后会彻底搬离比隆。只要有说得通的理由,我们就会一直留在比隆。但我们不能做出任何保证。"

在许多观察者看来,一切似乎都已经太晚了。乐高积木作为玩具和出口商品的时间已经所剩不多了。在有关乐高的各种令人不快的新闻报道出现之后,丹麦媒体在讨论该国一度引以为傲的旗舰玩具公司时,出现了一种悲伤的情绪。一名大型广告公司的高管在《贝林时报》(*Berlingske*)上写道:"我爱乐高品牌,甚至比我孩子对它的爱更多一点。一个产品总是会消亡的,问题是乐高玩具消亡时是否还是一个丹麦品牌,说起这个来总让我很伤心。"

麦德斯·欧里森开始频繁往返于巴黎的住处和公司,比以往任何时候都更多地出现在比隆,他前几天也在媒体上发表了严肃声明:"我们只剩最后一次机会了。"这意味着,如果克努德索普和奥维森挽救公司的计划失败,导致他们在 2006 年没法实现微幅利润增长,或者之后无法实现明显增长的话,那么乐高所有者就要考虑卖掉公司了。欧里森以简单的一句话结束了他的声明,这些话在接下来的几个月里多次被人引用:"永远都会有乐高品牌。问题是谁拥有它。"

美国市场上一些大公司已经开始试探，甚至在更早的时候，乐高与国际投资银行摩根士丹利（Morgan Stanley）举行了会议，摩根士丹利的高级管理人员于2004年年底访问了比隆，与克伊尔德就可能做出的出售进行谈判，确定相关事宜。

会议在尤托夫特的狩猎小屋举行，克伊尔德之所以出席会议，主要是出于礼貌和好奇。他早就对自己和家人的情况进行了评估并且有了自己的决定。与此同时，摩根士丹利这家美国投资银行则对会谈花了数周时间进行准备。他们对乐高的关键人物和玩具业面临的挑战了如指掌，给出了大致的估值——大约二十亿美元。

克伊尔德：我想强调一点，我一秒钟也没有考虑过要卖掉乐高，从来都没有。我已经准备好把所有的一切都用在拯救乐高上。当然，我们自己也有柯克家族的投资公司，但考虑到我的姐姐甘希尔德和她的家族分支，当时他们拥有柯克的一半股权，我们从来都没考虑过从他们那里获得注资。在紧急情况下，相比从普通银行借钱，向摩根士丹利借钱可能还算得上明智，但这必须是由我自己处理的事情。我与摩根士丹利员工的谈话持续了好几个小时，他们一直试图说服我：" 趁公司还值几十亿美元的时候赶紧卖了吧！" 会议拖延的时间越久，我越没耐心听他们说这些话，然后我们就停止了会谈。

可惜的是，乐高乐园项目已经无法拯救。克努德索普和奥维森向克伊尔德明确表示，从财务角度讲，乐高公司如果想要重新站稳脚跟，就必须关掉在丹麦、德国、美国和英国的四个公园。该交易于2005年7月结束，当时美国投资基金黑石（Blackstone）和默林娱乐集团（Merlin

Entertainments Group）以二十八亿克朗的净价收购了这些公园。

该协议包括乐高保留乐高乐园部分所有权的限制性条款。克伊尔德仍通过科尔克比有限公司持有将近三分之一的股份，他承诺乐高有朝一日将重新收回广受欢迎的公园，这对乐高公司、柯克家庭和乐高品牌意义重大。如果全由克努德索普和奥维森决定的话，乐高乐园将被彻底出售。

克伊尔德：他们的态度是我们直接全部撤股。但我说："我们不可能完全退出，我想保留三分之一股权！"

"好吧，克伊尔德，但是如果这样，我们没有那么多钱维持公园运转！"

他们说得确实对，但我很高兴自己能够坚持下来。公园一直是我们血脉所在，乐高乐园对我爸爸来说也意义重大。我们

2004年至2005年，乐高为生存而苦苦挣扎，克伊尔德的童年信仰成为其重要支柱。正如他今天所说："在家里，我学会了饭前祷告，我仍然会在晚上祈祷。另外，在我觉得自己真的需要上天帮助时，我还会随时都向上帝祈祷。我的宗教和精神传承不仅仅在于信仰，还在于态度和价值观。"

图片来自卡斯珀·康丁霍夫／里佐·斯坎皮克斯。

1968年在比隆成功建立了第一个公园，它成为乐高产品的绝佳展示场所和游客的终极品牌体验地……因此，在20世纪90年代，我渴望让公园的数目快速增加。

结合2004年至2005年比隆总部传出的消息，人们确实很容易浮想联翩，但如果有人认为乐高将在克努德索普和奥维森掌舵下收缩回到基础的积木业务，恐怕就想偏了。

现实是，乐高必须继续参与当代媒体、电影和游戏文化，除此之外别无选择。克伊尔德和普劳格曼任职时，乐高就已经越发成为人们关注的焦点。斯蒂格·哈瓦德教授（Stig Hjarvard）等丹麦儿童玩具、游戏和文化消费研究人员指出，当时传统玩具受到现代媒体文化的全面影响。

斯蒂格·哈瓦德：乐高基于《哈利·波特》和《星球大战》中的授权角色推出大量产品，这显然对产品推广有很大好处。乐高想成为知名度最高的儿童品牌，这一战略的覆盖范围可以推广至全球；但他们如果只想通过传统积木，就很难实现这样的目标。

因此，《星球大战前传3：西斯的复仇》（*Star Wars: Episode III- Revenge of the Sith*）将在2005年春天首映，对乐高来说就是件好事。新片上映再次带动了乐高的销量，靠的不仅仅是克隆人涡轮坦克和Arc-170星际战斗机等一系列新的乐高模型，还有电子游戏《乐高星球大战》(LEGO Star Wars: The Video Game),影片中的很多人物,从阿纳金·天行者(Anakin Skywalker)和波巴·费特(Boba Fett)到欧比旺·克诺比(Obi-Wan Kenobi)和莱娅公主(Princess Leia),都化作了乐高迷你积木小人儿的形象。该游戏面向各年龄段的人群,包括尚未获许独自观影的儿童,在索尼第二代游戏机PlayStation 2、微软第一代游戏机Xbox、游戏主机和任天堂第二代便携游戏机GBA上都有相应的版本可以玩。如果市场反响好,乐高和联合制作工作室TT Games还会制作续集。

2004年上任的乐高八大高管平均年龄只有四十岁,都是年轻但经验丰富的商业经营者。他们心里明白,尽管上层的意思始终是希望专注于"过去的那些良好的价值观,理性利用商业知识",但乐高不能放弃与美国电影和媒体行业的公司继续签署授权协议。拯救乐高并不意味着完全退回核心产品。正如一家丹麦报纸在文章标题中所说的那样,即将上映的《星球大战》有望为乐高带来经济增长:"愿数十亿美元与你同在!"[1]

然而,我们必须知道,乐高自己发明的游戏"生化战士"(BIONICLE)中的蟾蜍战士等角色,在2004年的销售排行榜上高居榜首。高级管理团队成员麦德斯·尼珀指出,2005年,该系列仍然是乐高最重要的产品线。新的产品系列还包括哈利·波特主题,但乐高公司的许多人对这一系列不屑一顾,然而,霍格沃茨的英雄和反派们从货架上飞速被卖出,这一系列成为2004年乐高第六大畅销商品。

为了迎接《哈利·波特与火焰杯》(Harry Potter and the Goblet of

---

[1] 这是对《星球大战》系列影视作品里一句有名的台词"愿原力与你同在"(May the force be with you)的化用。这句台词最初是对影片中拥有原力者的一种祝福和祈祷,后来成为星战文化的象征。——译者注

Fire）在11月的首映，乐高根据片中精彩的巫师争霸赛推出新系列，哈利·波特等参赛者在争霸赛中需要完成一系列任务。比如说，他们需要抢夺由恶龙守护的金蛋（在乐高版本中，金蛋有磁性），哈利·波特飞过时，它可以"漂"到哈利·波特面前。玩家还可以建造一艘让人望而生畏的德姆兰交通船，将魔法学校全体人员送到霍格沃茨。而且，乐高还首次尝试创造了一个"惊悚的"教堂墓地，里面充满了让人意外的恐怖小机关，一定程度上再现了电影高潮部分"善恶之战"的背景。

如果你是一名老顾客，看到乐高在2000年代中期所推出的产品，你会发现，虽然新管理团队所宣扬的目标是"专注于乐高核心经典产品和品牌长久以来形成的价值观"，但乐高并没有生产更符合其非暴力的基本理念的产品，这多少让人觉得有些奇怪。

乐高生化战士中肌肉发达的好战迷你积木小人儿，乐高星球大战中全副武装的飞机，尤其是受经典暴力电影《终结者》（*The Terminator*）启发而创造的乐高机械战士系列（Exo-Force）中华丽的战斗机器——这一切都展现出乐高玩具对战争题材史无前例的迷恋。

然而，正如我们之前所说的那样，这也反映了新千年玩具市场的真实面貌——在新千年，孩子们的玩耍方式变了。除非乐高想另辟蹊径，冒险走复古路线，否则就必须接受现实：童年这片乐土已经被诡异地沾染了成人的色彩。

研究儿童发展和环境背景的美国教授戴维·艾尔金德（David Elkind）等专家注意到了这一点。在一次由乐高公司参与组织的在丹麦召开的会议中，他在演讲中表示，我们应该让这个时代的儿童成为儿童，而不是像在整个西方世界那样，让儿童越来越像没长大的成年人。艾尔金德毫不掩饰地说，他之所以更喜欢乐高的经典概念，正是这个原因。

乐高生化战士的出现意味着乐高在 21 世纪初踏入了玩偶士兵的世界。这是一部融合了科技和神话的"生物编年史"。在乐高创造的马他吕梦幻岛上，英雄或反派随处可见，其故事可以通过乐高积木以及乐高漫画、书籍、电影和在线游戏来讲述。这张图片上可以看到 Tahu Nuva 的岩浆剑，它可以变形成为冲浪板。

戴维·艾尔金德：早期的乐高积木非常棒。你们当时提供的玩具有利于孩子们的身心发展，但现在已经不是这样子了。现在，你们开始告诉孩子们该把积木搭成什么样子。我来这里的路上，了解到你们推出了乐高篮球系列，其中包括大鲨鱼奥尼尔等 NBA 球星的乐高迷你积木小人儿。这些玩具直接告诉了儿童应该怎么去玩，这真是太让人遗憾了。

在新千年的前十年乐高的危机时期，丹麦全国上下开启了一场有关儿童与文化、玩耍和玩具的讨论。成年男子或为人父者会写下许多条反馈意见，他们小时候曾乐此不疲地玩乐高积木，动用抽象思维能力，用乐高积木创作模型，如今这些人却批评起了现代乐高玩具，就像艾尔金德教授说的那样，玩乐高积木不再锻炼孩子们的创造力，而变成了一种教孩子们遵循指令的练习。正如其中一位当作家的父亲所说，杂乱的旧积木造就了一大批设计师和工程师，而富有吸引力的现代场景、厚厚的指导手册以及印上了编号的塑料袋中的积木只教出了流水线工人。

丹麦《政治报》（*Politiken*）的一名记者在题为《那些可爱的老积木怎么了？》的文章中评论道："如果你愿意，你可以把乐高发展的故事看作创造力的失宠史。"作者继续说，问题是现在的乐高是否还是真正的乐高，乐高品牌曾经代表着文化和社会价值观，强调不受限制、有创造性地玩游戏，并完全拒绝战争武器的玩具出现。

克伊尔德：我知道，人们特别关注创造力，针对这一点会有很多讨论，我也一定程度上理解人们对乐高的批评。在20世纪90年代，我们越来越倾向于生产附有搭建指令的产品。突然间，这类产品成了我们的主要产品，因为我们现在必须要制造更多的主题玩具，而这些玩具也越来越相似。当然，乐高科技系列肯定需要包含搭建的说明书，否则，很多人根本不可能把这么复杂的模型搭出来。然而，现在仍然有许多人愿意灵活地使用乐高科技产品中的元件，发挥想象力创造出无比奇妙的作品。

你可以说，说明书无法充分地激发创造力。但是换一个角度想，这也是我们给孩子们的另一种学习机会。我认为，开

《墓地决斗》于 2006 年秋季在全球发布。盒子上写着警示，提醒家长这个玩具不适合给三岁以下的孩子使用。倒不是因为这个玩具造型可怕，而是因为这个玩具包含了很多小部件。

发人员在撰写手册时非常敏锐，会让孩子们禁不住想："啊哈，原来还可以这样使用这些元素！"我们在这方面有了不小的进步。

  这些说明书是乐高系统的重要组成部分，但它们绝不能取代自由且富有创造性的搭建体验和随心所欲的玩耍形式。在内心深处，我希望所有人，不管年龄大小，不仅仅能搭建出造型美观的乐高模型，还可以不断地改造模型、以新的方式重建世界。这才是我们一直想要的乐高。

  2005 年 3 月，乐高新任高管否认孩子们总体上玩耍得更少，特别是他否认孩子们对乐高积木的兴趣降低，这并不令人感到意外。克努德索普告诉一家报社，他根本不相信孩子们会像某些人所暗示的那样在九岁左右就不再玩耍。"你看看有多少人，三十五岁了还喜欢玩游戏机！"

克伊尔德带着他年轻的接班人克努德索普到国外参加乐高音乐节,他借此机会与世界各地的乐高成人铁杆粉丝见面。照片摄于 2006 年,两人当时正在参加柏林的 1000 Steine 粉丝节。
图片来自阿尼娅·桑达(Anja Sander)。

    克努德索普知道自己在说什么。他已经与乐高消费者中数目增长最快的人群有过几次接触。这一群体是所谓的乐高成年粉丝,这一群体规模庞大,主要由成年男性组成,遍布在全球各地。他们从 20 世纪 90 年代中期开始寻找与自己喜好相同的人,为此在互联网上创建了各种社区。在同一时间,乐高推出了公司的官方网站 WWW.LEGO.COM。乐高称,建设这个网站的目标是创造一个线上空间,让孩子、父母和乐高迷可以聚在一起玩耍并分享生活中的一些瞬间。但新出现的乐高成年粉丝群体更喜欢和自己圈子里的朋友单独见面,或者是参与美国和欧洲粉丝活动时在真实世界中聚在一起,交流经验和技巧。

克伊尔德：20世纪90年代，我们一直觉得，乐高应该为当时我们称为"业余能手"的成年乐高迷做点什么。管理团队中，大多数人认为我们应该把重点放在孩子身上，但我觉得，一个人，无论多大，心里都住着一个小孩。只不过当时我们无法为他们专门开发一套乐高系列玩具，因为我们不知道怎么才能找到他们。他们那时都坐在自己家狭窄的地下室里埋头苦"拼"，都以为自己是世界上唯一喜欢玩乐高玩具的成年人。但是，互联网在20世纪90年代迅猛发展了起来。很快就出现了小型网站，后来又有了越来越多的大型网络社区，成年粉丝在那里聚在一起讨论自己的乐高拼装项目。乐高粉丝的网络社区不断发展，传递了许多实用的知识和奇思妙想。在21世纪早期，世界上好多地方甚至出现了乐高粉丝节，而乐高集团实际上没有直接参与这些活动。有一年夏天，我带克努德索普参加了华盛顿的BrickFest乐高粉丝节，在那里，铁杆粉丝聚在一起，既展示作品，又玩着乐高，还围绕搭建技巧以及早期或稀有的乐高套装做讲座。见到这些忠实粉丝，克努德索普大开眼界。他由此想到了有待开发的成人市场板块，而粉丝对这个板块的市场参与度要比以前深入得多。

克伊尔德和克努德索普亲临现场是2005年BrickFest乐高粉丝节的亮点。年轻的首席执行官克努德索普参加了各种小型研讨会和讨论会，而老首席执行官克伊尔德则悠闲地欣赏参展作品、与粉丝一起闲逛，粉丝们一如既往地对已有产品的改进和未来产品的构思提出了很多好建议。克伊尔德欣赏并评论了粉丝的作品，给粉丝签名，还像摇滚明星一样摆姿势跟粉丝拍照。

在 21 世纪的头几年，乐高与消费者的关系进一步加深，2006 年，美国《连线》杂志报道了乐高的痴迷粉丝，说他们愿意不辞辛劳、不计报酬地帮助乐高开发新的思维风暴 NXT 系列产品。

    克努德索普当时正为了让乐高重回正轨而忙得心力交瘁，2005 年的 BrickFest 对他来说是一次休息，也让他备受鼓舞，见到了热切的粉丝让他重新燃起了对乐高积木这款永恒产品的热情。星球大战当时持续引发人们热烈反响，在问答环节，克伊尔德和克努德索普登上舞台，回答了无数好奇观众的提问，从这个环节开始，许多粉丝把两位"乐高明星"的照片分享到了社交媒体上，其中一张照片旁还带着文字，写着："绝地学徒和绝地大师"。绝地学徒和绝地大师都是《星球大战》里的人物，喻指二人就是"学徒和师父"。

    从 BrickFest 回来后，克努德索普深受启发，开始坐下来思考乐高的本我意识，反思乐高此前的创新和创造价值的方式。克努德索普指出，未来仍然由乐高把积木产品推向市场，但与以前不同的是，未来的乐高将与不同年龄、不同性别的消费者直接合作，以此开发更多乐高产品。

其实，这点改变也不算出乎意料。

2006年年初，克努德索普在《日德兰邮报》上公开了自己的想法。文章标题是《全力赋能乐高迷！》，他在文中解释说，大龄儿童和成人粉丝以后将帮助乐高挑选畅销产品，其中的逻辑是：如果"乐高迷"喜欢某样东西，乐高的其他客户就可能也会喜欢。克努德索普认真地强调，记者称呼这群人用了"nerds"一词，他本人永远不会使用这个词，因为这个词含有"呆子""怪人"的意思。

"事实上，他们是我们最好的客户。我更愿意称他们为'乐高的狂热粉丝'。他们是成年人，但更是年龄稍大一点的孩子。他们只是觉得玩乐高仍然有趣，他们很酷。"

克努德索普接着解释说，这些乐高迷，无论年长或是年少，从不去玩具店或百货公司购买乐高玩具，因为那里的选择不够好，他们往往是去乐高专卖店买，有的人选择通过邮购或是从网上购买。他们还举行各种专题讨论会、成立俱乐部、参加线上聊天、写书等，最重要的是，他们会直接给乐高发电子邮件。

从某种意义上说，克努德索普和乐高已经开始以这种新的方式与消费者进行交流。克努德索普坚持每周撰写博客，向所有人开放邮箱，面向对象也包括乐高公司之外的人，这些人常常会对乐高及其产品有自己独特的想法。新千年之交，乐高决定接纳粉丝对思维风暴系列产品的强烈兴趣并顺势而为，将成人用户的奉献视为一种创新，让乐高最终从此受益，由此，乐高与成人粉丝展开了对话。

正如唐·泰普斯科特（Don Tapscott）在其著作《维基经济学》（*Wikinomics*）中写到的那样，在20世纪90年代末，生产者和消费者之间的"合作"创造了一种新的全球经济形式。泰普斯科特说，乐高是这方面的领军者，让乐高思维风暴系列的粉丝拥有了发言权，让他们成

随着乐高思维风暴产品的兴起，一个庞大的用户社区发展起来，其中有不同年龄段的用户，包括来自三十五个国家的八点五万名十岁至十六岁的儿童，用户在 2008 年参加了乐高机器人竞赛，决赛在亚特兰大举行。不出所料，克伊尔德也热情地到场参与。照片来自乔·曼诺/《积木天地》。

为产品的联合开发人。泰普斯科特补充道，这是一种双赢的局面，一方面，乐高利用用户的集体智慧；另一方面，用户尽管没有直接获得报酬，但确实得到了更令自己满意的产品。

对克努德索普来说，与"乐高成人迷"在世界各地的多次接触标志着一场文化上的全方位胜利，将影响乐高对自身作为一家公司的认知。创新不再仅仅存在于乐高的公司之内。这一感悟是克努德索普制定的一大成功标准，他认为必须满足这些标准，乐高才能算是真正摆脱危机，再次充满活力，实现增长。正如他在 2007 年 1 月对一家报社所说的那样："公司可以与消费者合作开发产品。我们必须相信，依靠集体智慧所取得的成果，比单靠公司的力量所获得的成果更大。对于习惯于大力捍卫知识产权的乐高公司而言，这是向前迈出的一大步。"

乐高在 2006 年推出下一代"乐高思维风暴 NXT"时，公司与终端用户的合作将要迎来真正的考验。开发这一产品的关键在于乐高与某些特定消费者的多年合作。最初参与开发的超级用户只有四个，后来用户组规模扩大到了一百人，而这些人又来自七十九个国家。参与开发的用户发现了产品的许多缺陷，还提出了乐高公司之前从未想到的建议，这些建议可以用于开发新游戏和构建新模型。两年间，项目经理弗莱明·邦加德（Flemming Bundgaard）收到了来自一百零四名用户组粉丝发来的电子邮件，总计约为七千五百封。在发布会上，他总结道："我们的产品变得更好了，公司和消费者都更满意了。"

2005 年度乐高原本预计业绩会不好，但到 2006 年年初，公司利润总计竟然达到五亿克朗，实现了五年来最好的业绩。各报社评论称，乐高现在终于重获自由。结合当时乐高的境遇，这句话的意思是，暂且抛开克伊尔德个人给乐高注入了八亿克朗的资金这件事情不谈，如今的乐高起码不至于濒临破产了。乐高通过出售乐高乐园和一些房产、地产得以偿还大部分债务，但正如克努德索普所说的那样，乐高仍然需要在未来几年连续保持较高的营收。

高管团队充满活力，产品开发在他们的掌舵下很快就有了更清晰的思路，也更能迎合现实需求。很长一段时间以来，乐高一直努力让女孩也喜欢上玩乐高，这是该公司自 1955 年以来就面临的一大挑战。几十年来，乐高一次又一次地试图让女孩对积木感兴趣，却从未真正成功过,而克努德索普现在则认为应该放弃这一长久以来的雄心壮志,接受事实:乐高积木过去、现在乃至将来都会是主要面向四到九岁的男孩而设计的一款产品。

"我确实不太想将资源投入女孩玩具市场,因为女孩玩具市场已经由一些巨型全球玩具公司垄断了,竞争非常激烈。不管我们怎么高声大喊:'嘿,快来看新的乐高公主',恐怕也无济于事……这条路根本走不远。"

乐高粉丝没能等到以女孩为受众目标的产品创意,可能会有点失望,但是在比隆的董事会会议室里,现实生活中的性别平等问题最终有所好转。以前,在比隆的董事会会议室里,女性只能做秘书或文书工作,但在2006年,乐高成立七十余年以来首次任命了一名女性副总裁。三十九岁的莉斯贝思·瓦尔瑟·帕利森(Lisbeth Valther Pallesen)负责一个新部门——社会、教育和直销部门。她的任务是开发包括"乐高宇宙"在线游戏在内的"数字业务"这一新领域,这是接下来即将面对的一次大冒险。帕利森手下总计有七百名员工,分布在丹麦、美国和英国。他们开发新的网络游戏,负责乐高官网上的二十三亿乐高社团用户的用户维护工作,为全球四万多名粉丝提供服务。

乐高公司的继承权和领导权向来遵循父权制,帕利森是该公司首位女性高管,自然因自己的性别而感到肩负着某种特殊的责任。谈到自己史无前例的晋升之路,她说:"我希望,自己作为一名女性能让管理层展开一种不同于以往的讨论。"

从2006年起,媒体也开始关注丹麦各行业最高层长期以来存在的性别显著不平等现象。在过去的十年间,私人公司里担任高管职位的女性比例极低,仅为百分之四。由此来看,乐高绝非唯一一家五十年来在男女平权问题上毫无突破的丹麦知名公司。十年前,还是普劳格曼负责

2006年8月，女性首次出现在乐高的管理团队中，但桌上的玩具大多仍然是为男孩设计的。克努德索普说："我很高兴我们团队里迎来一名女性，但我更高兴的是，我们还迎来了一位外国成员。"最左边的是英国人巴里·帕达，其余四个是丹麦人：麦德斯·尼珀、约根·维格、克努德索普、克里斯蒂安·艾弗森和莉斯贝思·瓦尔瑟·帕利森。

人事工作时，乐高内部就曾讨论过这个话题。当时，乐高内部对处于较低职位的女性员工展开过调查，结果显示，她们在乐高的职业发展主要受到三个因素的限制：家庭生活、女性自身偏向沉默的特点，以及乐高集团中男性对女性的看法。与商界众多其他领域一样，对性别的刻板印象使管理层的女性难以得到晋升机会。

克伊尔德当时承诺，他们将采取行动，解决公司在女性员工招聘和人才筛选方面的不足之处。当时的人力资源主管宣称："乐高是一家具有广泛吸引力的公司，是一个具有普适价值观的品牌，但其多样性还有待于提高。多样性越强，灵感和创造力就越强。"莉斯贝思·瓦尔瑟·帕利森当时也参加了辩论，并指出了核心问题。

莉斯贝思·瓦尔瑟·帕利森：我们需要重新考虑应该如何衡量员工的能力。女性更擅长观察过程，常常回想：这个过程足够好吗？人们对自己许下的承诺有热情去实现吗？男人会考虑结果：我们是否在最后期限之前实现了目标？男性价值观之所以更吸引人，是因为它更方便公司衡量事实性的东西，但实际上，在公司里这两个方面我们都需要考虑到。

然而，十余年后，公司里父权的主导地位才得以撼动。后来发生的转变有些意想不到的幽默——克努德索普曾被丹麦性别平等部部长聘为"管理层女性职位大使"，他担任了这一头衔好几年之后的 2011 年，他新任命的乐高高管团队的最终人选却是二十二名男性！

其实，性别平等部部长刚聘请他当大使的时候，他的表现还是很不错的，那是在 2008 年，他发表了这样的言论："我们不能总是跟着一个白发苍苍的'老年大猩猩'在草地上走来走去，喃喃自语着：'我们会在这里找到浆果！'"

任命二十二名男性的决定引发了一场小小的革命，经过长期努力，到 2017 年，乐高二十五名最高级管理人员中有三名女性：担任首席财务官的菲律宾籍华裔马乔里·劳（Marjorie Lao），担任首席营销官的美籍俄裔朱莉娅·戈尔丁（Julia Goldin），担任高级副总裁的意大利人露西亚·乔菲（Lucia Cioffi）。这三位女性成为公司的顶级高管则反映了一个事实：乐高国外分公司的核心职位现在也开始有女性担任了。这三人所在的三个部门最初都设在比隆，后来搬到了中国上海、新加坡、伦敦和康涅狄格州的恩菲尔德，帮助乐高创造多样性。虽然女性员工在公司中的影响力仍然远不及男性，但还是有男性员工开始发牢骚了。比如，一名男性员工在克努德索普的博客上留言说："我现在是否需要变性才能走上管理岗位？"

阿维娃·维滕贝格-考克斯（Avivah Wittenberg-Cox）写过几本有关商业性别平等的书，2014 年她在《哈佛商业评论》（Harvard Business Review）中指出：五十年来，高级管理层的性别不平等可能在一定程度上导致乐高一直难以吸引并维持女孩子对乐高产品的兴趣。

维滕贝格-考克斯写道："当高管团队的组成出现性别不平衡问题时，就很难保持消费者群体性别的平衡。"她还表示，她很沮丧地看到的是，即使在新千年，男性主导的乐高集团仍然仅仅把女性视为乐高众多市场中的一个细分市场，而不是一个包含多种盈利潜能的巨大市场，并依照这样的理念在 2012 年推出了彩色乐高朋友系列等产品。

阿维娃·维滕贝格-考克斯：这就是像西门子和诺基亚这样的手机公司曾经做过的那样，比如推出粉色女士手机系列。后来，苹果推出了兼顾两性的手机，该手机很好地融合了两性的偏好，使苹果手机的市场实现了性别均衡。这种做法才真正开采到了"金矿"。因此，在迟疑地提拔了三名女性高管后，乐高产品立即大卖，就请会议桌上的绅士们将其看作一个信号吧。大胆点！勇于创新！跳出 20 世纪的条条框框，邀请一些富有创意的女性加入乐高的董事会或顶层团队。

这是一个很好的建议，对克努德索普来说既不荒谬也不难懂，但在当时，这不是他关注的重点。他仍然一心想振兴乐高，而开发面向四至九岁男孩的玩具是他的当务之急。2006年最重要的工作是为乐高的八千名员工制定了一项新战略，即"共同愿景"，这是乐高十年来的第三项大型管理计划。先是从1996年到1998年的"罗盘管理"，然后是1999年的"健身计划"，现在是"共同愿景"，这是一个分三个阶段完成的七年计划。新战略的第一阶段已经开始了，员工们必须学会其核心诀窍，并将其用于日常的工作和生活。

克努德索普对此进行了广泛的论述，以至于乐高公司内刊《乐高生活》（*LEGO Life*）整期特刊都在传达他的想法。封面上是一张照片，主要目标群体中的一个男孩在搭建乐高积木塔楼，这张照片下面列出了新战略的三个阶段：

1. 带领玩具行业为客户创造价值、开拓销售渠道。
2. 重新关注提供给消费者的价值。
3. 提高运营能力，实现卓越。

一些员工可能会认为这有点"新瓶装旧酒"的意思，但大多数人对此仍然感到高兴，觉得乐高起码推出了还算贴合实际的计划。现在，这三个阶段加在一起，勾勒出了从生存和转机到前瞻性增长的转变，蓦然间，隧道的尽头出现了曙光。

克努德索普没有用管理中常用的陈词滥调描绘"共同愿景"计划，而是按照奥莱·柯克的座右铭，将其定位于乐高的历史和价值观："只有最好才足够好。"这句话来自乐高的创始人奥莱·柯克，其意思以及起源尚不清楚。奥莱·柯克一向不喜欢喊口号，有人说，1937年春天他前往德国，参加在莱比锡举办的一个大型商品交易会，他就在彼时彼地灵感乍现，想出了这句话，当时，他在玩具品牌史戴芙（Steiff）的展位前停下来，该展位介绍了当时深受儿童欢迎的毛绒玩具，他注意到了这家德国公司的标语"只有最好的才适合孩子"。

2006年，克努德索普又借用了这一格言，虽算不上严谨，但成功表明乐高有了新的战略，公司在关键点上的基本立场与奥莱·柯克时代完全相同。

克努德索普：对消费者来说，只有最好的产品才足够好，我这里说的消费者指的是孩子。我们必须让孩子们获得足够好的体验。此外，对我们的零售商而言也一样，只有最好的才足够好，对我们的员工来说当然也是如此。

对我来说，这句格言还意味着我们所经营的业务必须绝对出色。我们需要保证产品质量高、物流速度快，还要保证客户和消费者能享有优质服务。我们需要不断研究、改进工作。但正如奥莱·柯克所理解的那样，也许最重要的是客户能反复购买乐高产品，其次，消费者向其他人推荐乐高产品也会增加销量。奥莱·柯克在孩子拉着玩的木鸭身上涂了三层清漆，是为了防止经常撞到家具的木鸭玩不多久就布满擦痕。他知道，多涂几层清漆会让消费者对他们的玩具有一个很好的体验，然后他们就会再次购买，也会把玩具推荐给其他人。

克伊尔德：每次当我们试图把我爷爷的座右铭翻译成英语

创始人立下的座右铭数十年来一直挂在乐高的墙上。这张照片摄于20世纪50年代早期，座右铭挂在迪娜·汤姆森、莉莉·芒克和巴尔堡·麦德斯身后的墙上，这三人正在用砂纸打磨玩具卡车并且上漆。

的时候，都会遇到困难。我们一直都找不到正确的表达方式，原话是丹麦语，写作"Det Bedste er ikke for godt"，字对字地把丹麦语翻译成英语是"The best is not too good"（最好的也没好过头）。"too good"这个说法可能太具有丹麦人的思维特点了，但在英语中，这个说法是有某种否定意味的，所以在英语中，这句话通常被译为"Only the best is good enough"（只有最好的才足够好）。

对我个人来说，这句话一直在提醒我：无论做了什么，取得了怎样的成就，都不能停止创新。对我来说，这才是对爷爷的座右铭最贴切的解释。永远不要忘记创造与创新！我知道，有很多人把它理解为一种近乎强迫症的完美主义，但我觉得这样的理解简直糟透了。

克努德索普在展示"共同愿景"的同时，于2006年春季发布了另一项重磅公告——将乐高的生产和包装工厂迁到捷克、匈牙利和墨西哥等劳动力价格较为低廉的地区。一年以来，类似的猜测一直像可怕的乌云一般笼罩着比隆，让当地人心神不宁。现在，猜测即将变为现实。

瑞士、美国和韩国的模塑厂全部关闭，比隆的部分模塑厂也被叫停，这不仅意味着大量工人失业，还意味着未来乐高的大部分生产工作将移交给新加坡伟创力公司（Flextronics International）负责。这是一个巨大的转变，也是克努德索普和奥维森复苏计划的关键部分。从公告的字面信息来看，这意味着截至2010年，全球乐高员工总数将从八千人减少到三千人。这相当于一场"大屠杀"，但克努德索普透明、诚实的管理风格和平静的语气让他以一种更容易让人接受的方式传达了这一残酷信息。

然而，不管是克努德索普、奥维森还是欧里森，都觉得克里斯蒂安森家族在过去的五十年里为比隆做得已经够多了，都不愿意向比隆的居民做出任何承诺。比隆居民倒是以出人意料地平静接受了这一消息，也许是因为没人相信乐高的主人——哥特弗雷德和伊迪丝的儿子克伊尔德——会同意让乐高从比隆搬走。

> 克伊尔德：一旦克努德索普和奥维森要削减成本，就没有什么是神圣而不可冒犯的了。原则上，我反对外包，但我也能看到将包装业务转移到劳动力价格低廉地区的好处。不过，我担心转移生产地会造成模具厂专业技术的巨大损失。我同意将百分之八十的工厂转移到捷克和墨西哥，并且关闭瑞士的工厂，但我仍然坚持继续在比隆做最重要的塑模工作。这对我来说是不可轻易改变的。我是乐高的所有者，也是比隆居民，我想保证我们能够缓解当前的混乱状况。毕竟，乐高的裁员幅度确实是很大。从长远来看，把生产这么大一块业务交给别的公司来做也不会有多大用处。

2007年，乐高最终的利润是惊人的十五亿克朗，这一年是乐高成立七十五周年大庆，不过值得比隆人庆祝的原因还不止一个。生产业务转移本会造成比隆就业机会锐减，但2007年乐高推迟了转移行动，后来甚至还完全取消了这一计划。伟创力公司无法满足乐高的生产要求，克努德索普只好放弃让其他公司永久性地代为生产乐高积木的想法。这样一来，人们确实应该在2007年8月隆重庆祝公司成立七十五周年，再在12月底好好庆祝克伊尔德六十岁生日。8月10日，在乐高乐园大型停车场举行了周年纪念聚会，很明显，经历了最糟糕的几年危机后，克伊尔德的好心情和对生活的热情又回来了，阳光重新洒在三千名雇员身上。庆典场地的一侧有个供成年人重温童趣的地方,另一侧则有个马戏团帐篷,那里提供午餐,克伊尔德和克努德索普站在外面,跟大家握手。

这前后两位乐高的首席执行官是本次活动的热情参与者。午餐时,克伊尔德邀请克努德索普参加一场比赛,要和他一决高下。场地周围的看台上挤满了人,甚至连当地媒体也过来了。两人掏空口袋,摘下眼镜,脱下鞋子和袜子,在腰间系上了拉力很大的橡筋带。比赛一开始,拉力巨大的橡筋带拉得克伊尔德向后翻了半个筋斗,观众席中响起一阵惊呼。他咧嘴大笑,承认自己输了。"我必须承认,克努德索普是一个了不起的竞争对手。当然了,他比我重一点,本来就有优势!"

2007年,科尔克比投资公司也在家族的两个分支之间拆分。一边是甘希尔德、她的丈夫莫根斯·约翰森和他们的三个儿子;另一方是克伊尔德和卡米拉,还有他们的子女苏菲、托马斯和阿格尼特。

哥特弗雷德去世后,克伊尔德继承了他父亲的乐高份额,而甘希尔德仍然是科尔克比有限公司的共有人。她一直担任这一角色,直到2007年,甘希尔德一家在乐高面临危机后决定放弃对乐高的直接所有权。杰斯珀·奥维森完成了在乐高公司进行的财务清理后,成为科尔克比有限公司的首席执行官,负责监督交接工作,其中包括将乐高公司的所有权合并,让乐高成为由克伊尔德一家全部持股的公司。

一分为二的科尔克比公司总资产据官方估值为二百亿克朗,但据评论员估计,其真实价值是官方估值的两倍还要多,资产包括证券、各个投资公司的股权、国内外的房地产,最关键的是,还包括乐高品牌的所有权。简单来说,甘希尔德·柯克·约翰森的家庭得到了科尔克比与乐高没有直接联系的那部分投资额,而克伊尔德这边则得到了与乐高相关的一切投资额。正如克伊尔德对《贝林时报》所说的那样:"你可以说,

在2007年的周年庆典上，克伊尔德和克努德索普进行了一场橡筋带拉力比赛。
照片来自帕勒·斯考夫。

科尔克比目前的分拆结果和我父亲生前准备多年的公司分配方案完全一致。我们得在家里每个人之间的关系都很融洽的时候做这种事情，比如今天就是这样。"

2007年12月，克伊尔德在六十岁生日前夕接受了几次重要采访，这是他三年来首次接受采访，他在几家报纸上说到自己放手公司日常运营后倍感轻松。读者由此看到了一位轻松、温和的克伊尔德，人们因21世纪初乐高陷入危机而指责他，他对此表示接受，承认乐高之所以出了问题，主要是因为当时的他犹豫不决。

> 克伊尔德：我现在明白了，乐高应该早点采取激进措施的。我应该早点想到我们需要新的高管人员。看来，我们得先遭受一些非常糟糕的结果，才能采取必要措施扭转局面。

克伊尔德还以一种全新的方式揭示了他对个人生活的洞察。他说，出于对家庭的考虑，他也应该早点退出日常管理工作。

> 克伊尔德：正如我对儿子托马斯所说的："尽管我一直嘴上强调'家庭是最重要的'，但如果我自己做不到这一点，那说得再多也没什么用。"承认自己做不到一些事确实不容易，但事实就是如此。如果你自己做不到把家人放在首位，就不能到处和人家说家庭是最重要的。

那年年底，克伊尔德最亲密的家人包括妻子卡米拉、三十一岁的女儿苏菲、二十八岁的儿子托马斯、二十四岁的女儿阿格尼特、两个小孙子，还有小孙子的曾祖母伊迪丝。伊迪丝已经八十三岁了，却仍然是这个家庭中重要的一员。例如，她每年圣灵降临节都在尤托夫特家族狩猎小屋举办午餐会，一个大家族的人都聚在一起，有克伊尔德、甘希尔德两家，伊迪丝六个年迈的兄弟姐妹也会带着多位子孙来到这里。

2004年，乐高公司内刊为伊迪丝庆祝八十岁生日，她向众人谈起了自己和哥特弗雷德的婚姻："那时候，我必须得制订好周末活动计划，否则，他周六和周日两天都会去工作。我真希望他能在家里多待一会儿。孩子们有时很想念他，但哥特弗雷德总抽不出时间来休息。"

2005年，将近一百名家庭成员参加了伊迪丝的圣灵降临节活动，他们先在格莱尼教区教堂做了礼拜，之后就一直在树林里吃午餐和聚会。

六十岁的克伊尔德似乎也不喜欢在退休后闲着什么都不做，他给自己找了个幕后操盘人的工作，在科尔克比大楼里有一间办公室。这位乐高前总裁以自己乐高有限公司所有者和科尔克比有限公司董事的身份，在这个不太显眼的地方，继续塑造公司发展的精神内核和总体框架。克

在克努德索普掌舵之下,乐高业务又开始蒸蒸日上。克伊尔德可以搁置下自己作为乐高所有人的部分职责,和卡米拉一起去旅行,夫妇俩去过格陵兰岛好几次,乘坐狗拉雪橇观赏冰景。
照片系私人收藏。

伊尔德也是乐高基金会和乐高品牌与创新董事会成员,后者主要负责明确品牌的整体发展方向和开发新产品。

2004 年以来,克伊尔德一直担任约根·维格·克努德索普的导师,两人的师徒关系在 2005 年至 2009 年的多次飞行中得以加深。克努德索普由此越来越了解克伊尔德基于东方观念的思维方式。最后,在一次生日演讲中,他甚至用"非理性"这个词来形容导师克伊尔德。克努德索普解释说,对克伊尔德而言,从来都没有关于开始或结束的明确的界限,对他而言,生活最好永远有趣、永远靠直觉感知,一个人最好像小熊维尼那样去生活。

> 克伊尔德:私人飞机上只有三个人,我们一起在长途旅行的路上,我觉得非常放松,好像被包裹在泡泡里一样,可以想

谈什么就谈什么。我和克努德索普一起有过很多次长途旅行，我想让他走出去，通过一定距离了解我们的组织，这一点很重要。我们去了美国、澳大利亚、新加坡、日本和中国。我们一起坐在飞机上的时候，或是躺下睡觉前，我就会告诉他乐高的一些历史故事，他还问了我很多问题。

从乐高的财务表现来讲，公司 2008 年至 2010 年延续了前三年的积极走势。从前的那个乐高集团又回来了，它再次成为世界领先的玩具制造商，甚至连严重冲击了世界经济的 2008 年的全球金融危机都没有对乐高盈利产生多大影响。

2006 年的年度最终财务收入为十三亿克朗，之后四年里稳定增长，2010 年达到四十九亿克朗，这一年则标志着"共同愿景"战略的终点线。乐高集团的营业额、净收入以及员工数量增长强劲，员工数目这一项尤其值得我们多加关注，毕竟，按照克努德索普和奥维森最初的复苏战略，员工数目预计会减少到三千人。然而，现实表现远好过悲观预测，到 2010 年，乐高公司员工数目突破九千，全体员工都受邀参加年底的乐高聚会。聚会在全球所有的乐高公司所在地举行，纪念乐高成功实现"共同愿景"战略。

在丹麦，派对于 2010 年 11 月 19 日举行，当时正值星期五。下午，乐高把来自全国各地的员工都早早地接到瓦埃勒和比隆之间的文斯特德中心（Vingsted Center），在那里准备了各种各样的活动，有足球、角色扮演、临时文身贴纸，还有在圆木上钉钉子的游戏。在娱乐环节，为了吸引三千名员工跟着克伊尔德和卡米拉一起跳舞，他们请来了几位当代在世界金融危机期间，竞争对手的资金大量流失，而乐高的却在增长。2009年，乐高的利润达到了十八亿克朗。约根·维格·克努德索普领导乐高实现了丹麦商业史上最能引起轰动的大逆转，但他个人却一直非常低调。"我们在四五年前经历过自己的金融危机，所以我们今天能比别的公司准备得更充分。"

丹麦流行音乐明星，有玛蒂娜（Medina）、拉斯穆斯·西巴赫（Rasmus Seebach）、赫伊·马泰马提克（Hej Mathematik）、艾达·科尔（Ida Corr），还有 Infernal 组合。

乐高为全球员工准备的隆重感谢节目赢得了观众的热烈欢呼。在丹麦，该视频在大屏幕上播放。公司准备了一段音乐视频，视频中出现的高管包括克努德索普、麦德斯·尼珀、莉斯贝思·帕利森、巴厘·帕达、斯坦·道加德和克里斯蒂安·艾弗森。

在视频开始时，摄影师悄悄溜进公司董事会会议室，里面的高管团队在讨论该采取什么形式在全球聚会上向员工致谢。最初，大家一致同意用幻灯片来辅助演讲，其中一人还说："要用很多很多张幻灯片才够呢。"紧接着，在桌子中间位置的手机响了起来。是克伊尔德打来了电话！

克努德索普认真地听着,频频点头,又传话给其他人:"克伊尔德说不用幻灯片!"

乐高公司的高管互相看了看,眼里有几分迟疑。不用幻灯片,那用什么形式?

克努德索普站了起来:"伙计们,让我们把时钟倒转回2004年,我们当时正处于一场可怕的危机之中,前途渺茫。我们当时作何感想?"

话音刚落,画风大变。向来一本正经的乐高高管纷纷像变了一个人一样,他们跳出了所有的条条框框,单调的董事会会议室变成了20世纪70年代的舞池,人影舞动,人们汗流浃背,灯光柔和,迪斯科舞厅灯球转动,音乐节奏激昂,美国歌手葛罗莉亚·盖罗(Gloria Gaynor)[1]的歌声响了起来。

他们跟着歌曲《我将生存》又唱又跳,不过唱的是重新填的歌词,内容是关于乐高公司的——曾经所有人都认为乐高要被卖掉了,但最终由于员工的"力量和创造力",公司得以生存。

> 我们变得坚强,
> 共同的愿景激励我们前行。
> 如今我们走出低谷,
> 因为你们,我们会活下去。

人们的兴奋之情如浪潮般席卷文斯特德中心。上一次看到高管们

---

[1] 葛罗莉亚·盖罗:美国歌手,有"迪斯科女王"的美誉。1978年春天葛罗莉亚·盖罗在欧洲表演时不小心跌落舞台,脊髓受损,卧病在床达九个月之久。康复后她努力振作,以《我将生存》(*I Will Survive*)表明自己战胜了怯懦,重回事业巅峰。——译者注

像十七岁少年一样在全球一万名员工面前唱歌跳舞是什么时候？首席财务官围着数字风险投资部主管跳着迪斯科，营销部负责人则加入合唱："乐高集团很强大，这是最好的地方，嘿哟！"就好像他不是在乐高的年会上，而是在温布利体育场的大舞台上表演一样。克努德索普则亲昵地搂着巴厘·帕达，展望未来。

> 我们的使命是创造，
> 创造游戏的未来。
> 每天创造一点魔力，
> 然后你和我，
> 我们将摸到天空。

然后突然之间，迪斯科舞会的场面消失了，高管们再次围坐在会议桌旁，你看我，我看你，大家哭笑不得。首席财务官掸了掸夹克袖子上沾着的银色闪光碎屑，说："伙计们，咱可不能这么搞，不然的话，以后再也没有人能把我们当回事了！"

"嗯，我们还是用幻灯片吧。"麦德斯·尼珀回应道。

"我也同意，"巴里·帕达点点头，"幻灯片！"

至此，乐高集团走过了2000年代的头十年，在这十年的结束之际，乐高向全人类共有的童趣致敬，而他们的诚意也通过全球广播的形式由人们感知到。或者，正如这位又唱又跳的首席执行官几年前所说的那样，"说起玩具能为儿童做什么……玩具不该为我们大人也做同样的事情吗？我们公司需要体现这种精神。"

2012 年，乐高朋友系列。

10

薪火相传

21 世纪 10 年代

让我们把时间拨回到 1964 年。盛夏时节的丹麦，十六岁的克伊尔德和许多爱马的朋友在骑术学校学习。瓦埃勒的古斯塔夫·马滕斯（Gustav Martens）是一位受人欢迎的骑术教练，他会组织一年一度的牛路露营（Ox Road Camp）活动。这项活动要用到一辆驿站马车和一辆大篷马车，拉着大篷马车的是一匹名为"大象"的马。大人和小孩骑着马、拉着缰绳或是躺在驿站马车的车顶上，这支快乐的队伍沿着赫维延路（Hærvejen）前进，这条路的名字的意思是"军队走的路"，但是人们常常称其为"牛路"，它是一条贯穿日德兰半岛的古老大道。中世纪时，赫维延路把丹麦、德国以及欧洲其他国家连接起来。这条路以行人龙蛇混杂而闻名，有朝圣者、流浪汉、士兵，还有废品商、赶牛人和赶着成群马匹的马贩子。

1964 年 7 月，马滕斯一行人闯入了这条古路周围的风景。一天下午，他们在科尔什嘉德（Korshøjgård）旁驻扎，科尔什嘉德是兰德波达尔（Randbøldal）地区的一处建筑，这里算得上是本次穿越瓦埃勒的奥达尔山谷之旅中最美丽的地方。这个地方给克伊尔德留下了极其深刻的印象。

也是在这个夏天，他与保罗·埃里克成了好朋友。埃里克和克伊尔德一样也喜欢马，但是不用继承玩具厂，所以他那时满脑子考虑的是自己未来的生活。想象中，他以后一定有马匹做伴，也会常常骑马。

自那时起的十年后，一直到 20 世纪 70 年代中期，克伊尔德都很少有时间再骑上马背。那时的他刚刚结婚，当上了瑞士乐高有限公司的总裁，整日都穿着紧身翻领衬衫和飘逸的华达呢长裤。

很快，克伊尔德和卡米拉就从瑞士搬回了丹麦，父亲哥特弗雷德已经为儿子和儿媳留好了一栋宽敞的独栋房子。不过小夫妻俩还没准备立即接受父亲的好意。有次回家，两人在短程归途中简单地讨论了一下找

日德兰半岛的中西部荒野。1964年夏天，大篷马车在"牛路"旁行驶。
图片系私人收藏。

住处的事情，觉得新家应该在比隆市中心以外，说到这些，克伊尔德想起了兰德波达尔附近风景如画，是个不错的选择。

> 克伊尔德：我想，我们可以去那里住，所以我就开车去和科尔什嘉德的主人谈了谈。说不定他一直都想卖呢。结果我见到了一位上了年纪的马贩子安东·莫特森森，他告诉我，他的农场绝对不会卖给别人。我们于是放弃了计划，搬到了斯科夫帕肯。

在接下来的十年里，克伊尔德带领着乐高发展得越来越好，他和卡米拉生了两个女孩和一个男孩。1988年夏天，克伊尔德没有安排出差。有一天，他和刚刚学会骑马的女儿苏菲一起去看了一场马展。参展的马匹都很漂亮，浑身上下闪闪发光，父女俩充分享受着身边这种美好的氛围、景色和气味，突然，克伊尔德遇到了小时候自己在骑术学校和夏令营认识的老朋友埃里克。时隔多年再次相见，两人都很高兴，埃里克知道克伊尔德已经是乐高总裁了，他说自己在瓦埃勒做点卖骑具的生意，还是丹麦温血马协会（Dansk Varmblod）的董事会成员，这是骏马爱好者和饲养者的协会。克伊尔德邀请他去了舍伦堡，到了那里，埃里克看到庄园里的棚屋空荡荡的，惊呼道："克伊尔德，你这里怎么没养马呀！"

说养就养。克伊尔德让人翻修棚屋，设计了马厩。埃里克是马匹方面的专家级的顾问，在他的指导下，克伊尔德开始购买马匹，还为马术障碍赛的骑手建了一个种马场，名为梣木马场（Stutteri Ask）。两位老搭档共事后决定要做一个既涉及马匹繁殖又涉及赛马运动的项目。他们在日德兰半岛中部的某个地方寻找场地，想在那里建造一个花式骑术训练中心和一个可以容纳五十匹马的种马站。克伊尔德再一次想到了兰德波达尔的那个周边景色宜人的农场。

> 克伊尔德：我拿起电话给科尔什嘉德的主人安东打了电话。
>
> "嗨，安东，我是比隆的克伊尔德。农场还在你手上吗？我想知道你现在想卖掉它吗？"
>
> 安东回答说："真是太巧了，你的电话打得太是时候了，我已经满八十岁了，腿脚不太利索了，我女儿劝我去养老院，所以我很乐意卖掉农场！"

他说出了他心目中的价格，我说："嗯，价格很合适，安东，成交！"没想到电话那头的安东，就是那个老马商，却感觉有点失望。他可能一直期待着我们能讨价还价一番。

位于科尔什嘉德的花式马术训练中心里有马厩、马场和其他设施，名为蓝马（Blue Hors）马术训练中心，保罗·埃里克负责其日常运营。

"我在1997年买下了唐·舒弗罗这匹马，当时它四岁了。一开始看到它的视频时，我激动得热泪盈眶。它跑起来很快，速度令人难以置信。我们必须让它去种马场！它很快就成了我们的种马。它在德国花式马术训练种马繁殖指数中曾十次取得桂冠，体育生涯在2008年达到巅峰，参加了在中国举办的奥运会，获得了铜牌。2020年1月，它年近二十七岁时去世了，是花式马术训练界的传奇。"
图片系私人收藏。

"那么，你会负责马术训练中心的什么事情吗？"1992年秋天，《生理学杂志》(*Hippologisk Tidsskrift*)的记者参观训练中心时问克伊尔德。

克伊尔德回答说，他是乐高积木总裁，这份工作已经占用了他绝大多数的时间，因此需要雇用别人来填补梣木和蓝马两个马术训练中心本应由他承担的各种职位。

该杂志将克伊尔德描绘成一个"出于对马的热爱而一头栽进骑马和花式马术项目的人"。克伊尔德现在想把自己的投资变成一个利润可观的企业。就像乐高一样，梣木和蓝马马术训练中心不一定是该地区最大的，但按克伊尔德的想法，它们会是最好的。正因如此，有时候克伊尔德会在家里坐到深夜也不睡，他解释说，他在仔细研究马术训练中心的电子报表上的内容，这些表格可以让他多多了解自己的新爱好和新公司。他喜欢深入参与一家公司，但与乐高不同的是，这家公司规模小，无论是在马厩或在训练场，还是通过更新育种马的数据库，包括它们的血统、描述、后代、运动成绩、比赛日期、扫描、预计交配日期等，这个公司的情况让人一眼就能看清楚。

> 克伊尔德：坦白来讲，这项业务从来没有获得多么高的收益，但多年来却给了我很多乐趣。我们能像在舍伦堡一样，近距离地接触马匹，参与马匹饲养，这真是太棒了。我真的很喜欢去看它们，尤其是当它们在牧场上和自己的小马驹在一起时，有时候它们会小心翼翼地凑过来轻轻啃你一口。对我来说，与动物之间的亲密关系有益于身心健康，可以治愈人，而探究马的心理则是最让人觉得奇妙的事情。马常常通过玩耍来学习，我忍不住拿乐高一直以来对玩耍和学习的看法与马的学习心理进行了一点比较。

后来，克伊尔德和埃里克分道扬镳，从那以后便不再骑马了，但是他把对马匹的热爱传给了妻子和孩子们。女儿苏菲坚持骑马，在2000年的头几年，她的主要精力都放在骑马上，骑马的地点是克伦德·迪勒哈夫公园（Klelund Dyrehave），该公园是比隆和埃斯比约之间的一个麋鹿公园。克伊尔德的儿子托马斯多年来也是一名极具竞争力的骑手，他有一段时间还在舍伦堡附近开了一个阿拉伯马种马场。最小的女儿阿格尼特，日后成了颇具天赋的丹麦花式马术选手，代表国家参加2016年里约奥运会，她当时的坐骑名叫乔乔。

三十年来，克伊尔德不断为丹麦马术运动做出贡献，专注于自己早期建立的两个马场，即位于菲英岛的榇木马场和比隆附近的蓝马马术训练中心，只要是你能想到的赛马、骑行，这里应有尽有。两个马场旁，还有可容纳近千名观众的大型现代骑术表演场。对克伊尔德而言，做这件事情不仅仅是为了扶持竞技体育，还能给家庭成员带来美好的体验，他举办的一些节庆活动总能让人回想起曾经的乐高乐园。

基于同样的基本理念，克伊尔德在2010年提出了一个宏伟的计划，想为自己的整个大家庭创造一次不凡的体验：在比隆的中心建造一个乐高品牌屋。那时，他们正把公司的内部博物馆搬到祖父在主街旁的房子狮屋里。在博物馆搬家的过程中，很多人讨论是否应该向公众开放创意屋，这让克伊尔德突然有了创建品牌屋的想法。比隆是乐高的起源之地，当时来自世界各地的成人乐高迷陆续来这里"朝圣"，所以这件事需要尽快定下来。但是奥莱·柯克的房子和1942年建的大厂房缺乏改造为公共博物馆所需的设施及空间，所以不适合办展览。

2007年，比隆和格林斯泰德合并为一个大区。两位市长达成协议，根据该协议，新区沿用"比隆"的名字，但市政厅连同行政人员、办公室和档案室等搬到格林斯泰德。这样一来，距离狮屋不到一百米的比隆大广场就空出来一座又大又丑的空建筑，政府也没想好用它来做什么。

这栋大楼就在比隆的中心位置，曾经是一家奶牛场，靠近比隆河。这可是个千载难逢的机会，不能让它白白从手边溜走。这时，克伊尔德心里已经有了具体的想法，新的乐高博物馆不应该是传统的那种博物馆。相反，他计划建造一个大型、充满生气的现代"品牌屋"，用这座建筑向乐高品牌致敬。在里面会有一个体验中心，来自世界各地的孩子、父母和祖父母可以在这里玩积木，游客在体验动手搭建的乐趣的同时，还能一窥乐高的价值观和历史，这一定非常有趣而且有教育意义。

乐高富有远见的主人已经想好选谁来设计博物馆了。他要请丹麦建筑师比亚克·英厄尔斯（Bjarke Ingels）来设计克伊尔德的梦中建筑，这座建筑需要反映乐高积木和乐高集团背后的理念，同时为人们创造玩耍的空间。

2010年4月，乐高奖颁发给了尼古拉斯·尼葛洛庞帝（Nicholas Negroponte），他是"每个孩子一台笔记本电脑"项目（One Laptop Per Child）的创始人，该项目旨在让发展中国家的数百万儿童通过教育和交流打破与外界的隔绝，并进而脱贫。在颁奖仪式上，克伊尔德邀请了比亚克·英厄尔斯发表主题演讲。颁奖典礼结束后，他带着这位明星建筑师参观了比隆。

> 克伊尔德：颁奖后，我开车带着比亚克在比隆转了一圈，经过旧市政厅时，我随口说了一句："如果把乐高大楼建在那里的话，一定很棒。"

然后我们反复讨论了这个想法，最后比亚克说这个计划让人一听就很激动，他对此很感兴趣。

然后乐高宣布举行建筑设计竞赛，邀请三位不同的建筑师参赛，其中包括比亚克的设计工作室"BIG"。他带来了所有用得到的设备，使尽浑身解数，最后设计出了一座有室外露台的多单元建筑。毫无疑问，他得到了这份工作。

克伊尔德一开始之所以看好丹麦建筑师比亚克·英厄尔斯，部分原因在于丹麦培养的建筑师人数按照占总人口的比例来看在全球数一数二。在过去的几年间，丹麦建筑已经在国际上崭露头角，许多建筑大项目接踵而来。很多丹麦建筑师小的时候都玩过乐高积木，比亚克也一样，当他明确表示自己的工作室BIG将接受乐高委托，在比隆建立乐高大楼时，他说了这样一番话。

比亚克·英厄尔斯：我们的工作室能够和乐高合作并为乐高集团设计一座大楼，这是我一直以来的梦想。乐高积木对我个人来说意义重大，另外从我的几个侄子身上也可以看出，乐高积木能极大地帮助儿童锻炼创造性思维，在当今世界，创新、创造能力已成为推动社会各方面发展的关键因素。

在接下来的几年里，该项目在建设过程中遇到了一些重大的障碍，但基本能按计划推进下去，2015年10月8日，项目终于举行了庆祝开工的仪式，人们也得以亲眼见到这座在建的建筑。这天就如同过节一般，整个小镇从早到晚彩旗飘飘，商店六点多就开门营业，三千张门票很快就被比隆居民和乐高员工抢购一空。

比隆又有建筑工程开工了，当地每次用到起重机，基本上都是因为乐高又扩建了，或是科尔克比公司又投资了新项目。（1）这块地上最开始是几人合伙开的乳品店，后来成了市政厅，现在马上要改建为"乐高之家"了。左侧：集团大楼（2）、1924年奥莱·柯克的房子（3）和1942年的工厂大楼（4）。上方：哥特弗雷德和伊迪丝1959年的房子（5）和比隆活动中心（6）。

只需花二十克朗，活动参与者不仅可以参观建筑工地，获得两个热狗和一杯饮料，还可以观看比亚克·英厄尔斯、约根·维格·克努德索普和克伊尔德·柯克·克里斯蒂安森等人的演讲。不过不久前，克伊尔德出了点小事故，他驾驶平衡车的时候撞了一下，腿摔断了，所以只好在他家的暖房里坐着轮椅发表演讲。他说，现在名为"乐高之家"的建筑一直以来都是他的梦想，他想创造这样一个富有活力的地方，孩子和成年人或是合作，或是独立完成，可以用各种方式与乐高一起搭建模型。当然，最好是用他们以前从未想过的方式。

2014 年，乐高之家建筑封顶，乐高的主人柯克·克里斯蒂安森一家面前是一堵由乐高积木搭成的墙，六块积木上分别写着代表乐高的六个核心价值观的单词（学习、关爱、质量、想象力、创造力、乐趣）。后排左起依次是阿格尼特、卡米拉、克伊尔德、苏菲、托马斯，克伊尔德的母亲九十岁的伊迪丝坐在前面，她没能看到大楼完工。2015 年圣诞节前不久，她去世了。整整七十年来，她都是整个家庭、城镇以及公司活跃的一员。

> 克伊尔德：我和家人都觉得自己在努力实现一个更大的目标，帮助孩子们更好地玩耍和学习。因此，我们应该向父母说明游戏的价值。乐高之家是独一无二的，因为它现在是，以后也永远是世界上绝无仅有的存在。这对我而言非常重要。

2017年，建筑工作取得了实质性进展，建筑外表面是白色的，就像比隆中心出现了一座发着光的大冰山。在比隆，除了乐高之家和教堂塔楼，就再也没有超过三十英尺高的建筑了。该建筑于2017年9月完工，从外面看，它由二十一块超大乐高积木组成，无人机航拍的照片尤其能看出来这一特征。有人可能会说，乐高之家是最大号的乐高得宝系列拼起来的。

参观者一走进建筑内部，就会发现自己仿佛置身于建筑中心一个巨大的室内空间中，没有柱子等承重结构。乐高之家总占地面积约为两千二百平方英尺，除了入口通道，还有一家餐厅、一家咖啡馆，当然还有一家供货充足的大型乐高商店。从中心广场出发，大人、孩子可以去地下室探险，那里有一个剧院，可以帮助他们了解乐高的历史，或者可以由着家庭中的成年人抓住机会沿着记忆的小路漫游，重新发现过去的乐高积木套装，重温童年的搭建体验。

孩子总是会忍不住来到楼上，那里有四个体验区，分别名为"红""蓝""绿""黄"，其基本的教学思想是通过游戏来学习。孩子们可以在红色（代表创造性）区域自由发挥创造力，在蓝色（代表认知）区域解决问题、克服挑战，在绿色（代表社交）区域扮演某个角色、讲故事，在黄色（代表情感）区域使用乐高积木表达情感。年轻的工作人员无处不在，随时准备挑战或鼓励儿童和成人玩乐高。

建筑物的顶端是"杰作之廊"，展出了由来自世界各地的成人乐高

2017 年，丹麦王储、王储妻子和他们的四个孩子出席了乐高之家开业典礼，一家人在这里度过了美好的一天。在顶层，来自世界各地的乐高迷制作了更多抽象的乐高模型，王妃玛丽在克伊尔德（左）、比亚克·英厄尔斯和乐高之家经理杰斯珀·维尔斯特鲁普的带领下四处参观。
照片来自詹斯·霍诺雷/乐高之家。

迷搭建的精选乐高艺术雕塑作品。在四个体验区的中间，一棵由六百万块积木搭建而成的树"拔地而起"，直触屋顶，高达一百四十五英尺，名为"创造力之树"。在项目最初阶段，这棵树是建筑师和乐高项目专员存在的唯一分歧。英厄尔斯提出要建一个巨大的乐高元素浮动悬挂物，但克伊尔德更喜欢能扎根的东西，具体来说就是想要一棵生命之树，就像挪威神话中的尤克特拉希尔一样，虽然将其常绿的枝干伸向天空，根却始终深植于乐高诞生的斯堪的纳维亚土地和文化中，他最终坚持采用了自己的想法。

开幕典礼结束后，来自世界各地的建筑师和艺术评论家前往比隆，瞻仰 BIG 工作室和乐高的合作成果，基本没有人能挑出多少缺点。人们都很想来看看，双方是如何把一家公司的产品和理念转变成如此了不起的建筑的。一两位评论员情不自禁地说，这座优美的建筑颇具国际现代主义气息，与乐高大楼周围的小城建筑形成了颇具超现实感的对比。

《建筑师》(Arkitekten) 杂志的评论员写道，当你抵达比隆，走进乐高帝国的白色宇宙飞船时，感觉自己仿佛进入了平行宇宙："这座建筑可能会让你觉得像海市蜃楼的幻影，这是因为它在周围的环境映衬下，有点横空出世的感觉——当然，我说这些话绝非有意冒犯比隆。乐高之家就好像一个美丽无比的新娘，闯入了一家老式酒吧或德国办公家具展会。"

建造乐高之家时，乐高集团正如 20 世纪 80 年代一样充满冒险精神。乐高 2015 年的业绩超过九十亿克朗，这主要是因为 2011 年的动画"乐高幻影忍者"大获成功，2012 年推出的"乐高好朋友"系列女孩积木也获得了不错反响。两者都是重磅产品，是乐高自己的发明。开发工作持续了好几年，经历了费时费力的全球营销。

在 21 世纪头十年的危机期间，这两条产品线延续了管理团队一贯鼓励的性别区分策略。除了"乐高幻影忍者"和"乐高好朋友"系列，2012 年"得宝公主"系列进一步强调了男孩和女孩玩具之间的区别，这款积木的特色是有迪士尼公主、睡美人的房间、白雪公主的小屋、灰姑娘的马车和城堡。在此之前的四十年间，人们都以为得宝产品对男孩和女孩来说玩起来没什么两样。

乐高得宝营销主管路易斯·斯威夫特（Louise Swift）说："要给女

孩她们想要的玩具。"她解释说,得宝系列产品百分之七十的营业额来自男孩,全世界的妈妈都希望乐高能有专为女孩设计的产品。现在有了"得宝公主"和"乐高好朋友"系列,妈妈们终于找到了可以买给女儿的乐高积木,这两款产品迎合了女孩和许多母亲的热情期盼,也让此时已经身为祖父的克伊尔德喜出望外。2012年,在乐高八十周年纪念派对上,他说了这样一段话。

克伊尔德:我的孙子辈一共有六个人,都是女孩,所以"乐高好朋友"系列是我目前最喜欢的产品。我最大的两个孙女,一个六岁,另一个五岁,玩这款产品玩得很入迷。她们知道里面每一个人物的名字,并且可以和故事里的人对上号。她们很喜欢搭积木。虽然女孩们也能玩其他的乐高产品,但我们现在为女孩们推出这么讨她们喜欢的产品,这很贴心。

"乐高幻影忍者"也很重要,它推动了乐高2010年上半年业务持续增长。它与几项不同的数字计划一起推出,成为主流热门动画,甚至与《功夫熊猫》(Kung Fu Panda)和讲述纽约下水道四只不时制止坏人犯罪的变异乌龟的经典动画的《忍者神龟》(Teenage Mutant Ninja Turtles)相提并论。

乐高产品第二小组营销总监迈克尔·斯坦德鲁普(Michael Stenderup)在2011年1月发布之前对该系列产品抱有很高的期望,相信该系列产品的销量将比之前的大型项目"乐高动力矿业公司"(LEGO Power Miners)高出一倍。"世界各地的男孩几乎都一样,他们都想要一些很酷的东西,想去执行某个任务,参加某个冲突,想要强大的、偶像一般的角色。这些都可以在'乐高幻影忍者'里找到。"

为了配合"乐高幻影忍者"中的冲突元素，乐高制作了一个旋转器，这是一种顶部带有乐高人像的旋转陀螺。当时的想法是，一群男孩相互比试，看谁的陀螺转得更久。除了旋转器和乐高积木，还有一副扑克牌，这又让旋转器有了新的玩法。

"但是，这样一来，乐高难道不是又一次远离其核心价值和核心业务了吗？跟 20 世纪 90 年代末又有什么区别呢？"乐高公司内刊杂志问道。销售总监却不这么认为："男孩们想要玩涉及冲突矛盾的游戏，而我们绝不是不再关注经典乐高产品。我们可以看到，如果乐高想卖得更好，就需要多投资开发其他类型的玩具。"

换言之，乐高顺应了时代精神，回应了 2010 年代西方父母的普遍观念：男孩和女孩有着根本的不同，人们绝对不可能消除或改变他们的生理差异，这种想法根本就是错的。

然而，包括美国社会学家伊丽莎白·斯威特（Elizabeth Sweet）教

"乐高好朋友"系列是三十年来针对女孩推出的第六款产品。该系列为五到八岁的女孩设计，来自心湖市的五个各具特色的女孩风靡一时。"奥丽薇亚的房子"是 2012 年销量最好的乐高产品，"乐高幻影忍者""乐高星球大战 X 翼星际战斗机"和"乐高城市警察局"的销量紧随其后。

授在内的研究人员却持有不同意见。斯威特研究了游戏和玩具对性别的影响，她像乐高一样相信，游戏对儿童来说至关重要，因为游戏可以帮助孩子学习、成长、适应世界，并变得成熟。然而，与乐高不同的是，斯威特观察到，现代玩具如此定性性别时，会让孩子们很难形成自己作为"孩子"的身份认知。

"研究表明，不同的玩具有助于儿童发展不同的技能，而所有这些技能对于人的全面发展来说都是必不可少的。"

> 克伊尔德：早在20世纪90年代，当时我们刚刚开始制作粉色积木，乐高就受到了很多人的抨击，2012年我们推出"乐高好朋友"系列，批评的声音更大了。但是，人们为什么会有这种反应呢？我认为，我们的产品理应适应消费者，理应跟上时代。我们为孩子们提供了更好的创造和玩耍的机会，而且男孩和女孩之间确实存在差异，一旦长到一定年龄时，差异就开始变得更加明显。
>
> 比如说，女孩们更喜欢那些能吸引她们玩角色扮演的玩具。女孩想为游戏建立一个框架，认同自己所创造的各种角色和环境。而男孩们则更喜欢战斗，喜欢设计和搭建一些大东西。所以，我认为乐高选择了一条顺应孩子发展规律的正确道路。今天，乐高超过百分之二十五的儿童用户是女孩，而且这个比例在持续上升。

乐高星球大战、乐高创造者、乐高科技、乐高城市、乐高幻影忍者和乐高好朋友系列是2010上半年最受欢迎的六款产品，紧随其后的是哈利·波特、思维风暴和乐高得宝这样的畅销产品。然而，乐高并没有点石成金的魔力。例如，他们对在线游戏"乐高世界"的大规模投资就失败了。2012年，游戏仅上线一年就宣告失败。尽管如此，2015年2月25日乐高集团在比隆宣布年度业绩时，约根·维格·克努德索普仍然有足够的底气召集国际媒体参加新闻发布会。

2014年，乐高集团创造了七十亿克朗的利润，这是集团成立以来最好的业绩。除此之外，担任了十年首席执行官的克努德索普在新闻发布会上的表现也给观众带来了很多欢乐。他当天穿了一套深灰色西装，打着配色的领带，用流利的美式英语欢迎来自欧洲、亚洲和美洲的媒体。他提到了最近在好莱坞举行的奥斯卡颁奖典礼，动画片《乐高大电影》（*The LEGO Movie*）获得"最佳原创歌曲"提名，其主题曲《一切都很了不起》（*Everything is Awesome*）在好莱坞杜比剧院（the Dolby Theatre）放映。

乐高的授权合作伙伴华纳兄弟公司（Warner Bros）为《乐高大电影》的构思和上映提供了全力支持。牛仔造型的迷你积木小人儿突然从舞台上跑下来，来到一排排椅子中间，向布莱德利·库珀（Bradley Cooper）、梅丽尔·斯特里普（Meryl Streep）、克林特·伊斯特伍德（Clint Eastwood）和奥普拉·温弗瑞（Oprah Winfrey）等演员、明星分发乐高积木拼成的奥斯卡小金人。颁奖典礼结束后，获奖者都愿意拿着乐高小金人出现在媒体照片、快照和自拍中，也在社交媒体上积极分享了这些照片。这简直是太棒了！

对于许多人来说，七十亿克朗这一超乎寻常的收入数额是当晚的最大亮点，是《乐高大电影》和乐高品牌在全球的无价广告。一家丹麦报纸写到，在奥斯卡颁奖礼中间放的一个三十二秒"传统广告"花费了乐

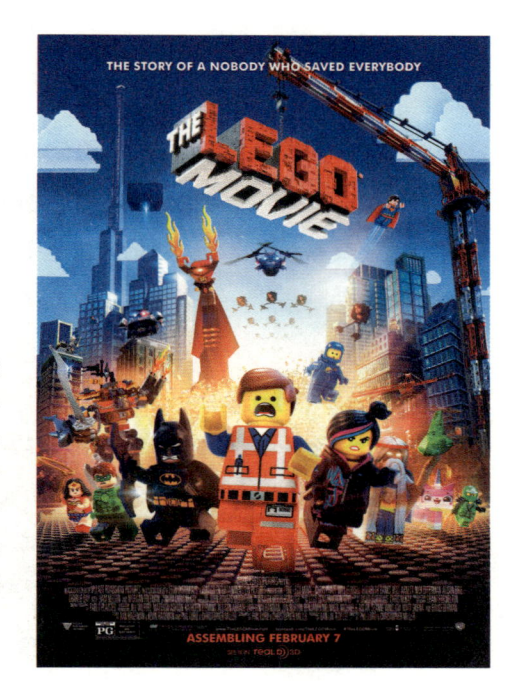

《乐高大电影》于 2014 年 2 月在美国首映，故事主角埃米特是一个普通的乐高积木小人儿，他一直以来都按照乐高玩具使用手册的设定过着安全的生活。直到有一天，一位乐高大师把他和另一个人物搞混了，他现在必须从邪恶的暴君手中拯救世界……
照片来自华纳兄弟公司。

高公司一千多万克朗。

  三天后，在比隆当地的一个规模稍小的场合，克努德索普开场时说，乐高正在寻找一个新的"纪录年"。乐高已经再次超越了自己。然后，他简单提了提奥斯卡颁奖典礼上乐高的表现，接着突然唱起歌来，伴着朗朗上口的歌曲又跳起了欢快的舞蹈："当你是团队的一员时，一切都很了不起，一切都很酷。"

  然后，克努德索普又改变了展示的风格，让记者预期中的年度成果系统回顾会变为强调游戏重要性的小型科普讲座。他让所有参与的记者和摄影师都成为受测对象，给他们每人分发了一小袋积木，每袋里有六块，让他们在四十秒内制作一只鸭子，然后展示给旁边的人看。这既是游戏，也是学习，更是边做边学的练习，以全世界商业出版机构中文笔最好的这群记者作为测试对象。

克努德索普在媒体会上客串的角色非常成功，反响积极，人们还对这件事津津乐道了很长时间，一直等到这位表现出色的首席执行官在乐高公司内刊杂志上提出新的目标才算是平息。凭借《乐高大电影》，该公司在全球发掘出了新的消费者群体。克努德索普说得对，还有更多的潜在消费者。

> 克努德索普：全球正变得越来越富裕，虽然确实存在很大的不确定性，但我相信低通胀和低油价将促进我们所处几大市场实现积极发展。世界大部分地区仍然不知道我们这个品牌，这说明乐高仍然有巨大的发展空间。乐高在马来西亚的业务开展就可以充分说明这一点，2014年我们在那里开设了办事处，消费品销售额增长了一倍还要多。世界上还有很多像马来西亚一样的国家，乐高在这些国家的市场上还并不活跃。

乐高多年来推行这一战略，成果颇丰。在2010年代后半段，乐高实现了全球化，而这一目标原本最早是由哥特弗雷德和他的团队在乐高发展蒸蒸日上的20世纪60年代所描绘的美好愿景。2010年以来，乐高的规模和财富在十年间不断膨胀，主要原因就在于乐高克服了存在数十年的困难，在之前难以打入的市场实现了销售额增长，新兴市场范围涉及欧洲、北美、俄罗斯、中国以及其他亚洲地区。

2015年后，乐高开始在东亚市场获得更大的发展动力。最近这五年，乐高采取的主要的主动进攻行为，是在中国上海、新加坡、英国伦敦和美国康涅狄格州的恩菲尔德设立乐高地区总部，这些城市均设有地区总经理办公室，各部门人员及管理部门都不受比隆总部的约束。

克伊尔德：各个乐高总部都举办过许多精彩活动，这些活动不仅仅与市场营销有关，也涉及产品开发和许可协议。地区总部通常由一位高级经理领导，这位高级经理是乐高比隆总部管理团队的成员。通过这种方式，我们可以确保乐高的各种思想都能推向全球。这也意味着更容易找到各领域的专家，而伦敦活动中心的成果就是一个很好的例子。过去，吸引人们来比隆并不是那么容易。不过最近一些年来，外国人更愿意来比隆定居了。比如说，你劝某个纽约人定居比隆可比劝某个丹麦首都哥本哈根人来定居要容易得多。

亚洲市场快速增长的一大标志是中国成人乐高迷群体的出现。2017年，乐高中国的贾里德·陈（Jared Chan）负责推动乐高与中国成人乐高迷建立更紧密的关系，这些成人乐高迷都是乐高忠实的粉丝和创意大使。他回忆说，与世界其他地方相比，中国的成人乐高迷相当年轻，但跟其他地方的人一样，他们毫无疑问都是乐高品牌的忠实大使。他们所建造和展示的作品向中国的儿童和家长展示了乐高积木的用途。比如说，一群住在中国东部大城市南京的成人乐高迷搭建了小说《红楼梦》中所描述的著名府邸"大观园"。贾里德解释说，该模型一下子火了起来，不仅在中国各地展出，还在芝加哥的国际粉丝大会上展出，有效推动了中国文化的对外传播。乐高积木则给偶有政治分歧的中、美两国提供了交流文化的好道具。乐高仿佛有能把人们聚在一起的魔力。

2016年3月1日，乐高集团公布了公司2015年度的业绩，透露乐高的业绩实现了连续十二年的增长。2015年，公司利润接近一百亿克朗，员工数量在一年内从一万四千八百人增加到一万七千三百人。在演讲开始时，克努德索普跟激动的记者团保证自己绝对不会在场上唱歌或跳舞，但后来，他还是跳了一小段。这些成绩好得让人不敢相信，而乐高不仅利润可观，现在还已经触及全世界一亿儿童，市场之广令人震惊，真是了不起！

首席执行官克努德索普对乐高玩具在过去五年中规模翻了一倍而感到欣喜若狂。然而，乐高的所有者克伊尔德很久以前就开始表达他

2016年，乐高连续两年总收入创下新高，克努德索普再次在发布会上激动地跳了起来。新闻界各大报社聚在一起，一直在等待这一幕上演，摄影师麦德斯·汉森成功抓拍到克努德索普跳起来的瞬间。
照片来自麦德斯·汉森。

对其迅猛、近乎超自然的增长的担忧。"我们能跟上吗？我们能否招聘到合格的员工？我们是否有时间让所有新员工充分了解公司和核心价值观？"

2016年，乐高的营业额和收益双双下滑，这一变化加剧了克伊尔德的焦虑。2017年公布的2016年度业绩虽算不上差得离谱，但也足以引人担忧。这一年，公布业绩的人不再是约根·维格·克努德索普，而是新的掌舵人——在印度出生的英国人巴里·帕达（Bali Padda），他当年已经六十岁了，加入高级管理团队将近十五年。他是乐高有史以来第一位非丹麦籍的首席执行官，"有幸"宣布了2016年一连串不太光彩的数字。帕达在发布会上的最后一番话说得非常贴切："在过去的许多年里，我们经历了超自然的增长。我们现在恢复了可持续的增长率，我们预计未来乐高的表现也是如此。"

克努德索普的离职和年度业绩突然变差这件事毫无关系。他之所以离职，是因为他即将在这家家族企业扮演新的关键角色。乐高早就满怀期待，等着乐高成立第一百周年——2032年——的到来了。克努德索普现在的部分职责是帮助乐高顺利实现新一轮的代际交接，而这一交接已经暗中进行了十多年之久。克努德索普在谈到自己的离职时表示："我将和克伊尔德的儿子托马斯一起促进乐高所有者的一切交接工作，发扬、保护乐高品牌和乐高的理念，进一步促进乐高品牌的商业发展。"

克努德索普在科尔克比品牌集团的新职责是在各个层面上评估公司未来的发展，聚焦以下几个问题：柯克·克里斯蒂安森一家在未来几十年里想用乐高做什么？他们的愿景是什么？他们的目标是什么？在2016年12月的一次新闻发布会上，克努德索普宣布即将重组管理层，他说的一番话证明了自己与该家族目前的亲近程度："我的新角色并非公司的共同所有人，但我将代表柯克·克里斯蒂安森家族承担所有权角色，

2016年6月，瓦埃勒峡湾见证了激动人心的时刻。从左向右依次是：约根·维格·克努德索普、托马斯、克伊尔德和来自科尔克比有限公司的瑟伦·托鲁普·瑟伦森。他们决定：克努德索普将不再担任乐高公司的首席执行官，转而担任乐高品牌集团执行主席一职，在科尔克比公司与托马斯合作开展工作。克伊尔德提出想四个人一起拍张照片。他想，代际交接终于要实现了，克努德索普未来的角色也终于确定下来了。克努德索普和克伊尔德握了握手，同意他将帮助柯克·克里斯蒂安森一家实现2032年的愿景。

图片系私人收藏。

并帮助家族对外行使所有者管理权。因此，迪士尼等合作伙伴会将我视为柯克·克里斯蒂安森家族的一员。"

换言之，他在这个家庭中扮演着类似参谋的角色。

在记者招待会上，甚至有人问克伊尔德是否会邀请克努德索普与柯克·克里斯蒂安森一家共度圣诞节。

克伊尔德听了大笑起来，回答说："哈哈，现在倒还没到这个地步，不过，我一直在考虑'收养'他！"

克伊尔德的亲生儿子，三十七岁的托马斯，当时已经在乐高的董事会工作了近十年，他的父亲和两个姐妹都认为他是家族第四代中对公司管理最上心的那个人。在记者招待会上，托马斯首次公开发表讲话，解释了为什么决定让克努德索普更深入地参与代际交接和乐高品牌发展。

> 托马斯：我们这样做的原因，是希望避免陷入一种被动情况，即丢失乐高的内核思想，牺牲游戏体验的质量，为了增长而推动增长，采取跟乐高理念不再一致的发展策略，那样的话，乐高就完了。我们必须做点什么，防止将来发生这种情况。

托马斯1979年出生于比隆，他出生那一年，父亲接任乐高总裁一职。作为克伊尔德的儿子，他从来没有像父亲那样对公司怀有深厚的崇敬之情。曾经有段时间，他们在模型搭建员对面摆了一张桌子和一把椅子，这么做的初衷是等托马斯放学后来到这里，就能像他父亲小时候那样直接开始搭积木玩耍，但托马斯从来没有养成这种习惯。

> 克伊尔德：我很喜欢和我们的设计师一起搭积木。所以，等到托马斯十二岁或十三岁的时候，我问他"在开发部门给他留一个空间搭积木"这个想法怎么样。后来他确实去过，但不常去。我觉得可能是我当时太着急了，他对这件事根本没有热

情。托马斯有很多的机会，能跟开发部门的人好好聊聊，比如发明乐高积木小人儿的詹斯·尼加德，或者其他一些人，这些人可以给托马斯讲讲自己创造乐高模型和设计图样的故事。但托马斯从来没把这些事放在心上。我做的这些事可能反而把他吓跑了。

在托马斯的童年和少年时期的记忆中，父亲不是在工作，就是在外出差。有时候好不容易能回一次家，全家一起吃个饭，但他饭后很快就会回到办公室继续工作。这就是托马斯记忆中的父亲。

托马斯和他的姐妹在成长过程中没能与公司建立特别积极的关系。对他们来说，他们之所以不能像班上其他孩子一样自由自在，就是因为

2017年，三十七岁的托马斯·柯克·克里斯蒂安森的"学徒"生涯结束。他已经在乐高公司锻炼了十年，以便确定自己在公司中担任什么角色。现在，他准备好掌管公司了。照片来自科尔克比有限公司。

乐高公司。而且，父亲和祖父有时候会在家庭聚会上争吵，这也是因为乐高公司。三个孩子都对工厂了解得不多，不知道人们在那里做些什么工作，也不知道每个环节是怎么连成整条生产线的，这让他们对乐高的事业更感疏离。他们只是看到乐高玩具从门口不断地运进来，人们允许他们搭建任何想要的积木套装，但一旦发现说明书上有错误，必须记得大声告诉员工。克伊尔德的小女儿阿格尼特回想那段时光时说："我有时候希望爸爸妈妈能多给我们讲讲乐高，并向我们敞开心扉，告诉我们公司里都有些什么故事。但是他们没有那么做。对我们来说，公司反而变成了一个奇怪的存在，因为积木抢走了爸爸所有的时间，让他和爷爷争吵，让我们在学校里被取笑。"

三个人长大以后才明白，父母之所以没让他们更多地了解乐高，是因为想保护他们，让他们暂时远离自己终有一天也会面对的继承权等重大决定。毕竟，乐高是一个家族企业，这个家族的孩子未来也可能参与管理。对此，阿格尼特是这样说的："每每提到公司，爸爸都非常郑重地告诉我们，他对我们没有任何具体的期望，其实他这么做是不对的。他之所以要那么表现，可能是他自己接管公司的时候还很年轻，他感到有不小的压力，所以他不想让我们也为这件事情犯难。但他的做法其实产生了相反的效果，差点让我们想把乐高永远拒之门外。当然，不管是在过去，还是在现在，做父母的都很难把握好那个'度'。现在我们长大了，我们的孩子将来也会继承乐高公司，我们自己也开始有这种感受了。"

20世纪90年代末，乐高公司的发展前景不甚明朗。那时托马斯快二十岁了，还没确定好自己想做什么。父亲告诉托马斯和两姐妹，先不要考虑在公司工作，而是要先找到自己的人生道路。但托马斯不知怎的，就是找不到这条路。对于未来该做什么，他一点思路都没有，他甚至同时探索了好几个不同的方向。商业、农业、教师，最后托马斯在奥胡斯商学院学了两年的市场营销管理课程，后来又接受了农业培训。

当时发生的一件事让托马斯下定了决心。2003年，家里人都清楚地意识到，乐高公司的糟糕表现给父亲克伊尔德带来了巨大的压力，他也不太清楚公司接下来会发展成什么样。在这一困难时刻，托马斯突然发现父亲身上有一些他以前从未见过的品质，他觉得自己明白了些什么。

> 托马斯：我那时二十岁刚出头，已经到了会对父母的变化感到好奇的年龄。当时，父亲最让我想不到的一点是，尽管事情看起来很糟糕，每个人都在说："克伊尔德，忘了乐高积木的事吧，尽快把乐高卖了。"但父亲仍然有动力、有激情，从来没有放弃乐高。他内心深处仿佛一直有个声音说："胡说，乐高还有救！"
>
> 当然，他之所以展现出惊人的意志力，很可能只是因为乐高是前几代人辛苦打拼留下的基业，他觉得不能让乐高就这么毁在自己手上。但此外，一定还有别的什么东西在支撑着父亲。那就是乐高的理念，相信自己可以帮助儿童发展的信念。我突然在父亲身上看到了激情，而这激起了我的兴趣。

这是托马斯第一次理解克伊尔德之前说过的"乐高不仅仅是一家玩具公司"这句话的意思。托马斯想，如果父亲说的都是真的，那么乐高的发展仍然有巨大的潜力，不仅在积木上，还在让孩子们参与游戏的想法中，乐高可以为他们的发展创造一个框架。

让他看清楚这样的局面的，可能是托马斯想做老师的那一面，而不是想做农民的那一面。他想做农民的那一面可能喜欢观看事物的生长和繁荣，但想做老师的那一面也喜欢观看事物的发展，尤其是喜欢看儿童的发展。他现在想知道他在公司是否有发展前途,而这家公司在过去是他生活中许多问题的根源。

  克伊尔德:我记得,我们在 2003 年滑雪度假后开车回家,托马斯说:"爸爸,我真的希望我们回家后能坐下来谈谈,你能告诉我发生了什么,这样我就可以稍微了解点情况了。如果有什么我能帮忙的,我愿意参与进来。"

  这是一件好事,对我来说是一个明确的信号,托马斯开始考虑他是否可以在乐高公司中扮演某个角色了。我从来没有阻止过孩子加入公司,但也没有鼓励过他们加入,即使在我们经历重大危机时,我仍然认为,最重要的是他们每个人都能过上幸福美满的生活,而这种生活不是一定要和乐高有关的。继承公司可能会让他经历很多美妙的事情,但他也会面对很多问题。所以,对我来说,他们只需要看清自己想走的路,清楚地知道自己到底想要做什么、过什么样的生活。一直以来,这就是我给他们的建议。

  2004 年,托马斯向全家人宣布,他已经找到了自己到底想要什么。他尚不清楚进入乐高之后自己将把精力集中在什么领域,但他确信这是自己想要走的路。

  托马斯:重大危机会推动某些事情发生,而我们不是总能控制事情发生的时机。回首过去,我跟姐姐和妹妹三人中是我决定去公司，这件事情绝对是一个巧合。其实我的姐姐或者妹妹也完全有可能先想到要负责公司的运营，但阿格尼特还没有到思考人生道路的时候，苏菲又决定先走走别的路试试。当时正是我生命中不同寻常的时刻，所有的事情都赶到了一起，在我心中点燃了一团火。

托马斯二十六岁时加入乐高股份公司董事会，最初承担类似观察员的角色。两年后，他成了常任董事，同年加入了科尔克比股份公司董事会。此外，托马斯还加入了新成立的乐高品牌与创新董事会，在那里，他、父亲克伊尔德以及克努德索普等人尽最大努力界定并描绘了乐高的未来。

托马斯从未参与过商业或工业公司的日常运营，也没有任何管理经验，对他来说，与熟悉商业运行套路和话术且有经验的商人坐在一起，会让他精神上有点吃不消。于是，托马斯开启了为期十年的学徒生涯。如今，他把那段经历描述为一个漫长的旅程，富有教育意义，也结满了个人发展的累累硕果。

> 托马斯：我那时非常年轻，完全没有经验，在董事会会议室里从头到尾地旁听会议简直是太难了。一开始，我连他们所说的一半都听不懂，但当我年复一年地坐着旁听一场又一场会议时，我开始从思想上理解正在发生的事情。后来我成了几个董事会的正式成员，这是一个巨大的飞跃。我想，我必须得对乐高的一切情况了如指掌，还得像其他人加起来一样聪明。我所面对的现实是我无法拒绝的，这让我心意难平。我不能像旁人说的那样：托马斯，你可以忘掉这一切！

认识到这一点之后,我反倒松了一口气,对自己说:"好吧,家族所有制肯定是有道理的,一些特定的功能和角色,只有我们家族的人才能做到。"你可以从外部引进具有各种技能的人,但是,有的事情只有我们作为克里斯蒂安森家庭一员才能做……我那时就开始关注这类事情。这类事情就是坚持我们的核心价值观,努力推动企业文化朝着正确的方向发展,并不断坚持乐高的理念。这样一来,我们的员工就可以理解乐高有能力也有意愿影响全世界的儿童,并秉持这一信念做事。这就是我今天做事情的动力,也是我希望能够传递给下一代的动力。

托马斯和他的姐妹的下一代是自奥莱·柯克·克里斯蒂安森以来的第五代,不过都是女孩,她们现在还都在九岁至十五岁的年纪。她们中的大多数人从2012年起就以一种非常特殊的方式参与了公司事务。

苏菲、阿格尼特和托马斯根据自己儿时的经历推断出,孩子们希望对乐高有更多、更深的了解,所以他们就在家庭内部创建了一个专门的开发平台,家里人称之为"乐高学校"。他们甚至雇用了一位受过专门培训的教师来领导所谓的"预备课程"。

在2016年12月的新闻发布会上,约根·维格·克努德索普宣布自己有了新的角色,即担任家庭特别顾问。托马斯告诉各报社的记者,正是家庭所有权的价值让乐高成就了今天的事业。如果一两代人之后,乐高的所有者不再积极参与公司经营,那么,这就意味着传统乐高的终结。"我们最不愿意看到的就是这种情况,因此我们希望尽一切可能让下一代也知道他们将进入什么样的境地,同时知道如何成为积极的所有者。"

家族第四代的三位继承人各自发展了自己的兴趣和生活、工作，而这些都与拥有乐高没有直接关系。苏菲经营着比隆以南的克伦德·迪勒哈夫动物公园。
图片来自克里斯汀·伯格 / 丹麦媒体集团。

托马斯在凯特明讷建造了一个高尔夫度假村，名为"大北方"。照片摄于 2019 年，他正给高尔夫球手尼科莱·霍佳德颁发一等奖。
图片来自大北方高尔夫度假村。

阿格尼特是一名盛装舞步骑手，跟她的坐骑 Jojo Az 一起参加了 2016 年的里约奥运会。
照片系私人收藏。

这就是乐高学校的目的,作为一个通向未来的桥梁,给奥莱·柯克的曾孙女们一个机会,成为一个群体的一员,思考家庭对公司的所有权,最终考虑她们自己的角色。正如托马斯所解释的:"对我来说,最重要的是在隧道的尽头有一盏灯。孩子们可以备受鼓舞,有那种感觉:'是的,这就是我想要的,因为乐高是我可以帮助全世界的孩子们改变的地方!'这就是我们在未来二十年要做的事情。"

乐高学校每月开放一次,一次开放一整天,总共有八到十个上课日,此外每年暑期有个夏令营。孩子们一起参加主题课程,这些课程以教孩子们积极参与公司事务为出发点。她们在课上不是一直坐着玩乐高玩具,而是近距离观察积木成型、分类、包装和销售的过程。她们还一起参观产品开发部门,在那里学习了解乐高的设计和创新。偶尔,爷爷克伊尔德会路过,讲述他小时候在比隆的工厂里闲逛时发生的故事。孩子们还将一起去乐高之家,她们称其为"爷爷的游戏室"。她们甚至会去参观位于捷克克拉德诺(Kladno)的乐高工厂,单独或组团旅行,参观在南非的乐高基金会,以锻炼洞察力、开阔视野。

乐高学校也向这些女孩介绍诸如慈善事业、基础设施、可持续性和环境责任等接受起来比较困难的大概念,还教会她们如何运营和管理公司。这些课都尽量设计得简单而且生动有趣,但能为她们以后处理董事会、财务和账目做好准备。对此,其中三个女孩的母亲阿格尼特这样说道:"我认为我们应该培养一代真正想参与乐高并想走得更远的人,这非常重要。这基本上就是乐高学校的全部意义所在:我们拥有乐高这家非常奇妙精彩的大公司,只是暂时交给别人管理,但最终我们需要让乐高在克里斯蒂安森家族传承下去。"

这个"家庭学校"对克伊尔德和卡米拉的孙辈提出的要求比他想对自己儿女提出的要求还要严格。对此,克伊尔德又有何评价呢?他为孩子们积极主动了解乐高而感到自豪,也对乐高学校这一概念充满热情。当然,这所乐高学校色彩丰富、装饰富有创意,与他自己在科尔丁街(Koldingvej)科尔克比大楼的办公室位于同一楼层,这一点也让他很高兴。正如克伊尔德在2016年12月的《日德兰邮报》上所说的那样:"第五代人很高兴也很自豪能成为乐高大家庭中的一员,这是一件好事,也可以让他们更容易应对同学和周围环境。"

第四代和第五代之间的转变会是什么样子,以及克里斯蒂安森家族的子女是否愿意长大后积极参与公司运营?这一切尚不得而知,但不太

2018年夏天,克伊尔德和孙女们在舍伦堡的马场旁欣赏夕阳下的美景。

可能像克伊尔德在苏菲、托马斯和阿格尼特之间挑选接班人那样顺利，因为到那时，要考虑在内的乐高继承者的总数是上一代的两倍。克伊尔德将所有权移交给了他的三个孩子，标志着乐高从单一所有权向多重所有权的历史性转变，这也是一次尝试，旨在创造一种激励第五代传人的新模式。其核心是，克伊尔德的"平稳的代际交接"想法基于对个人自由的尊重，允许继承人过自己的生活，不会让对乐高的义务成为他们的负担。

> 阿格尼特：我们一大家子人已经就如何构建乐高进行了大量的讨论和交谈，在"我们希望参与的方式"和"我们拥有的机会"这些问题上，我们已经达成一致。我们三个兄弟姐妹已经确定了一种继承模式。根据这种模式，对于公司的管理，我们中的一个比另外两个承担更积极的角色。成为主人的方式不止一种。例如，你可以选择承担一个不那么积极的角色，苏菲就选择不去积极参与企业经营。我们认为，这样也是可以的。出生在什么样的家庭，这不是我们自己可以选择的事情。这是许多家庭都要面对的现实，你必须想办法融入家庭。我认为，我们已经悄悄地、耐心地对此达成了良好的共识。在家庭生活中，我们都有自己独特的位置。

苏菲决定成为一个不那么积极参与企业经营的主人，因为她渴望全力探索自己对大自然持之以恒的热爱，这份热爱源于她年轻时去舍伦堡的几次旅行。只要和动物们一起待在树林里，她就会感觉很自在，这也是她最愿意做的事。如今，她经营着比隆以南的一家动物公园，名为克伦德·迪勒哈夫（Klelund Dyrehave）。这是丹麦最大的公园之一，里面住着马、鹿、狍、野猪和许多其他本地物种。从2005年起，苏菲就拥有了这座公园，在一些能力杰出的同事的帮助下，她将五平方英里的面积还给了大自然，为动植物创造了更好的环境。

苏菲：我觉得自己总是在有动物的树林里最自在。在那里我可以感知到我是谁。因此，克伦德迪勒哈夫公园不仅仅是一

自由且抽象地使用乐高积木，一直以来都刻在了这种积木的基因里，如今这已发展成为一种艺术形式。1968年，达格尼·霍尔姆以她创造的动物、房屋和乐高乐园的场景奠定了乐高搭建的基调，如今世界各地都涌现出了她那样的"积木艺术家"。内森·萨瓦亚就是其中一位，他于2004年放弃了在纽约的律师职业，以乐高积木为媒介，成为一名全职艺术家。他的标志性作品《黄色：飞跃》就是他对自己艺术家的身份所做的探索。

个"自然项目",也不仅仅是一份"工作"或一个"兴趣"。对我来说,把对自然的热爱付诸实践,这本身就至关重要。我一直都知道,成为大自然的一部分对我来说就像呼吸一样重要。所以我非常感谢我的家人支持我追求自由,让我全身心地投入到身处森林和动物之中的这种生活。他们的支持和理解使我们更加紧密地联系在一起,这对我来说意义重大。尽管我做出了不同的选择,但我为自己家族的历史感到非常自豪。所以,作为乐高的所有者之一,我觉得自己对于乐高公司保持较低的参与度就很好。

托马斯补充说,近年来,家庭内部以及兄弟姐妹三人之间的多次对话让很多事情都变得清晰,也加强了彼此之间的联系。

托马斯:当然,当一家人一起做生意时,亲情往往会受到伤害。在家庭层面上,有很多事情可能会出错,因为我们必须针对一些不易解决的事找到一致同意的解决方案,或者,起码找到一个共同的思路。正因如此,我们必须不断确保家庭兴旺,保证一家人相处得很好,而这种情况只有在家庭成员不觉得束缚时才能实现。人们如果觉得自己被束缚住了,很多问题会就此埋下祸根。

这一轮代际交接已经持续了十多年,也给了克伊尔德和他的孩子们一个机会,让他们就如何使用公司创造的财富这个问题达成共识,这一项目由家族的私人控股和投资公司（科尔克比股份公司）管理。在《福布斯》杂志 2021 世界富豪榜上，第二百七十四名的位置，被四个中间名都是"柯克"的丹麦人占据。据《福布斯》报道，克伊尔德、苏菲、托马斯和阿格尼特各自的身家为五百四十四亿克朗。他们的私人资产由科尔克比股份公司管理，媒体通常将该公司称为"乐高银行"和"柯克家族储备银行"。

哥特弗雷德·柯克·克里斯蒂安森的家族成立了科尔克比股份公司后，一家报纸直截了当地指出，这是为了"将乐高积极向上的形象与该公司冷酷无情的金融和投资业务区分开来"。公司名"科尔克比"（KIRKBI）是"柯克"（Kirk）和"比隆"（Billund）两个名字融合而成的。哥特弗雷德作为科尔克比公司董事会主席，决定向总部位于哥本哈根的 C&G 银行投资三千万克朗。不过，在经过几次"创造性"交易后，C&G 银行于 1988 年破产，并且暴露出一系列非法交易。这一案件在媒体上引起轰动，最终损害了乐高的声誉。

从 20 世纪 80 年代初开始，科尔克比的目标就是让乐高的资金获得任何普通银行都给不了的高额回报。他们投资其他公司和证券，在丹麦国内外购买房地产。他们采取的是保守战略，着眼于长线交易，换句话说，他们买东西是为了长期持有，等待增值，而不是为了短期内出售获利。

科尔克比最初只是一家投资公司，如今却成了一个多管齐下的组织，负责三项基本任务：保护、发展及巩固整个乐高的品牌。品牌实体公司采取投资策略，确保克里斯蒂安森家族具有良好的财务基础，从而可以开展有助于世界持续发展的各项活动，充足的资金又可以支持家庭日常支出、活动支出、公司和慈善工作，为子孙后代积极履行公司所有人的责任做准备。

每年 8 月，一群喜欢 F1 赛车的大男孩在西班牙马贝拉北部著名的阿斯卡里赛道上相约进行比赛。这一活动是由图中这辆赛车的主人约翰尼·劳森（右）组织的。克伊尔德驾驶法拉利 F1-9 在曲折的赛道上过弯，该照片拍摄于 2014 年，这一次是他首次参加这项比赛。
图片系私人收藏。

瑟伦·托鲁普·瑟伦森自 2010 年起担任科尔克比首席执行官，在其审计职业生涯中曾与许多家族企业合作，他自然想探明乐高通过所有权取得成功的秘诀。瑟伦森认为，其关键是保持家庭团结，而这就是现代科尔克比在乐高的案例中所起到的作用。

瑟伦森：我2010年加入时，克伊尔德明确表示，未来的科尔克比不应该损害对家庭及其成员最重要的东西。他一直有一个抱负，即乐高应该由柯克·克里斯蒂安森家族拥有和管理，每一代人都应该有一个积极履行这一责任的人。因此，科尔克比今天所做的大部分工作都围绕着建设和加强基础设施展开，从而帮助柯克·克里斯蒂安森家族取得成功，以及帮助托马斯个人作为最活跃的乐高所有者取得成就。

2010年，克伊尔德对我说："科尔克比有一百亿克朗资金，我们希望以可持续的方式进行投资，还希望你可以建立一个家族理财办公室，这样我们的家族成员就可以把一些事情办成。科尔克比将成为家族中的黏合剂，它的作用甚至超越血缘关系。你可以想象一下，当我的孙辈长大了需要一些资金帮助的时候，他们第一个想到的就是科尔克比。"

克伊尔德2010年向瑟伦森描述自己的这个愿景时，科尔克比有三十名员工，管理着一百亿克朗的资金。如今，科尔克比的比隆总部、哥本哈根和瑞士巴尔的办事处加起来共有一百八十名员工。该公司不仅管理着一只八百五十亿克朗的投资基金，负责照看家族成员的私人储蓄，还起着"家族理财办公室"的作用，供个人成员随性从事与乐高公司无关的领域。

瑟伦森：例如，托马斯在凯特明讷附近建了一个高尔夫球场，苏菲经营着克伦德·迪勒哈夫公园。还有梣木和蓝马马术训练中心，克伊尔德对跟马有关的事情特别上心。账户、工资、法律事务、旅行等与这么多种业务相关的许多管理工作都由科尔克比代理执行。科尔克比的这一功能是 2010 年克伊尔德提出的愿景的重要组成部分。当时他说:"我们是一个企业家家族,需要在我们热爱的东西上花费尽可能多的时间,从而保证兑现我们对乐高和科尔克比的承诺。"在过去十年中,这一愿景已成为科尔克比发展的标杆。

科尔克比持有百分之七十五的乐高股权,剩下的百分之二十五由乐高基金会持有。因此,乐高的一切都由克里斯蒂安森家族控制,由克伊尔德说了算,至少目前如此。到 2023 年春天,克伊尔德就满七十五岁了。届时,他将辞去科尔克比股份公司董事会主席的职务,将所有职权移交给托马斯和下一代。

> 克伊尔德:至于未来,我已经着手成立了一个小型基金会,称为"克伊尔德基金会",董事会将由三位态度不偏不倚、做事公正的人组成。我的想法是:如果在将来的某一天,涉及一些与所有权相关的根本性问题;如果乐高的积极拥有者持有不同意见,那么克伊尔德基金会将会介入。它必须根据乐高的总体理念和公司一贯坚持的价值观(这些都写在称作《乐高理念白皮书》的文件中)做出决策,并决定支持哪一方。

克伊尔德仍然想要参与塑造乐高,但他不想限制未来几代人采取何种战略决策或行动。乐高也可能会被部分出售、收购或在证券交易所上市,虽然他不想看到这些事情发生,但这也是有可能的。他知道,现在没法说哪种未来是最好的,因此,为了使他们持续发展乐高的想法在五十年后还能践行下去,他以《乐高理念白皮书》(*LEGO Idea Paper*)

的书面形式将这些想法确立了下来。文件概述了乐高品牌背后的概念基础，其权威性与"家族宪法"相当，不过除了家族内部成员，所有乐高员工也都熟悉它的内容。

从广义上讲，《乐高理念白皮书》总结了克伊尔德在20世纪80年代和90年代所作的愿景和战略规划，这项工作由托马斯和他邀请的约根·维格·克努德索普合作完成。《乐高理念白皮书》自始至终使用"我们"这个代词，它描述了乐高公司所基于的人类价值观，以及乐高品牌所代表的含义。白皮书的开头是"我们的基本信念"，写道："作为乐高品牌和乐高品牌实体的所有者家族，我们从根本上相信'儿童是我们的榜样'。"

未来万一需要克伊尔德基金会出面，基金会就需要基于《乐高理念白皮书》和基金会的章程做出决定，这两份文件都强调说，家族内部的冲突不可妨碍公司的运作或阻止其他成员的发展。

对任何家族企业来说，代际交接必然是一件复杂的事情，而且大多数家族企业都传不到第四代，更不要说像乐高一样传到第五代了。

乐高的第五代人已经开始在课堂上得到帮助。这一前景使克伊尔德和他的孩子们就如何使用乐高投入科尔克比的所有资金达成了一些基本的共识。正如托马斯所说的那样，乐高在历史上一直以来都是一个赚钱的企业，为了增长而赚钱，为了赚更多的钱而赚钱，为了增长得更多而赚钱，为了赚更多更多的钱而赚钱……

托马斯：直到最近，情况一直是这样的，我们必须提高我们的底线，并表明我们能够控制一切，能够经营一家像样的企业……当然，我们的主要目标始终是为我们非常信任的孩子们做些什么。今天，这家公司已经变得这么大了，仅仅从纯商业的角度来看，作为所有者，公司使我们能够以不同的方式思考我们正在创造的利润。

这些钱的用途有很多，包括通过科尔克比股份公司进行可持续投资，针对世界上最弱势儿童和家庭制订培训计划等形式的慈善援助。这项援助通过乐高基金会和奥莱·柯克基金会进行。

乐高基金会是丹麦最大的工业基金会之一，拥有一百五十亿克朗的储备金，在基金的发放上非常慷慨。基金会在过去十年中发展显著，在2012年，基金会只有十三名员工，共发放了八千万克朗的慈善基金。如今，员工数目已经有一百名，在2020年发放了一百五十亿克朗的慈善基金，在未来几年内，这一数字还会持续增加。

乐高基金会援助工作的主题是：无论生活在地球上的什么地方，也不管周围的环境如何，孩子们有权利玩游戏并在游戏中学习。董事会主席托马斯代表家人说："我们的雄心壮志就是让全世界的孩子都能体验到有意义的游戏和学习，这一点，在我的有生之年可能都不能完全实现。"

乐高基金会专注于游戏对儿童发展的重要意义，反思学习的背景，与全球三十多个国家有合作伙伴关系。在南非、乌克兰、墨西哥和丹麦活动尤为活跃。该基金会还对某些地区的人民提供人道主义援助，那里的儿童无法享受去优质的幼儿园和学校上学的体验，如东非、中东等地的难民，或孟加拉国等国家的贫困人民。

乐高基金会随处可见，这家机构与著名专家、教育者、家长、联合

乐高园区，比隆的乐高新总部能容纳两千多名员工。克伊尔德谈到这座建筑时说："最初，来自 C.F. 莫勒的建筑师设计了这座建筑，当时看到的人都觉得很不错。他们设计的是一座漂亮的办公楼，但是我觉得它不够有特点，甚至是用作养老基金会的办公楼都毫无违和感。设计中缺乏乐高公司的气息。于是，我请建筑师来到我的办公室，给他们看了一张照片，照片上，一个男孩在自豪地展示他的乐高作品。看了这张照片，他们明白了为乐高建立一个合适的总部大楼需要什么。"

照片来自尼尔斯·阿格·斯科夫博。

国儿童基金会等有影响力的机构、政府及政府各部门都有联系，目标是激励那些倡导通过游戏学习的人，并为他们提供动力。

谈到此类慈善事业，托马斯说："之所以做这些慈善工作，并不是沽名钓誉。如果我觉得我们所做的事情有助于推动世界朝着更好的方向发展，那么只要我们能够激励其他人也沿着这条道路前进，通过建立伙伴关系接触到尽可能多的儿童，帮助他们在游戏中学习，那么，我就会为此感到自豪。"

奥莱·柯克基金会规模稍小一些。克伊尔德是主席，卡米拉是董事会成员。该基金会为有助于提高儿童及其家庭生活质量的项目提供资金支持。奥莱·柯克基金会以此类项目为主要关注点，但也考虑文化、宗教和人道主义的问题。

例如，2016年，奥莱·柯克基金会为哥本哈根的瑞斯医院（Rigshospital）的儿童诊区大楼捐赠了六亿克朗。资金将用于修建一家独立的儿童医院，为儿童、少年、母亲及其家人的治疗设立了全新的标准，计划于2025年完工。玩耍是儿童在医院日常生活的一个组成部分，也是各种治疗的一部分，因为基金会本身就对这个项目进行了评论，这也是在世界上，基金会对同类项目第一次进行评论："即使生病了，孩子也能通过游戏直观地获得新知识，并通过游戏了解和体验世界。"

乐高家族努力在世界上产生个人影响和慈善影响，但他们的努力偶尔会受到批评。比如说，2016年3月《贝林时报》就曾批评过柯克·克里斯蒂安森家族。乐高比隆总部先是再次宣布获得了数十亿克朗的利润，随后又向科尔克比注入了比收入数额更大的一笔资金。该报呼吁丹麦最富有的家族做出更大、更外向的慈善承诺，当时，沃伦·巴菲特和比尔·盖茨等美国慈善家都已经将相当一部分个人财产用于各种慈善项目，这更是给柯克家族带来了压力。《贝林时报》上写道："为什么克伊尔德·柯克·克里斯蒂安森就不能积极参与慈善项目,在这个世界上留下深刻而重要的足迹,而这些足迹将持续几代人,并真正产生影响?"

部分原因可能是柯克·克里斯蒂安森一家来自日德兰。在美国,近年来有越来越多的人在慈善事业和可持续发展事业上投入了数百万甚至上十亿克朗的资金。但是在丹麦,不存在这样的文化历史。乐高家族的人还认为,他们通过乐高基金会和奥莱·柯克基金会,此外也通过科尔克比和家族的"激情投资",已经为慈善事业做了很多贡献。

> 克伊尔德:我认为,我们确实在做出回馈,因为我们这些年来赚了这么多钱,通过科尔克比为他人做好事肯定是一件积极的事情。我们有专业的投资人员和战略,管理我们的核心资本项目,也就是我们需要尽可能做好的那一件事。除此之外,我们还有额外的资本项目,我们一开始称之为"激情投资",但我们现在称为"主题投资"。家族成员可以从我们的投资人员那里获得帮助,专心投资,参与类似于植树造林等可持续发展相关项目,并向在缓解气候变化方面取得令人振奋成绩的创新公司注资。项目不一定有特别高的回报,但可以提供一些发展机会,改善环境和气候。最后,我有机会参与并投资了比隆的开发,通过与当地政府合作,将其打造为"儿童之都",并最终成为推动儿童发展和理解游戏与学习之间关系的动力之源。在这里,你可以从多个方面透过孩子的眼睛看世界。

2021 年 3 月,乐高首席执行官尼尔斯·B. 克里斯蒂安森(Niels B.

Christiansen）连续第三年发布了创纪录的年度业绩，这些成就成了这家全球最大玩具制造商历史上的重要组成部分。经过九十年的建设，从最初极为微薄的利润开始，这是一个不断改进、投资、扩张和改造的故事，也是一个间或遇到挫折，但一直持续成长的故事。乐高在这一过程中遭受了几次严重的财务打击，但每一次，他们都设法扭转困境，并在此基础上取得进步。

这九十年的收入对比隆和周边地区至关重要，意义之大不可衡量，在乐高和当地政府之间创造了一种忠诚感以及共同责任感。半个多世纪以来，乐高每年公布年度财务报表时，首席执行官第一个电话总是打给比隆市长，因为他知道，乐高的收入一定会影响地方政府的财政收入，而政府的财政收入在一定程度上影响其政治决定，也肯定会影响居民的税率。

尼尔斯·B.克里斯蒂安森之前在丹佛斯（Danfoss）工作，他当时也体会过类似的企业与政府间的相互信任。丹佛斯也是一家家族企业，其与阿尔斯镇（Als）的共生关系就跟乐高与比隆的共生关系一样紧密。[1]

> 尼尔斯·B.克里斯蒂安森：当你工作于一家大型家族企业，同时是拥有共同的基本价值观和文化的小社区的一部分时，这是一种巨大的力量。在这样的环境中，承诺的价值很大，双方彼此信任，并且不会怀疑对方会欺骗自己。双方都会善待彼此，让人对别人都心存感激。

---

[1] 丹佛斯公司成立于1933年，是一家在丹麦建立，目前总部仍在丹麦的全球性跨国公司，在制冷、供热、水处理和传动控制业中处于世界领先地位。——译者注

如今，欧洲市场的乐高积木仍主要产自丹麦。这些积木在捷克进行装盒，而捷克也是欧洲配送仓库的所在地。北美洲和南美洲销售的乐高在墨西哥生产，中国和澳大利亚市场销售的乐高则在中国生产。注塑技术研发，研究创造基于再生塑料或甘蔗等材料、符合可持续发展理念的积木，这些工作都在比隆进行。

2021年3月，在新冠病毒感染疫情流行的情况下，乐高的表现超过了其他所有公司。尽管出现了全球性的大流行病，但乐高的销售额增长了百分之二十一，2020年的营业额是四百三十七亿克朗。对比之下，1932年，奥莱·柯克为他的木制玩具印制了第一份价目表，当年的销售额仅有三千克朗。

尼尔斯·B. 克里斯蒂安森自2017年以来一直在乐高工作，他认为，乐高这么多年来成功的秘诀，主要是一种情感因素。这种情感不仅将全世界消费者与乐高产品和乐高品牌联系在一起，随着时间的推移，还沉淀凝聚成了公司文化和乐高特有的精神,并逐渐在几代员工中传播开来。在他看来,尽管乐高在全球拥有两万多名员工,这种精神在今天依然清晰可见。

尼尔斯·B.克里斯蒂安森:许多公司都有自己所积淀形成的良好价值观。但是我觉得,他们的员工所感受公司价值观的方式以及程度,恐怕比不了我们的员工。在乐高,价值观不是写在纸上、由总经理大声读出来的东西,而是体现在我们所做的事情里,影响着我们每个层面的决策。

当然,乐高的精神不断变化,与时代保持关联,但与此同时,它仍然有原始的柯克·克里斯蒂安森以及比隆风格的印记。公司的许多重要流程可以在世界不同的地方进行,但也有一些必须发生在比隆的事情构成了公司的核心,毕竟,比隆是一切的起点。例如,我们的产品设计工作就只在比隆进行。比隆有二百五十名到三百名设计师,来自五十多个不同的国家,我们一直坚持在比隆做研发。如果有一个设计师天赋异禀,我们想招他进乐高,但他不想来比隆工作,那么我们就会放弃这个人。我还坚持,乐高集团的首席执行官无论何时都应该常驻位于比隆的乐高全球总部,在这里管理公司。我接下来说的话可能会引起争议——我认为,我们的首席执行官有必要是丹麦人。就算不是丹麦人,也得是一个深刻理解公司历史、价值观和精神的重要性的人,只有这样,才能保留乐高精神的核心。

尼尔斯·B.克里斯蒂安森在2021年3月10日的记者招待会上把强劲的年度业绩归功于员工的努力,并且指出,未来的巨大挑战是数字

尼尔斯·B. 克里斯蒂安森 2018 年 6 月在乐高之家展示新模型时表示："我对这款新模型非常满意。我们的乐高设计师在捕捉布加迪跑车的标志性设计细节方面做得很出色。这简直是一份宣言，宣告'有了乐高积木，就可以拼出任何东西'。"而布加迪首席执行官史蒂芬·温克尔曼则带来了一辆真正的布加迪凯龙跑车。

化，乐高将继续在这一领域大规模投资，以此保持位于潮流的前沿，跟上孩子卧室里琳琅满目的数字产品的脚步。

乐高新的数字投资是"乐高超级马里奥"和"乐高神秘城堡"，在 AR 技术的帮助下，用户通过借助智能手机上的应用程序成为一个"幽灵猎人"。这项技术在现实中添加一个虚拟的数字对象，以此扩展我们的物理世界，而这些对象可以通过眼镜、耳机、智能手机和平板电脑看到。2020 年 3 月，在一家报纸发表的评论中，尼尔斯·B. 克里斯蒂安森称："在如今的孩子眼里，数字游戏和实体游戏没有什么分别。他们在两者之间不知不觉地切换，享受着一种流畅切换的游戏状态，在这种游戏中，物理现实和虚拟现实相互促进。"

乐高在数字化方面的投资还包括扩大公司网站的容量、增加网络设施。该网站在 2020 年拥有二十五亿访问者，有时访问量甚至更多。这也可以确保乐高跟上未来发展的潮流，因为乐高所在的游戏行业有一个共识：未来只会变得更加数字化！

如果你厌倦了在不知名的网站上越来越频繁地买东西，如果你想在乐高商店购买乐高积木并获得品牌体验，那么，比隆有一个好消息要告诉你。2021 年，乐高在全球范围内开设了一百二十家全新商店，其中有八十家开在了中国。在加上这一百二十家之后，全球共有超过八百家乐高品牌店。

乐高的发展速度在 2004 年之后超出了所有人的想象，这种快速增长引发人们提出了许多问题，这些问题，1960 年的哥特弗雷德和 20 世纪 80 年代的克伊尔德也曾面对过，即：乐高能发展到多大规模？乐高品牌能维持多久？乐高是否会遇到什么限制？

> 克伊尔德：在我看来，乐高没有限制。我们应该用什么来和乐高作对比呢？我们不是玩具品牌，而更像一个与生活方式有关的品牌。你可以看到，所有技术的发展，尤其是互联网的普及，创造了一个非常好的成人乐高爱好者群体，这个群体创造了一些最美妙的东西，也激发了儿童的灵感，推动了游戏和学习的整体发展。我认为现在还看不到乐高发展的尽头。

在2021年春天，回顾过去十五年，克伊尔德非常满意地评论说，无论是家庭生活，还是工作，这都是他一生中最好的时光。克伊尔德认为，许多事都已经走上了正轨，比如乐高的代际交接、乐高之家的建设等。此外，通过一连串的交易，乐高获得了默林娱乐集团百分之四十七点五的股份，从而重新掌握了默林名下的全球八个乐高乐园的控制权。儿女给克伊尔德带来了更多的孙子孙女，2017年，他从卡米拉那里收到了一份非常特别的七十岁生日礼物：一次可以去地球上任何地方的冒险度假。

克伊尔德选择了非洲。这是乐高尚未开发的大陆，克伊尔德也一直认为这是"一块令人激动万分、有着重重阻碍的独特大陆"。他在自己的好友——猎兵中队的退伍士兵B.S. 克里斯蒂安森（B.S. Christiansen）的指导下，乘坐自己的飞机、直升机和热气球，从南非的波洛夸内（Polokwane）出发，开始了自己的非洲之旅。他的出发地靠近津巴布韦边境和暗灰色的林波波河（Limpopo River）。对于这里，吉卜林曾在《丛林之书》（The Jungle Book）中写道："准备就绪，带上了奎宁，去看一看鳄鱼晚餐吃什么。"

这位七十岁的老人和他的特种兵朋友继续穿越博茨瓦纳，到达赞比亚的维多利亚瀑布，一路上，热爱动物的克伊尔德看到了长颈鹿、大象、狮子和斑马在大草原上自由漫步。他拍摄了两千多份照片和视频，还用一支步枪在五十米外射开了一个西瓜，这让他感觉自己又变成了20世纪50年代末比隆荒野中的那个男孩。

现在，克伊尔德要好好适应这种当年他父亲一直都没太适应的退休生活。他对自己的退休生活很期待，觉得自己甚至想在设计师工作间的角落里再找一张小桌子，在那里坐下来摆弄乐高积木，从工作间的想象力大师那里讨教一两个技巧。

2017 年，克伊尔德前往非洲，拍摄了数千张野生动物和瀑布的照片。
图片系私人收藏。

克伊尔德：我已经和托马斯商量过了，如果我实在闲得难受，可以在公司里到处转转。其实，退休之后我并没怎么去过公司。但如果一个设计师做了一些非常好的东西，是那种经过深思熟虑后做出来的好作品，我经常想要冲过去拍拍那人的肩膀。此外，我还继续养马、骑马，马匹给了我很多慰藉。我还希望能继续跟尼尔斯和克努德索普偶尔见个面，了解公司的整体情况，但我并不想介入和干涉公司运营。最后一点，也是很重要的一点，我还有基金会的事情，以及科尔克比新的投资策略等要管理。我发现，对于像我这样的人来说，在基金会有很多机会。差点忘记提了，我还有在比隆市议会的工作，而且我还要做自己最喜欢的"儿童之都"项目。因为我最想被人记住的一点是：他思考了很多有关儿童的事情，对于儿童发展、游戏和学习以及游戏的重要性，都思考了很多。

这些都是颇具前瞻性的开放的思考。或者，正如他的一个女儿谈起他时所说的那样："他的想法特别多，他的脑子一定整天转个不停！在过去的十年里，他释放自己的天性，让自己的思维更加狂野不羁、天马行空，且富有创造性。一切皆有可能！"

书写到这里，我想，咱们就此跟克伊尔德作别：带着对乐高的新奇感，思考着他和他的家人的梦想、理想、抱负、战略、计划和愿景。他们的身边是一堆堆过去的年度报告、市场分析、预算报告、专利申请、剪报册、价格表，以及四代父亲、母亲和孩子的相册。主持这一切大局的，是一位脱下鞋子，微笑着的老人，他正在环游世界。他是游戏的使者，带来了来自丹麦"儿童之都"的重要信息："我们的使命是让'玩耍'这个词不仅仅属于童年。"

可叹的是，直至今日，很多地方的人依然认为，你长大了一点，就应该停止游戏！这真是无稽之谈。让我们为乐趣和游戏欢呼，为我们的整个生命欢呼。

图书在版编目（CIP）数据

乐高传 /（丹）詹斯·安德森著；李泽晖，徐彬译. — 杭州：浙江教育出版社，2023.12
ISBN 978-7-5722-6270-8

Ⅰ.①乐… Ⅱ.①詹…②李…③徐… Ⅲ.①玩具—制造工业—工业史—丹麦 Ⅳ.①F453.468

中国国家版本馆CIP数据核字（2023）第137921号

Copyright © Jens Andersen & Politikens Forlag 2021
Photos: See picture captions. If nothing else is specified; © The LEGO Group
Copyright © Politikens Forlag JP /Politikens Hus A/S 2021
Published by arrangement with Politiken Literary Agency, through The Grayhawk Agency Ltd.
Simplified Chinese translation copyright © 2023 by Beijing Xiron Culture Group Co., Ltd.
All Rights Reserved.
版权合同登记号 浙图字：11-2023-228

乐高传
LEGAO ZHUAN

〔丹〕詹斯·安德森 著　李泽晖　徐彬　译

责任编辑：赵露丹
美术编辑：韩　波
责任校对：马立改
责任印务：时小娟
出　　版：浙江教育出版社
　　　　　杭州市天目山路40号　电话：(0571) 85170300-80928
印　　刷：北京盛通印刷股份有限公司
开　　本：880mm×1230mm　1/32
成品尺寸：145mm×210mm
印　　张：15.5
字　　数：510千
版　　次：2023年12月第1版
印　　次：2023年12月第1次印刷
标准书号：ISBN 978-7-5722-6270-8
定　　价：108.00元

如发现印装质量问题，影响阅读，请联系010-82069336。